W0342728

Markus F. Weidner

Gut ist nicht genug

Markus F. Weidner

Gut ist nicht genug

Das Qnigge®-Prinzip oder warum Service klare Regeln braucht

GABAL

Bibliografische Information der Deutschen Nationalbibliothek

Die Deutsche Nationalbibliothek verzeichnet diese Publikation
in der Deutschen Nationalbibliografie; detaillierte bibliografische Daten
sind im Internet über http://dnb.d-nb.de abrufbar.

ISBN 978-3-86936-517-6

Unter Mitarbeit von Dr. Petra Begemann, Bücher für Wirtschaft + Management,
Frankfurt | www.petrabegemann.de
Lektorat: Sabine Rock, Frankfurt am Main | www.druckreif-rock.de
Umschlaggestaltung: Martin Zech Design, Bremen | www.martinzech.de
Satz und Layout: Das Herstellungsbüro, Hamburg | www.buch-herstellungsbuero.de
Druck und Bindung: Salzland Druck, Staßfurt

© 2014 GABAL Verlag, Offenbach

Alle Rechte vorbehalten. Vervielfältigung, auch auszugsweise,
nur mit schriftlicher Genehmigung des Verlages.

www.gabal-verlag.de
www.twitter.com/gabalbuecher
www.facebook.com/gabalbuecher

Inhalt

Vorwort

Gut ist nicht genug!

»Made in Germany«, ursprünglich im Merchandise Marks Act 1887 zum Schutz der britischen Bevölkerung vor deutschen Produkten ins Leben gerufen, hat sich als Markenzeichen für die deutsche Wirtschaft erwiesen. Deutschland steht wie kein anderes Land weltweit für Qualität. Aus Deutschland gelieferte Produkte werden von unseren Kunden als qualitativ hochstehend und konkurrenzfähig mit den Merkmalen Qualität, Zuverlässigkeit, Langlebigkeit, als innovativ und »ihren Preis wert« angesehen. Selbst die deutschen Konsumenten, sonst eher als kritisch bekannt, attestieren deutschen Produkten eine höhere Qualität als Produkten aus anderen Ländern. Hinzugekommen ist harte Arbeit. Und es erfordert weiterhin unser aller Bewusstsein für Qualität, unsere Konzentration auf und unser stetes Streben nach Perfektion. Unser Ziel muss es sein, die Bedeutung von Qualität als operativer und strategischer Erfolgsfaktor und wichtige Grundlage unseres Lebensstandards auf allen Ebenen von Wirtschaft und Gesellschaft zu verankern.

Der Weg zu nachhaltigem Erfolg ist steinig und beschwerlich. Entscheidender Erfolgsfaktor ist neben der Kompetenz der Fachkräfte das zu keiner Zeit nachlassende und für alle Mitarbeiter sichtbare Engagement der Unternehmensleitung und ihrer Führungsmannschaft. Deutschland muss sich die Strahlkraft des Labels »Made in Germany« und die damit verbundene Qualitätsorientierung erhalten. Angesichts zunehmend globaler Wertschöpfungsketten und multinationaler Unternehmensstrukturen und angesichts des Strukturwandels hin zur Dienstleistungsgesellschaft müssen wir gemeinsam weiterdenken, um das Label mit neuem Leben zu füllen. Wenn wir nicht ins internationale Mittelmaß abdriften wollen, müssen wir Qualität als übergeordnetes strategisches Leitprinzip in Unternehmen und Organisationen fest verankern und beleben. Qualität hat eine herausragende Bedeutung für unsere Zukunft.

Der Erfolg einer Volkswirtschaft ist allerdings nicht delegierbar. Am Erfolg einer Volkswirtschaft ist jeder Einzelne beteiligt. Das geschieht zwar in unterschiedlicher Art und Intensität, aber jeder kann und muss einen Beitrag leisten. Nur wenn dieses Engagement aus Überzeugung gelebt wird, gelingt es, nachhaltig erfolgreich zu sein. Hier kann der vorliegende »Qnigge®« Orientierung geben und Ansporn sein.

Gut ist demnach nicht genug!

Dr. rer. nat. Wolfgang M. Kaerkes
Geschäftsführendes Vorstandsmitglied der
Deutschen Gesellschaft für Qualität (DGQ e. V.)

Einführung: Das Qnigge®-Prinzip

> *»Alles Vortreffliche ist selten.«*
> Marcus Tullius Cicero,
> Philosoph (106–43 v. Chr.)

Deutschland: keine Servicewüste!

»Wir sehen die klügsten, verständigsten Menschen im gemeinen Leben Schritte tun, wozu wir den Kopf schütteln müssen«, beginnt Adolph Freiherr von Knigge vor über 200 Jahren sein berühmtes Buch »Über den Umgang mit Menschen«. Vielleicht teilen Sie diese Erfahrung, wenn Sie beim Einkaufen, an der Hotelrezeption, auf Reisen oder am Telefon von Servicemitarbeitern nicht so behandelt werden, wie Sie sich das wünschen. Zwar ist Deutschland nicht mehr die trostlose Servicewüste, die der japanische Management-Berater Minoru Tominaga einst als »kundenfeindliche Gesellschaft« charakterisierte. Vieles ist besser geworden, wie der jährliche »Kundenmonitor« der ServiceBarometer AG eindrucksvoll belegt. Mit vielen Dienstleistern vom Automobilklub bis zum Optiker ist die Mehrheit der Kunden danach »sehr zufrieden« oder sogar »vollkommen zufrieden«.[1]

Dennoch gibt es weiterhin genügend Anlass zum Kopfschütteln – etwa wenn der Mitarbeiter am Hotelempfang die Klage des Gastes über das weiche Bett mit dem Hinweis kontert, das sei ja wohl ein »Luxusproblem«. Oder wenn die Dame im Callcenter mit monotoner Stimme und erkennbar desinteressiert ihren Leitfaden herunterleiert. Oder wenn im Viersternehotel das Fenster klemmt und sich nicht schließen lässt, und das ganz offensichtlich nicht erst seit gestern.

Vorbild für Qnigge®: Knigge

Freiherr von Knigge antwortete auf die Pannen und Peinlichkeiten des Alltags mit einer Fülle von Verhaltensempfehlungen für die unterschiedlichsten Lebenssituationen. Ob Umgang mit »Frauenzimmern«, mit Hauswirten, Adligen oder Schuldnern: In seinem Buch findet der Leser konkrete Hilfe. Knigge setzte also auf Regeln. Damit ist er der ideale Namenspatron einer Servicephilosophie, die davon ausgeht, dass guter Wille und ein positives Unternehmensklima allein nicht ausreichen, um den Kunden einen kontinuierlich guten (lieber noch: sehr guten) Service zu garantieren.

Natürlich braucht es zunächst einmal guten Willen beim Personal und eine Führung, die wertschätzend mit Mitarbeitern umgeht und ihnen den Servicegedanken vorlebt. Doch beides schützt nicht davor, dass Mitarbeiter sich aus Unsicherheit im Ton vergreifen, weil unklar ist, wie eine Situation gehandhabt werden soll. Es verhindert nicht, dass Kommunikationspannen echte Servicemängel erzeugen. Hinzu kommt: Nur in einer idealen Welt schafft es eine Führungskraft, ihre Abteilung ausschließlich mit kundenbegeisternden Naturtalenten zu besetzen. Zwar gibt es Menschen, die intuitiv fast immer das Richtige tun und den richtigen Ton treffen, wenn man sie nur machen lässt. Doch seien wir ehrlich: Solche Mitarbeiter sind rar. Schließlich gehen schon am heimischen Küchentisch die Meinungen mitunter weit auseinander, was »aufgeräumt«, »freundlich« oder »perfekt vorbereitet« bedeutet. Warum sollte das im Unternehmen anders sein?

Q = Qualität und Qualitätsmanagement

Wer den Service vom Zufall befreien will, von der Tagesform und von individuellen Auslegungen Einzelner, der braucht Regeln, die für Transparenz, Klarheit und Verbindlichkeit sorgen. Hier kommt das Q ins Spiel. Es steht für Qualität und systematisches Qualitätsmanagement. Nur wenn jedem im Unternehmen klar ist, was zu tun ist (und natürlich, *wie* es zu tun ist), kann man die Schwankungsbreite an Leistungserfahrungen reduzieren, die den Service in Deutschland und auch anderswo prägt. Nur wenn es klare

Regeln gibt, lässt sich auch mit durchschnittlichen Mitarbeitern überdurchschnittlicher Service garantieren. Deshalb schreiben wir in meinem Unternehmen »Qnigge«® mit Q.

QM: ein Datengrab?

Während niemand etwas gegen (gute) Qualität hat, sieht das beim Qualitätsmanagement (QM) schon anders aus. QM steht im Ruf, Unternehmen durch Dokumentationswahn und bürokratische Datensammelei zu lähmen und schlimmstenfalls folgenlose Datengräber zu erzeugen, die im Alltag wenig nützen und viel Zeit und Geld kosten. Diese harsche Kritik ist nicht immer unbegründet und inzwischen auch bei Qualitätsexperten angekommen. So schreibt Benedikt Sommerhoff, Leiter DGQ Regional bei der Deutschen Gesellschaft für Qualität (DGQ e.V.) anlässlich des sechzigjährigen Bestehens dieser Organisation: »Ja, einige von uns hatten den Führungskräften das Leben sauer gemacht, gequengelt und missioniert. ... Ja, einige von uns hatten sich von den Mitarbeitern entfernt, sich durch Sprache und Themensetzung distanziert. ... Ja, wir hatten aufgehört, den Return on Quality zu belegen, haben externen Druck, Normen und Standards herangezogen, um die Notwendigkeit unseres Handelns und Tuns zu begründen.«[2] Doch so wenig, wie man das Auto abschafft, weil einige Fahrer damit gegen einen Baum steuern, so wenig machen praxisferne Umsetzungen das Qualitätsmanagement überflüssig.

Die Vorteile des Qualitätsmanagements

Im Kern geht es beim Qualitätsmanagement um eines: Schreibe auf, was du tust, und halte dich an das, was du aufgeschrieben hast. Richtig verstanden, führt es dazu, dass wir Anforderungen, Prozesse und Anweisungen im Unternehmen auf den Prüfstand stellen, sie übersichtlich dokumentieren und damit für jeden zugänglich und leicht nachvollziehbar machen. Für die Einarbeitung neuer Mitarbeiter, für die Abstimmung von Aufgaben, für eine reibungslose Zusammenarbeit ist dies von unschätzbarem Wert. Gleichzeitig steckt darin ein wichtiges Optimierungspotenzial, denn nur was ich klar vor Augen habe, kann ich verbessern. Dabei steht außer Frage, dass praxisorientiertes QM sorgfältiges Überlegen verlangt, was überhaupt dokumentiert werden muss. Außerdem sollte jede Dokumentation so angelegt sein, dass Mitarbeiter tatsächlich mit ihr arbeiten und sich nicht inform(ation)-

elle Schleichwege suchen. Ohne die Einbeziehung der Mitarbeiter in den Gesamtprozess kann das nicht funktionieren.

Qnigge®: mehr Servicequalität durch eindeutige Serviceregeln

Das Qnigge®-Prinzip bedeutet also: mehr Servicequalität durch eindeutige Serviceregeln. Anders ausgedrückt: Das Qnigge®-Prinzip zielt auf einen formvollendeten »Umgang mit Menschen« durch ein gemeinsames, von Management und Mitarbeitern getragenes und im Detail präzisiertes Serviceverständnis. Wenn jeder weiß, was zu tun ist und welche Freiräume er dabei hat, entstehen Souveränität und überzeugendes Handeln. So verstanden, kann Qualität tatsächlich Freude machen – durch Erfolgserlebnisse, durch positive Rückmeldungen von Kunden und durch die kompetente Beherrschung des eigenen Arbeitsgebietes. Wie Sie die Basis für Freude an Qualität in Ihrem Unternehmen legen können, ist das Thema dieses Buches.

Gut ist nicht genug! In 6 Schritten zur Servicequalität

»Um nach vorn zu kommen und dort zu bleiben, kommt es nicht darauf an, wie gut du bist, wenn du gut bist, sondern wie gut du bist, wenn du schlecht bist.«

MARTINA NAVRATILOVA, TENNISLEGENDE (*1956)

Beispiele

Wie reagieren Sie, wenn ein guter Freund auf die Frage »*Na – wie war's im Urlaub?*« zur Antwort gibt: »*Gut!*«, oder auch: »*Ganz gut*«? Wollen Sie die Adresse des Hotels wissen? Wahrscheinlich nicht. »Gute« Hotels gibt es wie Sand am Meer. »Gut« bedeutet: Der Service war okay, es gab eigentlich nichts zu meckern, höchstens ein paar Kleinigkeiten, etwa kein Cappuccino zum Frühstück oder dass Sie einmal nach frischen Handtüchern fragen mussten. Sonst war der Aufenthalt ganz angenehm. Aber noch mal dorthin fahren oder das Haus sogar unaufgefordert weiterempfehlen? So toll war's nun auch wieder nicht ... Wenn viele Gäste dieser Meinung sind, könnte das Hotel bald Probleme bekommen. Der Wettbewerb in der Hotellerie ist hart, wie in den meisten anderen Branchen heutzutage auch. Jeder weiß: Der Kunde hat fast überall die Qual der Wahl und mit dem Internet auch die Möglichkeit, ganz schnell zu schauen, was die Konkurrenz bietet. Und das bedeutet für Service jeder Art: Gut ist nicht genug! ■

Beispiele

Was würden Sie denken, wenn ein früherer Kollege, der eine Weinhandlung im angesagten Stadtviertel aufgemacht hat, Ihnen berichtet, in Sachen Personal sei er jetzt »gut aufgestellt«? Frau Schmidt sei ein echter Glücksfall, eine Weinkennerin, die exzellent berate. Der zweite Verkäufer, Herr Laumer, sei ein wenig brummig, doch er kenne sich mit Wein ebenfalls sehr gut aus. Und in Stoßzeiten helfe ein Student aus, sodass niemand lange warten müsse. Möglicherweise erinnern Sie sich, dass Sie beim letzten Mal leider an Herrn Laumer geraten sind und der erkennbar einen schlechten Tag hatte. Sie haben zwar gekauft, sich über seinen arroganten Ton jedoch geärgert. Und ob wirklich jeder Kunde damit zufrieden ist, gelegentlich von einem Studenten mit rudimentären Weinkenntnissen bedient zu werden? Auch hier gilt: Gut ist nicht genug! ■

Wie entscheiden Sie, wenn Ihr Friseur zwar wunderbar Haare schneidet, Sie jedoch hin und wieder zehn Minuten warten lässt, obwohl Sie einen Termin haben? Und zwischendurch ungerührt Termine vereinbart, während Sie mit nassen Haaren dasitzen, wenn die Azubine mal wieder frei hat? Jedes Mal nehmen Sie sich vor, den Friseur zu wechseln – und irgendwann werden Sie das wahr machen. Dabei ist der Friseur an sich gut. Doch: Gut ist auch hier nicht genug! ■

Gut reicht nicht aus!

Drei Beispiele, die eins gemeinsam haben: Der Service ist nicht etwa schlecht. Es gibt allerdings kleine Ärgernisse, es fehlt an Kontinuität und auch an Wow-Erlebnissen, die Kunden an einen Anbieter fesseln. Ob Hotel, Weinhandlung oder Friseur, alle drei könnten erfolgreicher sein, wenn es ihnen gelänge, ihre Servicequalität zu steigern.

Was heißt »Servicequalität«?

Das Ziel: eine Qualitätsdienstleistung

Als die Deutsche Gesellschaft für Qualität (DGQ) 2012 anlässlich ihres sechzigjährigen Bestehens namhafte Wirtschaftsführer zum Thema »Qualität« befragte, zitierte fast jeder von ihnen stolz die Kennzeichnung »Made in Germany«.[3] Sie wurde von den Briten Ende des 19. Jahrhundert für deutsche Importwaren vorgeschrieben, um die heimische Produktion zu schützen. Eigentlich zur Abschreckung gedacht, entwickelte sie sich bald zum Gütesiegel. »Qualität« wird bis heute vor allem produktbezogen verstanden. Wir sprechen von »Qualitätsprodukten« und attestieren Werkzeugen, Maschinen oder Stoffen eine »hohe Qualität«. Von einer »Qualitätsdienstleistung« ist eher selten die Rede. Dabei arbeiten heute drei Viertel aller Deutschen nicht mehr in der Produktion von Gütern, sondern im Dienstleistungsbereich, wie das Statistische Bundesamt ermittelt hat.[4] Eine Qualitätsdienstleistung wäre schlicht: exzellenter Service. Doch dafür ist Deutschland eher weniger bekannt. »Service Made in Germany«? – ein schönes Ziel, nur bislang eher Zukunftsmusik.

Service kommt von »dienen«.

Dennoch ist das Thema »Service« in den letzten 15, 20 Jahren immer stärker in den Blickpunkt gerückt, mit unterschiedlichen Perspektiven. Wenn der Amazon-Manager Bill Price sagt, »The best service is no service«, betrachtet er das Ganze mit verengtem Blick – er versteht Service als ungeliebten Reparaturbetrieb bei Pannen im Online-Geschäft.[5] Wer den Kundendienst rufen muss, weil die Waschmaschine kaputt ist, trifft möglicherweise ebenfalls auf dieses Serviceverständnis. Wenn Unternehmensberater den Service als Instrument der Wertschöpfung hervorheben, wollen sie den Herstellern von Produkten und Maschinen die wirtschaftlichen Vorteile von technischen Wartungsleistungen vermitteln. Doch im eigentlichen Dienstleistungsbereich steht der (mehr oder weniger gute) Service von vornherein im Zentrum. »Service« kommt vom lateinischen »servire« – dienen – und existiert immer da, wo Menschen in wirtschaftlichen Zusammenhängen etwas für andere Menschen tun. »Servicequalität« beschreibt, wie dieser Dienst beschaffen ist.

Wichtig: der Wohlfühlfaktor

Dass exzellenter Service ein wichtiges Differenzierungsmerkmal im Wettbewerb ist, hat sich inzwischen herumgesprochen. Ihr Lieblingsrestaurant zeichnet sich wahrscheinlich nicht nur durch gutes Essen aus, sondern auch durch besonders freundliche, aufmerksame, vielleicht sogar herzliche Bedienung. Ob Sie Ihre Unterhaltungselektronik im Großmarkt kaufen oder beim Einzelhändler um die Ecke, hängt auch davon ab, ob der kleine Händler exzellente Beratung bietet (und ob Sie Wert auf eine solche Beratung legen). Der Starfriseur Udo Walz gibt sogar offen zu, dass ein Friseur auswechselbar sei, solange er sein Handwerk beherrsche: »Was zählt, ist Lifestyle: Der Kunde kommt rein und muss sich im Salon wohlfühlen. Das fängt schon damit an, wie er begrüßt wird.«[6] Service macht den Unterschied.

Eine Reihe von Initiativen und Preisen belegt, dass guter Service inzwischen sehr ernst genommen wird. Einige Beispiele:

- Die ServiceBarometer AG veröffentlicht seit über 20 Jahren mit dem »Kundenmonitor« alljährlich eine umfassende Studie zur Verbraucherzufriedenheit in Deutschland. Dafür wurden 2012 insgesamt 36 000 Kunden gefragt: »Wie zufrieden sind Sie mit Ihrem hauptsächlich genutzten Anbieter insgesamt?« Auf einer Skala von 1 (»sehr zufrieden«) bis 5 (»unzufrieden«) belegen Buchversender und Optiker Spitzenwerte (1,67 bzw. 1,8), Krankenkassen oder Lebensmittelmärkte besetzten das Mittelfeld (2,19 bzw. 2,29) und das Schlusslicht bilden soziale Netzwerke (2,67) und Fondsgesellschaften (2,85). Das Unternehmen konstatiert »steigende Zufriedenheitswerte in einem Großteil der untersuchten Branchen« und sieht den Service in Deutschland auf einem guten Weg *(www.servicebarometer.net)*.[7] Dennoch muss man kein Statistiker sein, um zu wissen: Bei Durchschnittsnoten von zwei bis drei ist in vielen Unternehmen noch Luft nach oben.

Kriterien für den »Servicepreis«

- Das Deutsche Institut für Service-Qualität als privatwirtschaftliches Forschungsinstitut vergibt jährlich zusammen mit n-tv den »Deutschen Servicepreis« in verschiedenen

Kategorien (Banken, Energie, Gastronomie usw.). Prämiert werden Faktoren wie »Kompetente Beratung, übersichtliche Präsentation von Waren, gute telefonische Erreichbarkeit, schnelle Beantwortung von E-Mails, informative Webseiten«. Die Preisvergabe 2013 basierte auf der Zusammenführung von über 80 Servicestudien, die das Institut durchführt hat, und umfangreichen verdeckten Testerkontakten per Telefon, E-Mail, im Internet und vor Ort beim Dienstleister. Preisträger 2013 waren beispielsweise Accedo, ING-DiBa und Interhyp bei den Finanzinstituten, Möbel Kraft, Segmüller und die Parfümerie Aurel in der Kategorie »Einzelhandel Lifestyle« und die B&B Hotels, Ibis sowie Motel One im Bereich Tourismus *(www.disq.de)*.

Kriterien für den »kundenorientiertesten Dienstleister«

- Die »kundenorientiertesten Dienstleister« kürt – ebenfalls jährlich – das *Handelsblatt* in Zusammenarbeit mit der Universität St. Gallen. Unternehmen, die eine vierstellige Teilnahmegebühr entrichten, nehmen an einem Auswahlverfahren teil, bei dem Managementprozesse geprüft und Kunden befragt werden. Die 50 besten Teilnehmer dürfen sich mit dem Gewinnersiegel schmücken. Die Plätze eins bis drei belegten 2013 die QVC Deutschland, die Rational AG sowie die AOK NordWest *(www.bestedienstleister.de)*.

Kriterien für die »Kundenchampions«

- Um »emotionale Kundenbindung« geht es bei »Deutschlands Kundenchampions«. Initiiert von der Deutschen Gesellschaft für Qualität (DQS) und der Forum Marktforschung GmbH, kombiniert der Wettbewerb die Befragung von Kunden mit einer Selbstbewertung der Unternehmen. Kernthese ist hier, dass bloße Kundenzufriedenheit in Zeiten »wachsender Produkthomogenität« nicht mehr ausreiche, um Kunden dauerhaft an sich zu binden: »Die wahren Kundenchampions sind jene Unternehmen, die ihren Kunden darüber hinaus eine unverwechselbare Identität und emotionale Identifikation bieten.« Teilnehmen können Unternehmen mit mehr als zehn Mitarbeitern. Wer eine Mindestpunktzahl erreicht, darf das Siegel »Deutschlands Kundenchampions« führen. Gleichermaßen prämiert werden übrigens »Deutschlands Mitarbeiterchampions«. Wir werden noch sehen, warum das eine von dem anderen kaum zu trennen ist *(www.deutschlands-kundenchampions.de/wettbewerb)*.

Kriterien für den »Excellence-Preis«

- Der »Ludwig-Erhard-Preis« wird vom gleichnamigen Verein in Kooperation mit der Standortinitiative »Deutschland – Land der Ideen« unter der Schirmherrschaft des Wirtschaftsministeriums vergeben. Er bezeichnet sich als »Deutschen Excellence-Preis« und basiert auf den Bewertungskriterien des EFQM-Modells der »European Foundation for Quality Management«. Nachzuweisen sind »ein ganzheitliches Managementsystem und der nachhaltige Erfolg der Geschäftstätigkeit«. Hohe Kunden- und Mitarbeiterorientierung zählen ausdrücklich zu den Vergabekriterien, die in drei Kategorien – Großunternehmen, Mittelständler und Kleinunternehmen – vergeben werden. Preisträger 2012 waren die Robert Bosch GmbH, das vielfach preisgekrönte Hotel »Schindlerhof« (siehe auch Interview mit Besitzer Klaus Kobjoll in Kapitel 5 »Feedback«) sowie der Technologieanbieter Allresist *(https://ilep.de)*.

Eine Norm für Kundenbegeisterung

Die Vielzahl der Initiativen dokumentiert ein gewachsenes Problembewusstsein in Sachen Service, das sich auch in ersten Überlegungen zur einer »Service-Norm« niederschlägt. Matthias Gouthier, Professor für Dienstleistungsmarketing an der EBS (European Business School) in Oestrich-Winkel hat die seiner Aussage nach weltweit erste »Spezifikation zur Erzielung von Kundenbegeisterung durch Service Excellence« (DIN SPEC 77224) initiiert. Anders als etwa die bekannte Qualitätsnorm DIN EN ISO 9001 ist diese Norm (noch) nicht zertifizierbar, bietet jedoch ein strukturiertes Vorgehen, um positive Überraschungsmomente, die für Kundenbegeisterung sorgen sollen, zu planen, zu bewerten und zu quantifizieren.[8]

Diese kurze Übersicht dokumentiert bei allem Streben nach besserem Service ein Grunddilemma: Es wird mit unterschiedlichen Begriffen hantiert, mit »Kundenzufriedenheit«, »Kundenorientierung« und »Kundenbegeisterung«, und die Begriffe werden unterschiedlich operationalisiert. Servicequalität zu messen ist um einiges komplizierter, als die Qualität eines Werkstücks zu beurteilen. Kein Wunder, denn während beim Produkt eine objektive Messlatte angelegt werden kann, entscheidet beim Service der Mensch, und das heißt zuallererst: der Kunde mit seiner individuellen Wahrnehmung.

Guter Service: Eine Gleichung mit zwei Unbekannten

Begeistert, zufrieden oder enttäuscht?

Ob ein Kunde begeistert ist, zufrieden oder enttäuscht, hängt von seinen Erwartungen ab. Werden seine Erwartungen erfüllt, wird er aller Voraussicht nach zufrieden sein. Werden die Erwartungen übertroffen oder baut der Anbieter sogar positive Überraschungsmomente in seinen Service ein, wird der Kunde vielleicht mit Begeisterung darauf reagieren. Ist der Service dagegen schlechter als angenommen, reagiert der Kunde unzufrieden oder enttäuscht.

Wenn Sie beispielsweise einen Flug in der Economy-Class von Frankfurt zum London City Airport gebucht haben, erwarten Sie vermutlich, dass das Flugzeug pünktlich abhebt und ankommt, dass man Ihnen während der kurzen Flugzeit einen Kaffee und andere Getränke anbietet, dass Sie zuvorkommend behandelt und freundlich verabschiedet werden. Trifft all das ein, sind Sie wahrscheinlich zufrieden. Mit opulenter Verpflegung oder gar viel Beinfreiheit rechnen Sie nicht. Reagiert die Mitarbeiterin beim Einchecken darauf, dass Sie über 1,80 Meter groß sind und bietet Ihnen aktiv einen Platz am Notausgang an (»Dort haben Sie mehr Platz!«), wäre das vermutlich schon ein kleines Begeisterungsmoment, ebenso, wenn Sie eine breite Zeitschriftenauswahl vorfinden und man Ihnen unverhofft einen Cocktail oder ein Glas Sekt anbietet, weil die Airline ein Jubiläum feiert. Würde das Flugzeug dagegen einen schlecht gewarteten Eindruck machen, wäre Ihr Sitz fleckig und die Stewardess ausgesprochen unfreundlich, wären Sie vermutlich sehr unzufrieden.

Das Kano-Modell der Kundenanforderungen

Zur Systematisierung verschiedener Kundenanforderungen hat der japanische Wirtschaftswissenschaftler Noriaki Kano schon 1978 ein Modell entworfen, das als »Kano-Modell« in die Lehrbücher eingegangen ist. Kano unterschied darin ...

1. **Basisfaktoren**
   Basisfaktoren setzt ein Kunde als selbstverständlich voraus. Sie werden ihm erst bei Nichterfüllung bewusst und verursachen dann Unzufriedenheit. Basismerkmale allein garantieren also noch keine Zufriedenheit. Im Flugbeispiel sind das saubere Sitze, ein einwandfreier technischer Zustand der Maschine und korrektes Verhalten des Personals.

2. **Leistungsfaktoren**
   Darunter versteht Kano bewusste Erwartungen des Kunden. Werden sie erfüllt, ist der Kunde zufrieden. Im Flugzeugbeispiel sind das Pünktlichkeit, der übliche Service an Bord und zuvorkommendes Verhalten des Personals. Je besser diese Merkmale umgesetzt werden, desto zufriedener ist ein Kunde.

3. **Begeisterungsfaktoren**
   Das sind Leistungsmerkmale, mit denen der Kunde nicht rechnet und die ihn positiv überraschen – im Beispiel oben etwa mehr Beinfreiheit, der Gratis-Cocktail oder die Lieblingszeitschrift. Begeisterungsmerkmale müssen also keine revolutionären Neuerungen oder kostspielige Zusatzleistungen sein. Oft sind es unerwartete kleine Sahnehäubchen oder persönliche Gesten, die von besonderer Aufmerksamkeit für den Kunden zeugen.

Wie aus unerheblichen Faktoren Begeisterungsfaktoren werden

Daneben wies Kano noch auf »unerhebliche Faktoren« hin, deren Fehlen oder Vorhandensein für Kunden keine Rolle spielt. Den meisten Kunden dürfte es gleichgültig sein, ob das Bordpersonal blaue oder graue Uniformen trägt oder ob die Sicherheitshinweise per Film oder durch ein Mitglied des Personals demonstriert werden. Allerdings schaffen es manche Fluglinien sogar, dieses normalerweise nebensächliche Merkmal in einen Begeisterungsfaktor zu verwandeln. So punktete beispielsweise Southwest Airlines mit einem rappenden Steward, der die Sicherheitshinweise humorvoll verpackte. Und Air New Zealand amüsierte Passagiere mit witzigen Sicherheitsvideos, in denen der bekannte Abenteurer Bear Grylls oder die bizarren Fantasy-Figuren aus Tolkiens »Mittelerde« die Hauptrollen spielten. Die Filme entwickelten sich zu wahren YouTube-Hits, d. h., Hunderttausende von Menschen schauten sich gezielt und freiwillig Filme mit Hinweisen an, die sie sonst gern gelangweilt ignorieren.[9]

Vorsicht, Gewohnheit!

Doch solche gelungenen Beispiele für Kundenbegeisterung rücken gleichzeitig ein Problem ins Bewusstsein: Was beim ersten, zweiten und vielleicht noch beim dritten Mal begeistert, wird irgendwann zur Gewohnheit. Begeisterungsfaktoren nutzen sich ab, weil sie vom Kunden irgendwann als selbstverständlich hingenommen werden. Der erste Friseur, der seinen Kunden einen Kaffee oder ein kaltes Getränk anbot, löste vielleicht noch Begeisterung aus. Heute werden viele Kunden sich wundern, wenn es beim Haareschneiden nichts zu trinken gibt. Und während W-LAN im Hotelzimmer vor Jahren noch ein Begeisterungsmerkmal war, tauschen sich Kunden auf Buchungsportalen heute über die Qualität der Internetverbindung aus. Dass es sie gibt, ist selbstverständlich.

Durch gesellschaftliche und technische Entwicklungen wandeln sich eben auch Kundenerwartungen. Noch vor 20 Jahren haben beispielsweise Nachhaltigkeit in der Verwendung von Ressourcen oder faire Arbeitsbedingungen in Herkunftsländern nur eine Minderheit von Kunden interessiert. Heute können fair gehandelter Kaffee, die Verarbeitung lokaler Produkte in der Küche und die Bettwäsche aus Bio-Baumwolle den Service eines Hotels wirksam aufwerten. Wer da beim alten Standard stehen bleibt, fällt – zumindest ab einer bestimmten Angebotskategorie – zurück.

Welche Kundenbedürfnisse werden befriedigt?

Kundenerwartungen differieren natürlich je nach Angebotskategorie. Wer einen Economy-Flug gebucht hat, legt andere Maßstäbe an als ein Business-Class-Passagier mit Vielflieger-Status. Wer möglichst preiswert von A nach B kommen will, akzeptiert unter Umständen sogar, dass er für jedes aufgegebene Gepäckstück und jedes Getränk an Bord extra bezahlen muss. Mit starren Zielgruppenkonzepten kommt man hier nicht weiter. Mancher fliegt heute Business und morgen Billigflieger, logiert heute in der Berghütte und morgen im besten Hotel am Platz. Wer Kunden zufriedenstellen will, muss daher eindeutig kommunizieren, welche Bedürfnisse er befriedigt und was Kunden von ihm erwarten können.

Das Kundenbedürfnis-Modell von Georg Häusel

Und schließlich unterscheiden sich Kunden in ihrer Persönlichkeit und ihren individuellen Vorlieben. Zur Systematisierung dieser Vorlieben erfreut sich seit etlichen Jahren das Modell von Georg Häusel großer Beliebtheit. Häusel nutzt Erkenntnisse der Neurowissenschaften und unterscheidet auf der Basis der primären Bedürfnisse (oder »Emotionssysteme«) »Stimulanz«, »Dominanz« und »Balance« insgesamt sieben Kundentypen:

1. **Harmonisierer (30 Prozent der Bevölkerung):**
   Familienorientierte, fürsorgliche Menschen, für die Geborgenheit und Harmonie eine wichtige Rolle spielen.

2. **Traditionalisten (19 Prozent):**
   Sicherheit, Vertrauen und Ordnung sind wichtig. Auf Neues reagieren diese Menschen eher reserviert und vorsichtig.

3. **Hedonisten (13 Prozent):**
   … sind stets auf der Suche nach Neuem, impulsiv, individualistisch und extravagant.

4. **Offene (12 Prozent):**
   … sind ebenfalls offen für Neues, jedoch mit Schwerpunkt sanfter Genuss und Wohlfühlen. Sie sind stärker harmonieorientiert, Toleranz ist ihnen wichtig.

5. **Disziplinierte (11 Prozent):**
   Für sie spielen Pflichtbewusstsein und Sparsamkeit eine wesentliche Rolle. Die Konsumlust ist gering, Angebote werden detailliert geprüft.

6. **Performer (9 Prozent):**
   ... sind ehrgeizig, leistungs- und statusorientiert. Dort, wo er andere beeindrucken kann, ist einem Performer das Beste gerade gut genug.

7. **Abenteurer (6 Prozent):**
   ... zeichnen sich durch hohe Risikofreude und Impulsivität aus. Produkte, die mehr leisten und Spaß bringen, sind für sie besonders interessant.

Auf den »Limbic Type« kommt es an!

Schon dieser mehr als grobe Überblick der »Limbic Types« (nach dem »limbischen« Emotionssystem im Gehirn)[10] lässt erahnen, dass Traditionalisten auf spaßige Sicherheitsfilme im Flugzeug wahrscheinlich weniger enthusiastisch reagieren als Abenteurer und dass Harmonisierer beim persönlichen Service durch eine andere Ansprache zu begeistern sind als ehrgeizige Performer. Wo der eine auf freundliche Fürsorge erfreut reagiert, wird der andere eher durch einen VIP-Status zu packen sein, der ihn aus der Menge deutlich heraushebt.

Die zentrale Rolle der Mitarbeiter

Der Kunde ist also die eine Unbekannte im Streben nach hoher Servicequalität. Die andere Unbekannte sind die Mitarbeiter, die diese Servicequalität gewährleisten sollen. Wer beispielsweise Buchungsportale im Internet nach Kundenstimmen durchforstet, wird bald merken, wie zentral der Eindruck vom Personal dafür ist, ob ein Hotelgast sich wohlfühlt. »The Lady at the frontdesk was gorgeous« steht da ebenso zu lesen wie Kommentare zum mürrischen Personal im Frühstücksraum, zur Hilfsbereitschaft bei Fragen oder zur Gleichgültigkeit bei Reklamationen. Ich bin mir relativ sicher: Keiner der dort kritisierten Mitarbeiter würde sich selbst als »unfreundlich«, »mürrisch« oder »gleichgültig« betrachten. Und die »hinreißende« Mitarbeiterin an der Rezeption würde vielleicht auf das Kompliment entgegnen, sie habe doch nur getan, was selbstverständlich sei.

Während ich diese Zeilen Korrektur lese, bin ich per Bahn unterwegs nach Lüneburg zum Interview mit Geschäftsführung und Direktion des Hotels Bergström. Die Mitarbeiterin der Deutschen

Bahn ist überaus serviceorientiert und freundlich. Wir kommen ins Gespräch über Servicequalität. Sie sagt: »Für mich ist es selbstverständlich. Eigentlich ist es auch nicht schwer, nur nicht jedem fällt es leicht.« Wie recht sie hat! Danke, Frau A. Becker!

Wer exzellenten Service bieten will, braucht die richtigen Mitarbeiter. Training und Schulung können viel bewirken und klare Standards und sauber definierte Prozesse sind eine wichtige Basis für Servicequalität. Doch ohne eine grundsätzliche Bereitschaft, anderen Menschen zu dienen, wird sich ein Mitarbeiter schwertun. Unternehmen, die »Wir leben von unseren Kunden« zum Jahresmotto erheben müssen, haben ein Problem. Realistisch betrachtet, kann niemand nur Mitarbeiter haben, die »gorgeous« sind, doch eine grundsätzliche Servicementalität muss vorhanden sein.

Aus diesem Panorama zum Thema Servicequalität ergibt sich eine Reihe von grundsätzlichen Überlegungen:

Wer stehen bleibt, fällt zurück

Servicequalität: eine stetige Herausforderung

Hohe Servicequalität ist kein einmal gesetzter Standard, der dann nur noch gehalten werden muss. Kundenerwartungen wandeln sich, und was heute neu und spektakulär ist, kann schon morgen zum Standard gehören. Servicequalität ist daher eine stetige Herausforderung, eine Aufgabe, die nie endet. Wenn der Apotheker um die Ecke dem Kunden mit der Quittung eine Packung Papiertaschentücher reicht, ist das beim ersten Mal eine positive Überraschung, beim zweiten Mal eine nette Geste und beim dritten Erleben schlicht langweilig.

Wissen, was Kunden wollen

Die Kundenerwartungen (immer neu) erfüllen

Wie Service beurteilt wird, hängt von den Erwartungen des jeweiligen Kunden ab. Unternehmen müssen klar signalisieren, was sie bieten. Vor allem ist es notwendig, dass sie ihre Kunden und deren Wünsche genau kennen. Dabei wird es unmöglich sein, alle Erwartungen zu treffen. Dass die Erwartungen der wichtigsten oder umsatzträchtigsten Kunden erfüllt werden, ist für ein Unternehmen jedoch (über)lebenswichtig. Die Verantwortlichen müssen jedes Kundenfeedback ernst nehmen und Konsequenzen daraus ziehen. Dies betrifft Beschwerden und ebenso Bewertungsportale oder Umfragen.

Wow-Effekte bieten, um Kunden zu halten

Begeisterungsfaktoren schaffen

Die Erfüllung von Kundenerwartungen allein macht Kunden noch nicht zu treuen Fans eines Unternehmens. Bloße Kundenzufriedenheit taugt weder als Differenzierungskriterium im Wettbewerb noch als Garant für Kundenloyalität. Nicht umsonst spricht man im Marketing vom »Variety Seeking«: Auch zufriedene Kunden wechseln, um mal »was Neues auszuprobieren«. Wer Kunden stärker binden will, muss sie immer wieder positiv überraschen. Eine solche emotionale Bindung wird durch Begeisterungsfaktoren ausgelöst (siehe Kano-Modell). Auch sie müssen geplant und gezielt umgesetzt werden.

Die Kernleistung optimieren

Begeisterungsfaktoren funktionieren nur, wenn auch die Basics stimmen. Kleine Aufmerksamkeiten, unerwartete Servicemomente und positive Kundenüberraschungen entfalten nur dann ihre Wirkung, wenn die Kernleistung eines Anbieters in Ordnung ist. Wenn das Flugzeug zwei Stunden Verspätung hat, löst auch der Gratiscocktail keine echte Begeisterung mehr aus.

Prozesse durchdenken

Damit die Kernleistung stimmt, müssen Prozesse sauber definiert und Kundenanforderungen passgenau erfüllt werden. Voraussetzung dafür ist, dass jeder im Unternehmen weiß, was er zu tun hat und wie es zu tun ist. Im Unternehmensalltag darauf zu setzen, dass sich dies »von selbst« ergibt, zeugt von Naivität. Hier greift ein praxisorientiertes Qualitätsmanagement.

Mitarbeiter sorgfältig auswählen und schulen

Optimal auf Fehler reagieren

Entscheidend im Service ist der menschliche Faktor. Fehler, Mängel und Versäumnisse sind nicht gänzlich vermeidbar. Gehen die Mitarbeiter in einem solchen Fall souverän und kundenorientiert vor, werden Kunden einen Fehler jedoch eher verzeihen, und sogar mehr als das: Kunden, die erlebt haben, dass ein Unternehmen eine Panne zügig zu ihrer Zufriedenheit ausbügelt, halten dem Unternehmen anschließend stärker die Treue, als wenn gar kein Fehler passiert wäre (»Beschwerdeparadoxon«). Eine unfreundliche, nachlässige oder gleichgültige Behandlung verzeihen Kunden jedoch nicht.

Orientierung: der Handlungszyklus des Qualitätsmanagements

Exzellenter Service ergibt sich nicht von allein und er ist auch nicht durch klangvolle Absichtserklärungen, flammende Motivationsreden oder gelegentliche Mitarbeiterschulungen zum Thema Kundenfreundlichkeit zu erzielen. Service ist ein komplexes Gefüge, in dem zahlreiche Rädchen perfekt ineinandergreifen müssen, wenn kontinuierlich hohe Qualität gewährleistet sein soll. Servicequalität ist jeden Tag neu zu erobern und muss stetig neuen Herausforderungen angepasst werden. Der klassische Handlungszyklus des Qualitätsmanagements spiegelt diese stetige Herausforderung wider.

Verbessere ständig die Systeme.

Erfunden hat diesen Regelkreis William Edwards Deming, einer der Väter des Qualitätsmanagements. Sein Credo: »Verbessere ständig die Systeme.«[11] Der Serviceprozess (oder auch ein entsprechender Teilprozess) muss dafür als Erstes konsequent durchdacht und geplant werden (»Plan«): Was wollen wir für wen durch wen in welcher Qualität auf welche Weise bieten? In diese Überlegungen fließen Verbesserungsmöglichkeiten gegenüber dem Status quo bereits ein. Im nächsten Schritt gilt es, die Planung umzusetzen und auszuprobieren (»Do«): über Mitarbeiterinformation und -einarbeitung, durch klare Verantwortlichkeiten und sauber definierte Arbeitsabläufe.

Der PDCA-Zyklus als Garant für Qualität

»Check« verweist darauf, dass Überprüfung und Erfolgskontrolle unerlässlich sind: Bewährt sich die Planung in der Praxis? Nur so kommen Abweichungen und Fehler ans Licht und können behoben werden. Dazu bedarf es einer positiven Fehlerkultur, die nicht Schuldige an den Pranger stellt, sondern Fehler als menschlich und als Lernchancen begreift. »Act« schließlich meint die Korrektur- und Vorbeugemaßnahmen, die zu ergreifen sind, wenn wir feststellen, dass eine Leistung nicht den gewünschten oder geplanten Merkmalen entspricht.

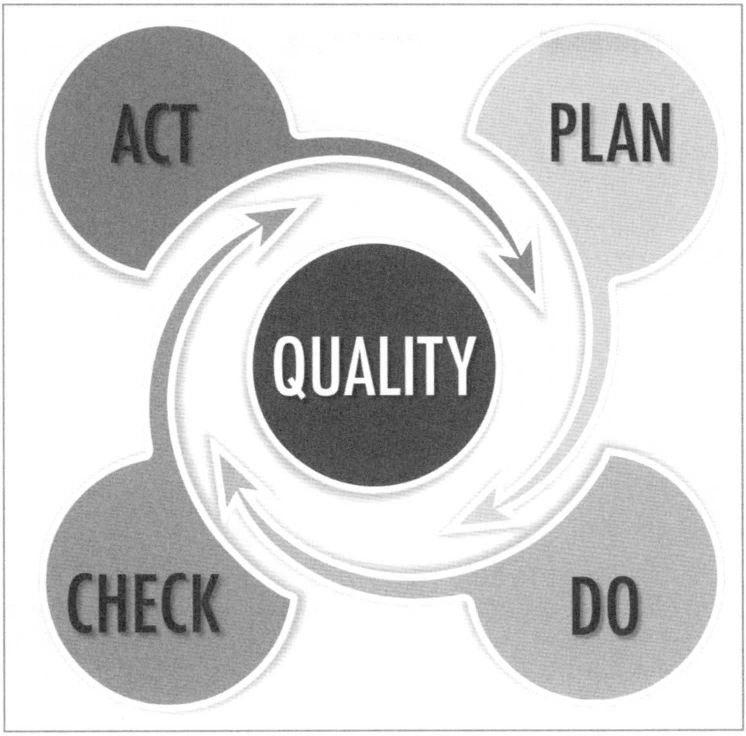

Der PDCA-Zyklus im Qualitätsmanagement

Gegen ein solches Serviceverständnis ist eingewandt worden, es sei zu mechanistisch, ihm fehle die persönliche Note. »Bei hochgradig standardisierten Dienstleistungen besteht immer die Gefahr, dass das Lebendige, der Charme, das Menschliche verloren geht, aber es ist am Ende im Grunde das, worauf es ankommt«, sagt beispielsweise Birgit Mager, Professorin für Servicedesign an der Köln International School of Design (KISD).[12]

Regeln sind keine Zwangsjacke, sondern Leitplanken.

Ich kann dieser Meinung nicht folgen. Prüfen Sie sich selbst: Haben Sie sich öfter über schlechten Service geärgert, weil Mitarbeiter zu gut Bescheid wussten und zu routiniert mit Ihnen umgingen? Oder eher deswegen, weil Mitarbeiter unsicher oder unzuverlässig waren und elementare Regeln der Kundenorientierung vom höflichen Gruß bis zum aufmerksamen Zuhören verletzten? Richtig verstanden sind Regeln keine Zwangsjacke, die

Individualität unterdrückt, sondern Leitplanken, die Sicherheit geben und eine persönliche Entfaltung zulassen und sogar fördern.

Prozessoptimierungen: zu teuer?

Eine andere Kritik geht dahin, dass kontinuierliche Verbesserungen beim Service mühsam und womöglich teuer seien. Betriebswirtschaftlich klüger sei es, einen guten Standard anzustreben und diesen dann möglichst zu halten. In diesem Vorbehalt steckt die ungeprüfte Annahme, dass Prozessoptimierungen zwangsläufig Geld kosten. Dies muss keineswegs so sein: Wenn Fehler vermieden und Doppelarbeit und Abstimmungspannen beseitigt werden, stecken darin auch Einsparpotenziale.

Lieber Menschen als Maschinen?

Und was die Notwendigkeit stetiger Serviceverbesserung angeht, halte ich es mit Matthias Gouthier, Experte für Dienstleistungsmarketing und Service Excellence, der hervorhebt, die meisten Unternehmen bewegten sich auf »kompetitiven Märkten«. Widerstände gegen eine permanente Weiterentwicklung von Dienstleistungen führt Gouthier auf ein typisch deutsches »Mentalitätsproblem« zurück. Einem Ingenieur würde man kaum die Frage stellen, warum sich Produkte weiterentwickeln müssten.[13] Vielleicht sind wir ja immer noch ein Land, in dem man im Zweifelsfall lieber Maschinen bedient als Menschen – wie der damalige Bundespräsident Roman Herzog einst spottete?

Es ist nicht nur lohnend, sondern heute auch unerlässlich für den dauerhaften Erfolg eines Unternehmens, über Serviceverbesserung nachzudenken. Wir tun dies in diesem Buch in 6 Schritten. Lesen Sie, was Sie erwartet.

6 Schritte für besseren Service: Ein Überblick

»Mehr Servicequalität durch eindeutige Serviceregeln«, so wurde in der Einführung das Qnigge®-Prinzip zusammengefasst. Es verbindet ein Nachdenken über den »Umgang mit Menschen« (frei nach Adolph Freiherr von Knigge) mit einer präzisen Strukturierung und Dokumentation der Alltagserfordernisse im Service (orientiert an den Prinzipien des Qualitätsmanagements). Aus dieser Synthese ergeben sich folgende Schritte, die Unternehmen gehen sollten, um ihren Service zielstrebig zu optimieren:

Schritt 1: Werte reflektieren

Gelebte Werte, eine Voraussetzung für eine positive Unternehmenskultur

Gelebte Werte sind Leitplanken des Handelns und der Zusammenarbeit. Sie schaffen einen gemeinsamen Geist und sind im Alltag einklagbar. Lebt die Geschäftsführung eines Unternehmens solche Werte vor und kommuniziert sie sehr klar, ist dies die beste Voraussetzung für eine positive Unternehmenskultur. Eine solche Kultur wiederum ist die Grundlage dafür, dass Mitarbeiter sich wohlfühlen, sich mit dem Unternehmen identifizieren und sich engagieren. Und nur motivierte und engagierte Mitarbeiter können guten bis exzellenten Kundenservice bieten. Mitarbeiter behandeln Kunden oftmals so, wie sie selbst von ihren Vorgesetzten behandelt werden. Last but not least: Ein Unternehmen, das hohe Servicequalität bieten will, sollte in seinem Selbstverständnis auch den Wert »Qualität« verankert haben. Nur: Wie stellt man das an?

Schritt 2: Das richtige Team schaffen

Die Kosten personeller Fehlentscheidungen

Während in die Anschaffung teurer Maschinen oft viel Zeit und Überlegung fließt, werden neue Mitarbeiter nicht selten zwischen Tür und Angel angeheuert. Dabei wird oft übersehen, dass eine Fehlbesetzung schnell teurer werden kann als jede Sachinvestition: durch direkte Kosten und auch durch »Kollateralschäden« wie verprellte Kunden und verunsicherte Mitarbeiter oder gar Eigenkündigungen von Leistungsträgern (bei Fehlbesetzungen auf Führungsebene). Wie findet man Mitarbeiter, die zum Unternehmen und seinen Werten passen und die angestrebte Servicequalität in die Tat umsetzen?

Schritt 3: Standards und Prozesse definieren & managen

Die Balance zwischen Chaos und Dokumentationswahn

»Wie oft muss ich noch sagen …?!« »Ich dachte, das wäre längst passiert!« »Aber dafür ist doch Frau Schmidt zuständig.« – Sätze wie diese sind Indizien für eine mangelnde Organisation der Abläufe im Unternehmen. Wer gegensteuern will, stellt am besten die eigenen Prozesse und Standards auf den Prüfstand, optimiert und dokumentiert sie. Das ist klassisches Qualitätsmanagement. Doch wie besteht man die Gratwanderung zwischen Unorganisiertheit einerseits und Dokumentationswahn andererseits? Wie hält man ein Qualitätsmanagementsystem lebendig und wendet es so an, dass Kunden optimal davon profitieren?

Schritt 4: Mitarbeitern Service bieten – das Handbuch

Die beste Dokumentationsvariante finden

Das beste Qualitätsmanagement ist nur so gut wie seine Umsetzung. Mitarbeiter – und damit auch Service und Kunden – können nur davon profitieren, wenn die beschlossenen Standards und Prozesse leicht zugänglich sind. Welche Varianten der Dokumentation gibt es und was empfiehlt sich für Sie?

Schritt 5: Feedback geben & einholen

Feedback von allen Seiten nutzen

Nur wer weiß, was seine Kunden wollen, kann auf Dauer guten Service bieten und die richtigen Innovationen vorantreiben. Social Media und Bewertungsportale knüpfen einen direkten Draht zum Kunden. Wie gehen Sie damit konstruktiv um? Feedback kommt allerdings nicht nur vom Kunden. Auch im Unternehmen ist es eine unverzichtbare Voraussetzung für Weiterentwicklung, sowohl als Feedback von Führungskräften an Mitarbeiter als auch umgekehrt. Und schließlich sind auch QM-Zertifizierungen ein Feedback-Instrument, auch wenn sie selten so gesehen werden. Worauf kommt es an, wenn Sie Feedback-Instrumente optimal nutzen wollen?

Schritt 6: Innovationen vorantreiben

Welche Innovationen lohnen sich?

Auf heutigen Märkten gilt: Stillstand ist Rückschritt. Wer Kunden auf Dauer überzeugen und halten will, muss sich immer wieder etwas Neues einfallen lassen. Doch wie generiert man Ideen? Und wie unterscheidet man das Lohnende vom weniger Empfehlenswerten? Denn nicht alles, was machbar ist, sollte man auch machen. Es gilt allerdings auch: Nicht alles, was sich wirklich lohnt, muss viel Geld kosten.

In jedem Kapitel kommen namhafte Experten zu Wort, Berater, Unternehmer, Fachleute für Qualitätsmanagement und Führungskräfte verschiedener Branchen. Sie erweitern den Blickwinkel und steuern neue Facetten bei. Starten wir gleich mit einem besonderen Highlight: Ich freue mich, zwei geschätzte Kollegen und ausgewiesene Service-Experten, Sabine Hübner und Carsten K. Rath, für ein Interview gewonnen zu haben. Lesen Sie gleich zur Einstimmung, was sie zum Thema Servicequalität zu sagen haben.

»Servicequalität oder: Was ist wirklich relevant?«

Interview mit Sabine Hübner und Carsten K. Rath *(richtigrichtig.com)*

Interview

»Was ist wirklich wichtig?«, lautet eine Schlüsselfrage, die Sie in Ihrem Unternehmen aufwerfen. Wie hängen Relevanz und Servicequalität zusammen?

Sabine Hübner: *Ein Service ist dann relevant für einen Kunden, wenn mindestens eine der drei folgenden Fragen mit Ja beantwortet wird: Erhöht der Service die Kundenloyalität? Ist er Anlass für Weiterempfehlungen? Ist der Kunde bereit, dafür zu bezahlen? Die Kunst besteht darin, zu antizipieren, welche Services für Kunden zukünftig relevant sein werden.*

Carsten K. Rath: *In vielen Branchen, auch in der Hotellerie, lässt sich beobachten, dass der Service immer breiter wird. Man betreibt permanentes Benchmarking und bietet an, was der Mitbewerber auch anbietet. Breiterer Service ist aber nicht immer besserer Service, denn so gleichen sich die Marktteilnehmer immer mehr an – werden verwechselbar statt einzigartig. Immer mehr Hotels haben inzwischen Mineralwasserkarten, teilweise mit über 300 Sorten Wasser. Ist das eine für den Kunden relevante Serviceleistung? Hat für einen Geschäftskunden, der im Berliner Adlon logiert, ein Frühstückbuffet für 37 Euro Relevanz? Ich meine, nein. Kaum jemand nimmt sich heute im Business noch die Zeit für ein opulentes Frühstück. Hätte ein schnelles Frühstück to go für ihn Relevanz? Ich meine, ja. Service-*

Interview

qualität heißt, sich auf Serviceleistungen zu konzentrieren, die für die jeweilige Zielgruppe relevant sind. So ist Motel One die erste Hotelkette, die keinen Telefonservice mehr anbietet, weil die Gäste ohnehin ein Handy haben. Das spart Kosten bei der Soft- und Hardware und trägt zu günstigen Preisen bei.

Sabine Hübner: *Unternehmen positionieren sich nach wie vor stark über Produkte, seltener über ihre Serviceleistungen. Anbieter sollten aber klar sagen, welche Services es bei ihnen gibt und welche nicht. Transparenz und Erwartungsmanagement spielen eine große Rolle bei der Kundenzufriedenheit.*

Was ist für Sie »Service Excellence«?

Carsten K. Rath: *Service Excellence ist immer persönlich, weil herzlich, nie mechanisch oder technisch, und dennoch fehlerfrei. Es geht immer darum, dass ein Mensch sich einem anderen voll zuwendet, es geht um Authentizität, um feine, kleine Nuancen. Empathie ist der Kernwert der Service Excellence. Denken Sie an das kleine italienische Restaurant, in dem Sie schon beim ersten Mal wie ein Stammgast begrüßt werden, beim zweiten Mal wie ein Mitglied der Familie und beim dritten Mal wie ein wichtiges Mitglied der lokalen Mafia.*

Und das funktioniert auch beim Massenanbieter, etwa einer Telefongesellschaft?

Carsten K. Rath: *Größe ist völlig irrelevant – es geht um die Prozesse dahinter. Wenn Sie eine Woche auf einen Handy-Anschluss warten müssen, stimmen die Prozesse nicht. Bei Service Excellence geht es um die Zwischentöne: Wie wird mit Kunden umgegangen, etwa bei Anrufen oder Mails? Dafür müssen Sie den Mitarbeitern Freiräume geben. Wer alles kontrolliert, Menschen auf Roboter reduziert, kriegt genau das: unwillige, unmündige Mitarbeiter.*

Sabine Hübner: *Service ist Kultur, also Haltung. Für eine konsequente Servicekultur brauchen Sie drei Dinge: intelligente Dienstleistungen, Prozesse, die funktionieren, und die richtigen Mitarbeiter. Überzeugendes Mitarbeiterverhalten in Situationen, die durch keinen Stan-*

dardprozess erfasst werden, rettet oft die Kundenloyalität. Die gelebte Servicekultur ist am Ende die Summe der Geschichten, die Menschen mit einem Unternehmen erleben, und hier sind die Mitarbeiter Dreh- und Angelpunkt. Mit welcher Geschichte geht ein Kunde aus einem Gespräch oder einer Begegnung heraus? Wenn es keine Geschichte gibt, gibt es auch kein Erlebnis, an das man sich zurückerinnert.

Wie beurteilen Sie das Verhältnis von Produktqualität und Servicequalität? Produktqualität hat in Deutschland ja eine lange Tradition – Stichwort »Made in Germany«.

Sabine Hübner: *In meiner Wahrnehmung als Österreicherin liegt der Fokus in Deutschland immer noch sehr stark auf dem Produkt, auch wenn sich das langsam verändert. In Produktionsunternehmen werden noch immer viele Dinge entwickelt, die für den Kunden keine Relevanz haben. Umgekehrt wird vieles nicht angeboten, was für Kunden Relevanz hätte, zum Beispiel sinnvolle, flankierende Dienstleistungen. Dabei erzielen Unternehmen teilweise inzwischen 70 bis 80 Prozent ihrer Gewinne über Dienstleistungen. Da gäbe es noch viel Geld zu verdienen.*

Carsten K. Rath: *In der Produktion würde man stark davon profitieren, wenn man einsähe, dass am Ende der Kette immer der Kunde steht – egal, wie ausgefeilt die angebotene Maschine ist.*

Wenn in Unternehmen oft eher aus Entwickler- als aus Kundensicht agiert wird: Könnte die Einbeziehung von Kundenfeedback das ändern?

Sabine Hübner: *Kundenfeedback ist wichtig, aber die Innovationskraft von Befragungen ist begrenzt. Kunden vergleichen stark mit Wettbewerbern und können nur Faktoren nennen, die ihnen auch bewusst sind. Sie wünschen sich dann, dass Anbieter A etwas macht, was sie bei B gesehen haben. Echte Innovationen dagegen bieten etwas Neues.*

Das heißt, man muss immer wieder Neuerungen bieten, um Gewöhnungseffekte zu vermeiden?

Carsten K. Rath: *Ich möchte zwischen Produktrelevanz und Servicerelevanz unterscheiden. Technische Innovationen leben davon, immer wieder Neues zu bieten und dadurch auch mehr Service zu ermöglichen. Vergleichen Sie nur Ihr Smartphone mit einem Handy von vor zehn Jahren. Der eigentlich relevante persönliche Service bleibt im Kern immer gleich. Wie authentisch freundlich, wie warmherzig geht es zu? Das entscheidet, wo ich das Produkt kaufe. Es sind die Menschen, die den Unterschied machen, nicht Produkte, die immer ähnlicher werden.*

Sabine Hübner: *Eine andere Facette: Was will ein Kunde wirklich? Ich will keinen neuen Kühlschrank, kein neues Produkt. Für mich beispielsweise wäre ein Kühlschrank interessant, der per Warenwirtschaftssystem automatisch immer wieder gefüllt wird. Das wäre eine Innovation. Ich denke, es geht in vielen Bereichen nicht mehr um Produkte, sondern um ergänzende Dienstleistungen. Außerdem: Nicht alles, was neu ist, ist automatisch gut. Kunden brauchen und lieben auch vertraute Rituale, die Sicherheit geben. Die Kunst besteht darin, lieb gewordene Rituale von alten Zöpfen zu unterscheiden, die man abschneiden muss.*

Wie wichtig sind klare Regeln aus Ihrer Sicht für guten Service?

Carsten K. Rath: *Man braucht grundlegende Regeln, um die Basics zu klären. Darüber hinaus brauchen Sie mündige Mitarbeiter und Führungskräfte, die das Zutrauen haben, diese Mitarbeiter machen zu lassen.*

Sabine Hübner: *Ohne Regeln wäre eine Leistung zufällig, wobei ich lieber von »Leitplanken« oder »Orientierung« spreche als von »Regeln«. Ich vergleiche Service gern mit dem Fahren auf einer sechsspurigen Autobahn. Dort gibt es einerseits klare Regeln, zum Beispiel, dass alle in dieselbe Richtung fahren. Andererseits gibt es Freiheiten, etwa auf welcher Spur Sie fahren oder ob Sie einen Zwischenstopp an der Raststätte einlegen. Leitplanken erlauben es, eine Servicestrategie konsequent umzusetzen. Wie sollten neue Mitarbeiter sonst schnell in eine Servicekultur integriert werden? Und wie sollen große Unternehmen sonst für eine einheitliche Servicekultur sorgen? Damit Servicekultur* *unabhängig von Einzelpersonen funktioniert, brauchen Mitarbeiter Orientierung. Je mehr Freiraum ich Mitarbeitern gewähre, desto mehr Orientierung braucht es auch: Befinde ich mich noch auf der Autobahn? Kunden müssen sich auf ein bestimmtes Serviceniveau verlassen können. Die persönliche Note ist dann natürlich noch das i-Tüpfelchen.*

Wenn es nur *einen* Rat gäbe, den Sie einem Unternehmer geben dürften, der exzellenten Service etablieren will: Wie sähe der aus?

Sabine Hübner: *Die beiden wichtigsten Erfolgskriterien und zugleich die wesentlichen Stolpersteine für eine gelebte Servicekultur sind Relevanz und Konsequenz. Was ist für den Kunden relevant? Und wie setze ich das, was relevant ist, konsequent um?*

Carsten K. Rath: *Service funktioniert nicht gegen deine Mitarbeiter – es geht nur mit ihnen! Und: Konzentriere dich auf die wenigen relevanten Dinge für deine Kunden, statt deine Mitbewerber zu benchmarken und ihnen nur zu folgen.*

Welches Serviceerlebnis hat Sie persönlich zuletzt beeindruckt?

Sabine Hübner: *Beeindruckt hat mich meine Bankberaterin, die mich anrief, als ich gerade von einer kleinen Operation nach Hause kam, bei der ich eine Vollnarkose bekommen hatte. Auf meinen Scherz, ich könne heute wegen der Narkose nicht über Bankgeschäfte reden, denn bei den Nebenwirkungen sei ich ausdrücklich vor Vertragsabschlüssen gewarnt worden, antwortete sie nicht etwa mit dem üblichen »Dann gute Besserung, ich melde mich wieder«, sondern sehr persönlich: »Sind Sie gut versorgt, Frau Hübner? Oder kann ich Ihnen etwas vorbeibringen?« Das hat mich positiv überrascht, weil es so persönlich war.*

Carsten K. Rath: *Auf einem Business-Class-Flug mit Emirates nach Dubai wurde ich kürzlich gefragt, ob ich eine Matratze wünsche. Auf mein verblüfftes Ja wurde auf die ohnehin komfortablen ausgeklappten Sitze noch eine Matratze gelegt. Das habe ich so noch nirgends gesehen, und es hat mich beeindruckt, weil hier der Service konsequent zu Ende gedacht wurde.*

Carsten K. Rath ist Unternehmer und Grand Hotelier und sammelte weltweit Erfahrung. Der Service-Excellence-Experte ist Gründer und CEO der LHEG AG sowie der CKR-Service-Excellence Akademie, für die er seit 2008 viel beachtete Vorträge auf nationalen und internationalen Bühnen hält. Er eröffnete als Führungskraft Luxushotels auf vier Kontinenten, u. a. das Ritz Carlton in Naples und das Hotel Adlon in Berlin. ▶ *www.carsten-k-rath.com*

Sabine Hübner ist gefragter Keynote-Speaker und Autorin zahlreicher Fachbücher. Als Unternehmerin in der Dienstleistungsbranche setzt sie ihr Know-how in Beratung und Umsetzungsbegleitung seit Jahren erfolgreich um. Nationale und internationale Unternehmen verlassen sich auf ihre Lösungsstrategien. Sabine Hübner gilt als Serviceexpertin Nr. 1 in Deutschland (Pro 7) und das Magazin *Focus* zählt sie zu den Erfolgsmachern. ▶ *www.sabinehuebner.de*

■ Sabine Hübner und Carsten K. Rath bringen ihr kontrastreiches und umfassendes Know-how künftig in ein gemeinsames Unternehmen ein. Es heißt »Richtig Richtig« – und genau darum geht es auch. Mit richtigrichtig.com bieten sie ihren Kunden fundiertes Expertenwissen und erprobte Lösungsstrategien in Vorträgen, Beratung und Umsetzung an. ▶ *www.richtigrichtig.com*

Schritt 1: Werte reflektieren

»Richtung weisen kann nur,
wer selbst Richtung hat.«
PETER ZÜRN, MANAGER (*1933)

Beispiele

Vor einiger Zeit moderierte ich einen Führungskräfte-Workshop, in dem die Qualitätspolitik des Unternehmens festgeschrieben wurde. Auf die Frage: *»Wie werden Sie diesen Qualitätsanspruch zukünftig an Mitarbeiter und Kunden kommunizieren?«*, wurde es plötzlich ganz still. Schließlich wagte sich ein Abteilungsleiter vor: *»Das ist doch einfach, wir stellen die Qualitätspolitik ins Internet und machen an der Rezeption einen Aufsteller, der über unser Qualitätsverständnis informiert.«* Damit löste er eine hitzige Diskussion aus: So ginge das nicht! Ob er wolle, dass einem dauernd die Thesen im Aufsteller vorgehalten würden? Innerhalb der Leitungsrunde konnte man sich nicht auf den Vorschlag einigen. Offensichtlich fürchtete man sich vor der Konfrontation mit dem eigenen Anspruch. Doch wozu Werte, zu denen man im Ernstfall nicht steht? Gut (gemeint) ist nicht genug! ■

Beispiele

Immer mehr Hotels und Veranstalter schreiben sich Werte wie Nachhaltigkeit und schonenden Umgang mit Ressourcen auf die Fahnen. Und sicherlich ist es gut, wenn Handtücher nach Gästewunsch und nicht automatisch jeden Tag gewechselt werden und man Einwegverpackungen am Frühstückbuffet vermeidet. Wie passt es dazu, wenn argentinisches Rinderfilet im Menü steht und bei der Abendveranstaltung eine energiefressende Lichtshow zelebriert wird? Gut ist nicht genug! ■

Die meisten Unternehmen haben inzwischen erkannt, dass zufriedene Mitarbeiter eine Voraussetzung für zufriedene Kunden sind. In Leitbildern und auf Websites werden daher Werte wie »Wertschätzung«, »Fairness« oder »Offenheit« propagiert. Dennoch kann es passieren, dass an der Unternehmenspforte, an der Garderobe oder im Service sogenannte Springer oder Zeitarbeitskräfte arbeiten, die deutlich weniger als ihre fest angestellten Kollegen verdienen. Dabei wird übersehen, dass eine unfreundliche oder gehetzte Garderobiere das Image des Unternehmens beim Kunden stärker prägen kann als jede Hochglanzbroschüre. Gut ist auch hier – nicht genug! ■

Damit ist die Werte-Diskussion eröffnet. Sie haben es natürlich längst bemerkt: Alle Beispiele kreisen um Anspruch und Wirklichkeit, um die Frage gelebter Werte und um ihren Nutzen im Unternehmensalltag.

Warum Werte? Und welche?

»Werte« beziehen sich nicht nur auf Geld.

Fast traut man sich nicht, diese Fragen zu stellen, so präsent ist die Wertediskussion in Medien und Öffentlichkeit. Gern werden Werte (oder der Mangel daran) beschworen, wenn Topmanager Millionengehälter beziehen, wenn Investmentbanker ihre Arbeitgeber in Schieflage bringen und bald darauf wieder hohe Boni beziehen oder wenn Konzerne gegen eigene Compliance-Regeln verstoßen und Auslandsaufträgen mit Schmiergeldern nachhelfen. Erstaunlich häufig geht es beim Thema »Wirtschaft und Werte« um Geld. Doch was haben Werte mit Qualität und Service zu tun?

Gelebte Werte = positive Atmosphäre

Der Zusammenhang ist ebenso schlicht wie durchschlagend: Gelebte (positive) Werte prägen ein positives Arbeitsumfeld, sorgen dafür, dass Mitarbeiter sich wohlfühlen. Zufriedene Mitarbeiter wiederum sind die beste Voraussetzung für zufriedene Kunden. Wem das nicht spontan einleuchtet, der möge sich an eine Servicesituation erinnern, in der ein barscher Chef oder ein unfreundlicher Kollege anwesend war. Selbst wenn die Servicekraft, die Sie anschließend bediente, sich sehr um Freundlichkeit bemühte, empfanden Sie ihr Lächeln als Fassade. Und selbst wenn Sie gar nicht persönlich Zeuge einer internen Unfreundlichkeit wurden, spüren Sie es schon beim Betreten eines Geschäftes, eines Hotels oder einer Arztpraxis, wenn eine Atmosphäre der Anspannung oder gar Angst herrscht. Die meisten Menschen haben feine Antennen für »dicke Luft«. Und die meisten Menschen lassen sich davon anstecken und fühlen sich unbehaglich. Keine gute Voraussetzung für ein Serviceerlebnis!

Gelebte Werte können Emotionen auslösen.

Rosabeth Moss Kanter, Soziologin und renommierte Wirtschaftsprofessorin an der Harvard Business School, schreibt dazu: »Unternehmensergebnisse und das Verhalten von Organisationen werden nicht nur von Zweckrationalismus bestimmt. Auch Emotionen spielen eine wichtige Rolle. Stimmungen sind ansteckend. Sie haben Einfluss auf Fehlquoten, Gesundheit, Engagement und Energie. Die Mitarbeiter beeinflussen sich gegenseitig. Und meine Untersuchungen von Teams und Organisationen zeigen, dass sie ihr Leistungsniveau gegenseitig anheben oder drücken können. Richtig verstandene Werte und Prinzipien können positive Emotionen auslösen und dafür sorgen, dass sich die Mitarbeiter stärker engagieren.«[14]

Musterbeispiel: Southwest Airlines

Es gibt dazu auch andere Meinungen. Reinhard K. Sprenger etwa spricht sich in seinem Buch »Radikal führen« gegen einen expliziten Wertekanon im Unternehmen aus, weil dieser im Einzelfall schwer zu leben sei und Verstöße Zynismus im Unternehmen beförderten.[15] Anders als er bin ich mit Moss Kanter der Auffassung, dass es sich lohnt, die Grundprinzipien der Zusammenarbeit zu thematisieren, deutlich zu machen, welchen Umgang miteinander man sich wünscht, und dies auch zu leben. Ein Positivbeispiel gibt die Fluggesellschaft Southwest Airlines, die als besonders »fürsorglicher Arbeitgeber« gilt und sicher auch deswegen einer Studie des US-Ministeriums für Transport zufolge »die niedrigste Beschwerderate pro beförderten Passagier« aufweist.[16]

Werte gewinnen an Bedeutung.

Verantwortlich dafür, welche Werte in einem Unternehmen propagiert und hoffentlich auch gelebt werden, ist die Führungsebene. Vertreter dieser Ebene werden seit 2006 in Deutschland durch die »Wertekommission – Initiative Werte bewusste Führung e. V.« regelmäßig befragt. Ergebnis: Die Zahl der Führungskräfte, die Werten einen erheblichen Beitrag zum Unternehmenserfolg beimisst, wächst stetig. In der vierten Erhebung 2012 sagten über 90 Prozent der Befragten, dieser Einfluss sei »hoch« oder »sehr hoch«.[17] Als wichtigste Werte betrachteten die Führungskräfte dabei die klassischen Tugenden »Verantwortung« und »Vertrauen«, gefolgt von »Integrität« und »Nachhaltigkeit«.

Die Wichtigkeit weicher Faktoren

Das klingt nach einer Rückbesinnung auf das Wesentliche in Krisenzeiten, deckt sich jedoch mit Erkenntnissen anderer Institutionen zu einem produktiven Arbeitsklima. So prämiert die weltweit in 45 Ländern vertretene Initiative »Great Place to Work®« in Deutschland Unternehmen mit einer »ausgezeichneten Arbeitsplatzkultur«. In vielen Mitarbeiterbefragungen bestätigt sich immer wieder, dass es weiche Faktoren sind, die einen Arbeitgeber attraktiv machen, und nicht primär besondere Vergünstigungen oder Programme. »Ein attraktiver Arbeitsplatz ist da, wo die Mitarbeiter denen vertrauen, für die sie arbeiten, stolz sind auf das, was sie tun, und Freude an der Zusammenarbeit mit ihren Arbeitskollegen haben«, fasst Robert Levering, einer der Mitbegründer des Instituts, zusammen.[18] Als Kernwerte hat das Institut Glaubwürdigkeit, Respekt und Fairness ermittelt (als gemeinsame Basis für »Vertrauen«) sowie Teamgeist und Stolz.

Einen dritten, ebenfalls empirisch abgesicherten Ansatz zum Thema Unternehmenswerte vertritt der frühere Microsoft-Manager Rob Lebow. Auch er unterstreicht, dass Unternehmen bessere Ergebnisse erzielen, wenn sie sich auf gemeinsame Werte verständigen und danach handeln. Sein »Shared Values«-Konzept basiert auf der Auswertung einer internationalen Befragung in 40 Ländern. Es geht darum, wie »Menschen gern arbeiten würden«. Aus 17 Millionen Datensätzen kristallisierten sich acht wesentliche Basiswerte heraus:

Gemeinsame Werte: das »Shared Values«-Konzept

- Ehrlichkeit (»Ehrlichkeit der Mitarbeiter in Wort und Tat«)
- Integrität (»im Unternehmen immer die Wahrheit aussprechen«)
- Vertrauen (»den Mitarbeitern vertrauen«)
- Offenheit (»Bereitschaft zur Annahme neuer Ideen und Vorschläge«)
- Risikobereitschaft (»Mut, auch unpopuläre Entscheidungen zu treffen«)
- Anerkennung (»Anerkennung geben, wo sie angebracht ist«)
- Selbstlosigkeit (»die Interessen der anderen an die erste Stelle setzen«)
- Mentor sein (»sich ausreichend Zeit nehmen, um anderen zu helfen / sie anzuleiten«)[19]

Das klingt nach simplen Grundwerten des Zusammenlebens, doch die Umsetzung ist alles andere als einfach. Zusammenfassend gilt also: Für das Unternehmensklima zählen Dinge, die man nicht zählen kann!

Auf die Umsetzung kommt es an.

Als Musterbeispiel für gelebte Werte gilt seit langem Hilti, 1941 als Familienunternehmen gegründet und heute ein internationaler Konzern mit 20 000 Mitarbeitern in mehr als 120 Ländern. Hilti ist bekannt als innovativer Partner der Bauindustrie, insbesondere für Bohr-, Schleif- und Messtechnik. Die Hilti-Unternehmenswerte lauten »Integrität, Mut zur Veränderung, Teamarbeit und hohes Engagement«.[20] Diese Werte ziehen sich wie ein roter Faden durch die Selbstpräsentation des Unternehmens, etwa im

Leitbild oder in Stellenanzeigen. In ihrer Kürze und Prägnanz passen sie auf einen Kompass – eine von Hilti genutzte Abbildung, die die Funktion von Unternehmenswerten anschaulich auf den Punkt bringt.[21]

Starke Werte kommen von oben.

Damit wird auch eines deutlich: Starke Werte sind nicht das Ergebnis einer »Wertedemokratie« im Unternehmen, in dem sich die Mehrheitsmeinung durchsetzt. Starke Werte müssen von der Unternehmensführung gesetzt und vorgelebt werden. Entzieht sich die Führungsebene dieser Verantwortung, riskiert sie, dass sich ein unausgesprochener Wertekodex etabliert, der möglicherweise nicht im Sinne eines produktiven und engagierten Arbeitsklimas ist. Propagiert sie Werte, setzt sie jedoch nicht um, geht sie dasselbe Risiko ein. »Mitarbeiter achten immer darauf, ob Worte und Taten in Einklang stehen«, sagt Michael Hilti, der Sohn des Unternehmensgründers.[22] Wie Unternehmenswerte kommuniziert und gelebt werden, wird weiter unten noch Thema sein.

All das spricht dafür, dass ein Unternehmen zuallererst die Grundregeln eines respektvollen und wertschätzenden Umgangs miteinander berücksichtigen sollte. Grundwerte wie Vertrauen, Respekt und Fairness sind unverzichtbar für ein positives Klima im Unternehmen, das dauerhaft positive Serviceerlebnisse wiederum erst möglich macht. Auch der »Leitfaden soziale Verantwortung«, der als DIN ISO 26000 im Jahre 2011 veröffentlicht wurde, fordert in diesem Sinne »faire Handlungsweisen« und die Orientierung an den Menschenrechten in der unternehmerischen Praxis.[23]

Werte an sich sind ein Gewinn.

Ob ein Unternehmen alle diese Regeln in einen offiziellen Wertekanon gießt oder gezielt Schwerpunkte setzt und wie Hilti eine Auswahl trifft, muss jede Organisation für sich entscheiden. Der international bekannte Managementexperte Jim Collins etwa kam in einer dreißigjährigen Langzeitstudie über die Erfolgsprinzipien von Spitzenunternehmen zu dem Ergebnis, entscheidend sei, *dass* ein Unternehmen über explizite Werte verfüge und diese lebendig halte, weniger, *welche* Werte dies im Einzelnen seien. Auch Berechenbarkeit und Stabilität als solche setzen einen Rahmen, in dem viele Menschen sich wohlfühlen.[24]

Ist Ihr Unternehmen berechenbar? Wissen alle Mitarbeiter, welche Werte dort zählen? Nicht zuletzt: Weiß es die Führungsebene? Haben sich die Führungskräfte auf ein klares Wertegefüge verständigt, das Leitplanken für das tägliche Handeln setzt? Das erfordert die Bereitschaft, sich aus dem Alltagsgeschäft auszuklinken und eine Wertediskussion zu führen, wie weiter unten am Beispiel der ATLANTIC Hotels noch demonstriert wird. Wir bei »Qnigge®« haben uns Werte auf die Fahnen geschrieben, die sich aus unserem Beratungsauftrag ergeben und schlüssig aus dem Firmennamen ableiten lassen. Das verdeutlicht unser Wertekreis:

Berechenbarkeit und Stabilität zählen.

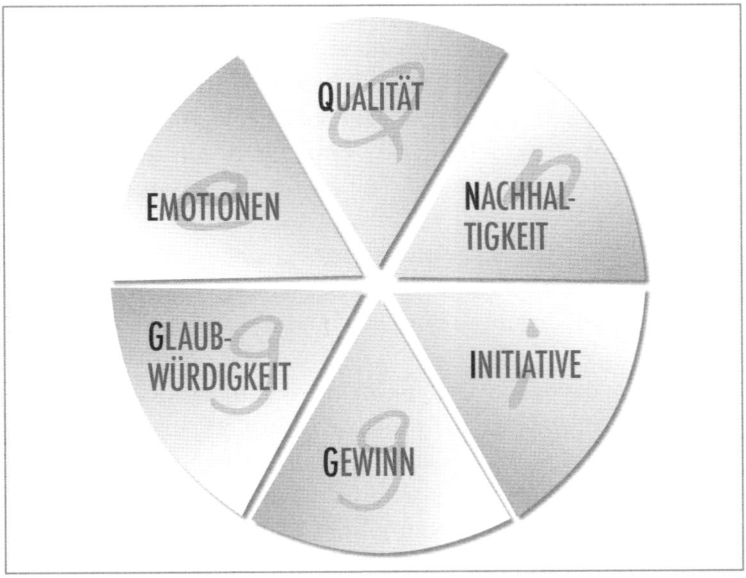

Die Qnigge®-Werte

Wir liefern …

q ualitativ hochwertige Dienstleistungen, die
n achhaltig wirksam sind und die wir
i nitiativ stetig weiterentwickeln,
g ewinnbringend für unsere Kunden wie für uns selbst,
g laubwürdig, weil wir selbst tun, was wir anderen raten, und
e motional, weil Emotionen der Motor menschlichen Handelns sind.

Ganz am Anfang steht die Qualität, denn unser Ziel ist es, die Erwartungen unserer Kunden zu erfüllen und immer wieder auch zu übertreffen. Ein Unternehmen, das Servicequalität zum Kernwert erklärt hat, tut gut daran, dies mit seinem Wertekanon nach innen wie außen zu kommunizieren.

Der Wert »Qualität«

Was »Qualität« bedeutet

In Vorträgen frage ich manchmal die Teilnehmer, was sie unter »Qualität« verstehen. Die Antworten sind immer sehr unterschiedlich. Manche denken an »Standards«, andere an etwas »besonders Gutes« oder gar »Einmaliges«. Dabei ist der Begriff Qualität ursprünglich neutral. Er leitet sich ab vom lateinischen »qualitas« für »Beschaffenheit«. Wenn wir im Alltag von »mieser Qualität« sprechen, setzt sich dieses Begriffsverständnis durch. Qualitätsmanagement zielt naturgemäß darauf, eine stabil gute oder hohe Qualität zu gewährleisten. »Qualität« wird damit zum positiven Begriff, zum Gütesiegel, das auch in Zusammensetzungen wie »Qualitätsprodukt« deutlich wird.

Unabhängig davon, ob ein Unternehmen sich zu einem systematischen Qualitätsmanagement inklusive Zertifizierung entschließt, gilt: Wer hohe (Service-)Qualität gewährleisten will, sollte dies im Unternehmen deutlich kommunizieren und »Qualität« in sein Wertegerüst aufnehmen. Nun wissen wir alle, dass bloße Worte allein nicht ausreichen – dass Werte gelebt und vorgelebt werden müssen, um im Alltag Wirkung zu zeigen. Mehr dazu im nächsten Abschnitt.

Qualität en détail

Was es bedeutet, Qualität zu leben, illustrieren Anja Förster und Peter Kreuz in ihrem Buch »Spuren statt Staub« mit einer kleinen Anekdote. Vor einem Vortrag warteten die beiden im elegant durchgestylten Porsche-Foyer in Leipzig auf ihren Auftritt. Ein beeindruckendes Ambiente, getrübt nur durch einen wackelnden Stehtisch. Also baten Förster und Kreuz einen Porsche-Mitarbeiter, der vorbeikam, um einen Bierdeckel. Der verschwand wortlos – um nach einer halben Minute mit einem Inbusschlüssel und einem Wasserglas als Eichinstrument wieder aufzutauchen. In kurzer Zeit hatte er den Tisch perfekt justiert. Sein abschließender lakonischer Kommentar: »Wir bei Porsche arbeiten nicht mit Bierdeckeln!«[25]

Innen *und* außen muss es stimmen.

Offensichtlich ist es Porsche gelungen, den hohen Qualitätsmaßstab, den man an die Automobile anlegt, im Bewusstsein dieses Mitarbeiters felsenfest zu verankern. Improvisierte Bierdeckel-Lösungen passen nicht dazu. Die kleine Geschichte wirft ein Licht darauf, was es heißt, den Wert »Qualität« mit Leben zu füllen: Qualität verträgt keine Insellösungen. Anders gesagt: Sie können nicht beim Kunden »Qualitätsservice« versprechen und es im Backoffice, in der Personalführung, in der eigenen Kantine oder selbst in der Büroausstattung nicht so genau nehmen. Ein Unternehmen, das Qualität leben will, muss ganz davon durchdrungen sein. Oder können Sie sich vorstellen, dass ein Mitarbeiter, der auf einem abgeschabten, durchgesessenen Bürostuhl sitzt und mit einer veralteten Technik kämpft, am Telefon voller Begeisterung Kunden von der exzellenten Qualität des innovativen Unternehmensangebots überzeugt? »Außen hui, innen pfui«, kommentiert das der Volksmund. Darin steckt gleichzeitig ein begründetes Misstrauen, wie tragfähig die schöne Fassade tatsächlich ist.

Qualität beginnt bei jedem Einzelnen.

Die Deutsche Gesellschaft für Qualität bekennt sich in ihrem Leitbild 2012 ausdrücklich zu einem ganzheitlichen Qualitätsverständnis: »Unternehmensqualität ist (...) eine wesentliche Bedingung für Produkt- und Dienstleistungsqualität. Strategie, Führungsverhalten, Werte und gelebte Unternehmenskultur sind Aspekte von Unternehmensqualität; sie wirken sich oft stärker auf die Produkt- und Dienstleistungsqualität aus als Geräte, Software oder Material«, schreibt Benedikt Sommerhoff, Leiter DGQ Regional.[26] Wie ernst es eine Unternehmensleitung mit Qualität wirklich meint, werden Mitarbeiter daran messen, ob auch in Unternehmensbereichen, die für den Kunden nicht unmittelbar sichtbar sind, klare Qualitätsmaßstäbe angelegt und eingehalten werden. Qualität beginnt immer bei einem selbst, das gilt auch und gerade für Führungskräfte. Im nächsten Kapitel (»Schritt 2:

Das richtige Team schaffen«) wird es daher auch um Führungsqualität gehen, unter »Schritt 3« dann um klare Standards und Prozesse im Unternehmen insgesamt.

Das Ziel: außen hui und innen hui!

Wenn Qualität als Wert, als Haltung im Unternehmen fest verankert werden soll, hat dies Auswirkungen auf die Personalpolitik, auf Beförderungen oder Gehaltssteigerungen. Wird der Qualitätsanspruch erfüllt, sollte das ebenso Folgen haben wie die Missachtung dieses Anspruchs. Salopp gesagt: Servicequalität entsteht, wenn ein Unternehmen außen hui und innen hui ist. Mehr noch: Konsequenterweise sollte die eigene Qualitätsmesslatte auch an Zulieferer, Kooperationspartner und andere Geschäftspartner angelegt werden. Im Falle eines Restaurants betrifft dies beispielsweise Lebensmittel- und Getränkelieferanten, Wäscherei und Reinigungskräfte und bei einem Event-Anbieter alle Partner, die für Gastronomie, Entertainment, Marketing und Service verantwortlich sind. Auch hier bedeutet ein glaubwürdiger Qualitätsanspruch, dass mangelnde Qualität Folgen haben muss.

Klare Sache: das offizielle Qualitätsstatement

Damit Werte im Unternehmen gelebt werden, müssen sie vorgelebt und auch kommuniziert werden. Im Falle der Qualität kann dies durch ein offizielles Statement geschehen – durch eben jenes Dokument, mit dem sich die Manager im Eingangsbeispiel so schwertaten. Gefragt sind hier nicht gewundene Marketingfloskeln, sondern klare, für jedermann nachvollziehbare Aussagen. Ein gelungenes Beispiel geben die relaxa Hotels, die unter »Die relaxa Qualitätspolitik« präzise beschreiben, was ihr Qualitätsanspruch bedeutet. Hier ein Auszug:

1. Zuverlässigkeit, Kompetenz und Fairness zeichnen uns als Partner aus.
   Das bedeutet, dass
   - wir Kundenanfragen spätestens innerhalb von 24 Stunden beantworten (außer an Wochenenden)
   - wir Verträge völlig erfüllen und diese in allen Aussagen der Wahrheit entsprechen
   - wir Vertragsänderungswünsche im Rahmen unseres Dienstleistungsangebotes berücksichtigen.

2. Unsere Gäste betreuen wir stets aufmerksam, freundlich und hilfsbereit. Das bedeutet, dass
   - wir Informationen und Nachrichten stets unaufgefordert weitergeben und unverzüglich bereitstellen
   - wir auf unsere Gäste zugehen
   - wir bestrebt sind, alle Gäste mit Namen anzusprechen und einen persönlichen Kontakt herzustellen
   - wir Zusatzleistungen aktiv anbieten.
   - …

(Quelle: www.relaxa-hotels.de)

Auszug aus der »relaxa Qualitätspolitik«

Ein anderes Beispiel: Ein Berliner Zentrum, das ambulante psychiatrische Versorgung anbietet (»Platane 19«), beruft sich nicht nur auf die Qualitätsnorm ISO 9000, sondern formuliert Klartext:

Zur erklärten Qualitätspolitik von Platane gehört es, dass

- ausschließlich fachlich qualifizierte Mitarbeiter bei Platane tätig sind,
- die Anforderungen, Bedürfnisse und Wünsche der Nutzerinnen und Nutzer, Kostenträger und Kooperationspartner kontinuierlich erfasst und bei der Weiterentwicklung der Angebote berücksichtigt werden,
- eine Fortbildung der Mitarbeiter gefördert und gefordert wird,
- Reflexionsmöglichkeiten wie Fallbesprechungen, Supervision oder auch kollegiale Intervision als feste Bestandteile in die tägliche Arbeit integriert sind,
- fachliche Standards in allen Bereichen entwickelt und dem jeweiligen Stand des Wissens angepasst werden,
- die Nutzerinnen und Nutzer der Angebote bei der Bewertung der Qualität einbezogen werden,
- das Management professionell gestaltet wird sowie
- moderne Arbeitsmittel und -methoden eingesetzt werden.

Zu Beginn eines jeden Jahres werden Schwerpunkte der Qualitätsarbeit festgelegt.

(Quelle: www.platane19.de)

Qualitäts-Statement eines sozialen Anbieters[27]

Aus beiden Statements spricht intensives Nachdenken darüber, was »Qualität« im jeweiligen Kontext konkret bedeutet – eine fruchtbare Übung und ein unverzichtbarer Bestandteil jedes gelegentlich als praxisfern kritisierten Zertifizierungsprozesses.

Werte leben, Werte vorleben, Werte kommunizieren

Muße zur Moral

Werte in Leitbildern oder auf Websites zu publizieren ist das eine, sie im Unternehmensalltag zu beherzigen ist die eigentliche Herausforderung. »Meist fehlt die Muße zur Moral«, fürchtet das Magazin *managerSeminare* in einem Artikel über den »Zustand des Anstands«.[28] Werte müssen gelebt, vorgelebt und deutlich kommuniziert werden, wenn sie glaubwürdig sein sollen. Was bedeutet das im Einzelnen?

Werte leben

Zu viel Druck ist kontraproduktiv.

Hin und wieder mögen charakterliche Defizite dafür verantwortlich sein, wenn Werte nicht gelebt werden. Häufiger liegen die Ursachen jedoch anderswo: Viele Führungskräfte stehen gleich mehrfach unter Druck, denn in vielen Organisationen herrschen Zeitdruck, Kostendruck und Erfolgsdruck gleichermaßen. Hinzu kommt, dass sich wertorientiertes Verhalten nicht unmittelbar bilanzieren lässt. »Kollateralschäden« wiederholter Werteverstöße wie die Demotivation von Mitarbeitern, Eigenkündigungen oder Imageschäden wirken sich erst mittelfristig (und dann auch finanziell) aus. Mancher Führungskraft ist da das Hemd von heute näher als der Rock von übermorgen. Daraus erklären sich dann Fälle eines im doppelten Sinne »abwertenden« Verhaltens wie die folgenden:

- Eine Führungskraft bittet eine Teamleiterin während der Zigarettenpause mit nach draußen und eröffnet ihr zwischen Tür und Angel, ihre Abteilung solle umstrukturiert werden. In ein paar Sätzen skizziert der Vorgesetzte die neue Struktur und entlässt die Mitarbeiterin mit einem aufmunternden: »Nun machen Sie mal!«

- Ein Geschäftsführer wird nach dem Urlaub ohne weitere Vorwarnung per Mail zum Notar zitiert. Die Muttergesellschaft habe beschlossen, einen zweiten Geschäftsführer einzusetzen, teilt man ihm mit, und dies solle gleich notariell fixiert werden.
- Ein Abteilungsleiter stellt ohne Wissen und Beteiligung der direkten Vorgesetzten neue Servicekräfte ein. Diese »rächt« sich, indem sie die Einarbeitung der neuen Mitarbeiter sabotiert.
- Ein Vorgesetzter legt einer leistungsschwachen Mitarbeiterin die Eigenkündigung nahe. Als sie sich sträubt, droht er unverhohlen, sie werde »in diesem Hause ab sofort keine Freude mehr haben«.

Praxistest für Unternehmenswerte

Leider sind das keine bedauerlichen Einzelfälle. Viele Berufstätige berichten von solchen Erlebnissen, und in Beratungsprozessen begegnen mir oft frustrierte Mitarbeiter, die bemängeln, dass die propagierten Werte nicht gelebt werden. Doch wenn Werte ernst genommen werden, müssen sie den Alltag prägen. In der Praxis heißt das:

- Der Wertekanon ist allen Mitarbeiterinnen und Mitarbeitern bekannt (siehe weiter unten *Werte kommunizieren*).
- Im Unternehmen wird ein Bewusstsein dafür gefördert, was die Werte in der jeweiligen Abteilung, am jeweiligen Arbeitsplatz konkret bedeuten, etwa durch eine schriftlich dokumentierte Qualitätspolitik.
- Die Führungsleitlinien eines Unternehmens spiegeln den Wertekodex wider.
- Werte prägen die Personalpolitik des Unternehmens: Werteverstöße haben Konsequenzen. Die Identifikation mit den Firmenwerten und deren Umsetzung in die Praxis haben Auswirkung auf Einstellungen und Beförderungen, Gehälter und Boni.
- Es gibt eine Möglichkeit, Werteverstöße zu melden, etwa über eine »Ethik-Hotline« oder ein anonymes Postfach.

Das *Wie* entscheidet.

Wertekonflikte werden sich dadurch nicht gänzlich vermeiden lassen. Wie etwa vermittelt man »Wertschätzung«, wenn man mitten in einer Entlassungswelle steckt? Wie steht man zur »Offenheit«, wenn die Geschäftsleitung Stillschweigen über bevorstehende Umstrukturierungen auferlegt? Wie handhabt man eine Kündigung »fair«, wenn zwei Mitarbeiter ähnlich qualifiziert und engagiert sind und dennoch einer gehen muss? In all diesen Fällen gibt es keine Patentlösung. Doch auch wenn sich das *Was* nicht ändern lässt, gibt es häufig Spielräume beim *Wie*. Diese auszuschöpfen und sich beispielsweise für faire Trennungskonditionen und Outplacement-Hilfe starkzumachen, wäre schon ein wichtiger Schritt zu mehr Glaubwürdigkeit und könnte dem von Reinhard K. Sprenger befürchteten Zynismus infolge von Werteverstößen (siehe weiter oben im Abschnitt »Welche Werte?«) vorbeugen. Auch das Eingeständnis von Fehlern ist ein wichtiges Moment für mehr Glaubwürdigkeit und gegen die zynische Abkehr von Werten.

Werte vorleben

Führungskräfte als Werte-Vorbilder

»Actions speak louder than words«, sagt ein englisches Sprichwort, Taten zählen mehr als Worte. Hochglanzbroschüren und Sonntagsreden verblassen, wenn das Verhalten von Entscheidungsträgern nicht dazu passt. Das ist eigentlich jedem klar. Was jedoch nicht allen Führungskräften klar ist: Schon kleine Handlungen können große Auswirkungen haben und ihre Glaubwürdigkeit beschädigen. Wenn ein neuer Vorstand drastische Sparmaßnahmen verkündet und gleichzeitig sein Büro aufwendig renovieren lässt; wenn eine Führungskraft das hohe Lied der Wertschätzung singt, es jedoch nicht für nötig hält, Mitarbeiter zu grüßen; wenn man sich zu Fairness und Respekt bekennt, Hausmitteilungen aber im Kommandoton verfasst – in solchen Fällen erodieren die offiziell verkündeten Werte.

Kienbaum-Chef Walter Jochmann spricht in diesem Zusammenhang von »Symbolerlebnissen« und verweist auf den Aufruhr, den die Rolex von Klaus Kleinfeld vor einigen Jahren auslöste (siehe Interview am Ende dieses Kapitels). Bei Siemens mussten damals über 1300 Menschen entlassen werden, da passte das teure Accessoire schlecht ins Bild und wurde eilig wegretuschiert.[29]

Der Chef: ständig unter Beobachtung

Nun ändert eine 5000-Euro-Uhr so wenig an der Finanzsituation eines Konzerns wie ein neuer Teppich fürs Vorstandsbüro an der eines mittelständischen Unternehmens. Was zählt, ist die Geste und deren Interpretation durch die Mitarbeiter. Man mag diese Interpretation übertrieben, unvernünftig oder sachlich falsch finden, doch das schafft sie nicht aus der Welt. Manchen Führungskräften ist nicht bewusst, dass sie mit dem Wechsel in eine Leitungsfunktion gleichzeitig eine Bühne betreten, auf der sie permanent unter kritischer Beobachtung stehen. Was man einem Kollegen als menschliche Schwäche durchgehen lässt, verzeiht man seinem Chef nicht so schnell.

Was der Symbolcharakter von Handlungen bewirkt

Führungskräfte haben Vorbildfunktion, ob sie wollen oder nicht. Dabei wirkt der Symbolcharakter von Handlungen im negativen und auch im positiven Sinne. Wenn alle sparen müssen, macht es sich gut, wenn auch die Leitungsebene Holzklasse fliegt. Und wenn Servicequalität zentraler Unternehmenswert ist, gewinnt der Wert an Glaubwürdigkeit, wenn auch die Führungskräfte guten Service für ihre Mitarbeiter leisten, etwa beim Feedback oder mit Weiterbildungsangeboten. Schließlich ist selbst ein Fürst nur der erste Diener seines Staates, wie Friedrich der Große einst feststellte.

Werte kommunizieren

Wie gut kennen Mitarbeiter die Werte ihres Unternehmens? Dazu haben wir im März 2011 während eines Vortrags mit dem Thema »Werte schaffen Werte« eine Ad-hoc-Umfrage unter den etwa 160 Teilnehmern gemacht, die allesamt aus der Veranstaltungsindustrie kamen. Das Ergebnis macht Mut und ist erschreckend zugleich. Von 110 Zuhörern, die an der Umfrage teilnahmen, kannten 52,7 Prozent »ihre« Firmenwerte, 44,5 Prozent kannten die Firmenwerte nicht und nur knapp 3 Prozent berichteten, dass ihr Unternehmen keine definierten Werte habe. Positiv ist, dass Werte offenbar ein Thema sind und es kaum noch Organisationen gibt, in denen sie keine Rolle spielen. Erschreckend ist, dass immerhin fast die Hälfte der Befragten keine Ahnung hatte, welche Werte dies in ihrem Fall waren. Doch bloße Wertebekenntnisse, die nicht ins Alltagsbewusstsein dringen und zu Leitplanken für das Handeln werden können, machen wenig Sinn. Erst wenn die propagierten Werte auch den Umgang miteinander prägen, können sie auf das Serviceerlebnis des Kunden ausstrahlen.

Kenntnis der Firmenwerte unter den Mitarbeitern (Vortrags-Abfrage)

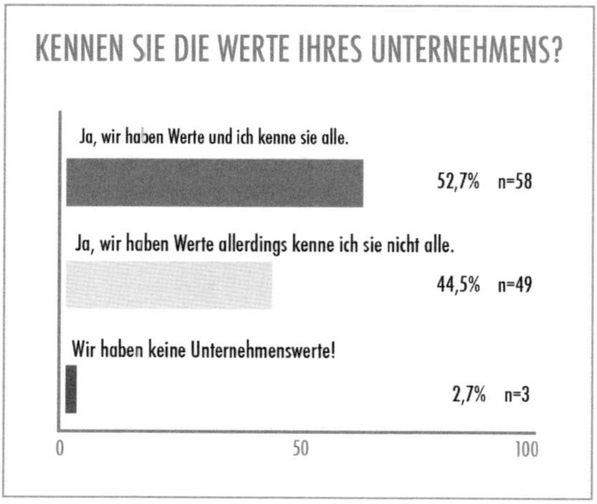

(Quelle: Codiplan GmbH)

Glaubwürdigkeit ist die Summe von Werteklarheit und Wertekommunikation. Medien, mit denen Werte im Unternehmen kommuniziert und lebendig gehalten werden können, sind beispielsweise:

Wo Werte sichtbar werden

- Leitbilder, die am Schwarzen Brett ausgehängt werden und in den Willkommensmappen für neue Mitarbeiter enthalten sind,
- Imagebroschüren, Werbeanzeigen, Stellenanzeigen – sofern es wie bei Hilti gelingt, die Kernwerte auf einen kurzen Nenner zu bringen,
- Vorstellungsgespräche und Mitarbeitergespräche,
- die eigene Website,
- das firmeneigene Intranet,

- Aufsteller im Empfangsbereich, in Besprechungsräumen,
- gerahmte Ausdrucke an prominenter Stelle im Unternehmen.

Lasst Bilder sprechen

Werden allzu viele Worte gemacht, besteht dabei immer die Gefahr, dass die Botschaft am Adressaten vorbeirauscht. Prüfen Sie daher, ob sich Ihre Unternehmenswerte zusätzlich durch Grafiken oder Bilder fassbar machen lassen. Bei Qnigge® sind wir wie geschildert den Weg des grafischen Wertekreises gegangen, der unseren Firmennamen ausbuchstabiert. Eine andere Möglichkeit verwirklichten wir in der Beratung der ATLANTIC Hotels, mit denen wir im Zuge eines umfassenden Qualitätsmanagement-Prozesses auch ein Wertesystem mit Führungsleitlinien entwickelten. Der Geschäftsführung war es wichtig, dass die Direktoren, die Führungskräfte der Zentrale und auch die Abteilungsleiter der verschiedenen Hotels ihre eigenen Vorstellungen einbringen konnten, um ein tragfähiges Werte- und Managementsystem zu entwickeln. Dabei kristallisierten sich in intensiven Diskussionen fünf Firmenwerte heraus. Ein kleines Krokodil namens »QROGL®« wurde als Maskottchen und Sinnbild für diese Unternehmenswerte geboren:

(Quelle: ATLANTIC Hotels Bremen)

Q ualität
R espekt
O ptimismus
G laubwürdigkeit
L oyalität

Der QROGL® – das Werte-Maskottchen der ATLANTIC Hotels Bremen

Der Wert der Wertediskussion

QROGL® ist als Wort-Bild-Marke geschützt und erinnert auf verschmitzte Weise immer wieder daran, welche Werte man gemeinsam zur Richtschnur erklärt hat. Gleichzeitig illustriert das Beispiel der ATLANTIC Hotels erneut, dass wenige klare Worte alltagstauglicher sind als lange Ausführungen, die sich womöglich an Leitbildern anderer Unternehmen orientieren oder gar mithilfe von PR-Profis entstehen. Beim Thema »Werte« geht es nicht um schöne Worte, sondern um ein Bewusstsein für die Qualität des Umgangs miteinander, mit Kunden und anderen Stakeholdern. Insofern hat jede Wertediskussion einen Wert an sich, unabhängig vom jeweiligen Diskussionsergebnis.

Das Wichtigste auf einen Blick – WERTE

Werte

- Gelebte Werte sorgen für ein positives Unternehmensklima und damit für mehr Mitarbeiterzufriedenheit.
- Zufriedene Mitarbeiter sind eine wichtige Voraussetzung für zufriedene Kunden.
- Verschiedene Untersuchungen belegen, dass es die Grundwerte eines respektvollen Miteinanders sind, auf die es auch im Unternehmen ankommt.
- Weniger ist mehr: Klare Statements sind im Unternehmensalltag wirksamer als viele Worte.
- Unternehmenswerte müssen von der Führungsebene gesetzt, kommuniziert und vorgelebt werden.
- Wenn Werte ernst genommen werden, müssen Werteverstöße Konsequenzen haben.
- Führungskräfte sollten sich bewusst sein, dass ihr Handeln aufmerksam beobachtet wird und dass rein rational betrachtet »Nebensächliches« symbolisch aufgeladen werden kann (etwa das Geschäftsessen im Sternerestaurant in wirtschaftlich schwierigen Zeiten).
- Unternehmen, die sich Servicequalität auf die Fahnen geschrieben haben, tun gut daran, den Wert »Qualität« im Bewusstsein der Mitarbeiter zu verankern, etwa durch eine Ausformulierung ihrer Qualitätspolitik.

➲ Servicequalität ist keine Insellösung. Sie muss eingebettet sein in Führungsqualität, Personalarbeit mit Qualitätsanspruch, qualitativ hochwertige Arbeitsmittel und Ausstattung, kurz: in Unternehmensqualität.

»Wertorientierte Unternehmensführung«

Interview mit Dr. Walter Jochmann (Kienbaum)

Interview

Welche Kern-Werte halten Sie in einem Unternehmen heute für unverzichtbar?

Dr. Jochmann: *Es gibt ungefähr 100 Adjektive, die beschreiben, wie Menschen sich in Unternehmen verhalten sollen. Ich denke nicht, dass es »die« Werte gibt. Wir bei Kienbaum differenzieren zwischen drei Dimensionen oder »Wertewelten« und empfehlen Unternehmen, sich in mindestens zwei dieser Welten zu verankern. Die erste Dimension umfasst rationale Werte wie zum Beispiel »Kompetenz«, die zweite Dimension betrifft zwischenmenschliche oder relationale Werte wie »Kundenorientierung« oder »Empathie«, die dritte geht in die Tiefe und erfasst Haltungen wie etwa »Integrität«. Entscheidend ist: Werte sind Sollbeschreibungen, Unternehmen brauchen präzise Definitionen – »Was heißt das bei uns?«.*

Inwiefern spielen die Werte eines Kandidaten / einer Kandidatin eine Rolle im Recruiting-Prozess?

Dr. Jochmann: *Die Anforderungsprofile von Kienbaum beinhalten einen Block, der mit »Motive und Werthaltungen« überschrieben ist. Allerdings sollte man sich bewusst sein, dass die Diagnostik von Werten äußerst schwierig ist. Am einfachsten zu greifen sind formale Skills, Kompetenzen und Erfahrungen eines Menschen, die im Abgleich von Unterlagen und Unternehmensanforderungen die Vorselektion der Kandidaten bestimmen. Die zweite, entscheidende Ebene ist die Verhaltensebene, auf der beispielsweise analytische Kompetenz, Disziplin oder mitfühlendes Reagieren angesiedelt sind. Verhaltenskom-*

ponenten lassen sich durch realitätsorientierte Proben eruieren. Wir bitten Kandidaten zum Beispiel zu präsentieren oder Business-Cases zu bearbeiten. Werte, also die Wurzeln des eigenen Verhaltens, sind Menschen nicht in jedem Fall bewusst. Außerdem besteht die Gefahr, dass sozial erwünschte Haltungen präsentiert werden. Im Recruiting setzen wir zur Diagnostik von Werten und Motiven Persönlichkeitsfragebögen ein. Ein zweiter wichtiger Zugang ist das Tiefeninterview, in dem Motive für berufliche Veränderungen oder der Umgang mit beruflichen Krisenerfahrungen ausgelotet werden. Maßgeblich im Recruiting sind dabei die Unternehmenswerte, also die Werte des Kunden. Unsere Aufgabe ist, aus dem Verhalten eines Menschen im Unternehmensumfeld Hypothesen darüber abzuleiten, ob dieser Kandidat zu einem Unternehmen passt – ob zum Beispiel ein strategisch orientierter Konzernmanager zu einem Mittelständler passt, bei dem Kostenorientierung, Sparsamkeit und pragmatische Umsetzungsorientierung gefragt sind.

Sie würden also sagen, bei Unternehmens- und Mitarbeiterwerten gilt »Gleich zu Gleich« und nicht »Gegensätze ziehen sich an«?

Dr. Jochmann: *Werte bestimmen die Kultur eines Unternehmens. Wenn ein Unternehmen eine starke Kultur hat, ist das Modell »Gleich zu Gleich« vorzuziehen. Werteorientierte Unternehmensführung heißt: Achte darauf, dass deine Leute in Schlüsselfunktionen bestimmte Grundwerte teilen. Die Nagelprobe ist dann, wenn man entscheiden muss, was mit Mitarbeitern passiert, die Topleistung bringen, aber nicht zu den Unternehmenswerten passen. In einem wertefokussierten Unternehmen müssen diese Mitarbeiter gehen. Opportunistische Unternehmen dagegen würden Werteverstöße wahrscheinlich kaum thematisieren. Zur Wertorientierung in der Unternehmensführung gehört, dass Verhalten Konsequenzen hat. Und es gehört dazu, vorab deutlich zu machen: Werte sind bei uns mehr als ein Blatt Papier – so wird das bei uns gelebt!*

Interview

Wie werden Werte im Unternehmensalltag am besten vermittelt, etwa in Change-Prozessen?

Dr. Jochmann: *Das ist alles andere als einfach, aber es gibt ein paar »Must-haves«:*

1) *Beschreibe die Werte so, dass sie jeder verstehen kann.*
2) *Bring die Werte in Praxisbezug. Sage, was sie in Bezug auf Arbeit und Zusammenarbeit bedeuten. Wie führen wir? Wie treffen wir Business-Entscheidungen?*
3) *Werte müssen in Personalentscheidungen einfließen, sie müssen Auswahl-, Beförderungs- und Schulungskriterium sein.*
4) *Führungskräfte müssen sich ihrer Vorbildwirkung bewusst sein. Es wird im Unternehmen sehr genau beobachtet, ob die »Leitwölfe« das leben, was sie an Werten kommunizieren.*

Warum ist diese Vorbildwirkung so wichtig?

Dr. Jochmann: *Die Tatsache, dass eine 5000-Euro-Uhr auf einem Foto von Klaus Kleinfeld in der Bild-Zeitung einen Aufruhr zur Folge hat, zeigt, wie sensibel das Thema Werte ist. Ob Werte tatsächlich umgesetzt werden, entscheidet sich im Tagesgeschäft an bestimmten Symbolerlebnissen, und da merken viele Werteträger nicht, dass eigentlich das ganze Leben eine Bühne ist. Mit den neuen Medien hat sich dies noch einmal verschärft. Heute kann eine unglückliche Reaktion in einem Restaurant über Twitter eine breite Öffentlichkeit erreichen.*

Wie beurteilen Sie den Zusammenhang von (internen) Werten und (externem) Service für den Kunden?

Dr. Jochmann: *Ich halte den Zusammenhang für sehr, sehr hoch. Wenn ein Mitarbeiter nicht durchdrungen ist von bestimmten Werten wie Kompetenz oder Wertschätzung, entsteht schnell Unglaubwürdigkeit. Dabei erwarte ich als Kunde einer Fast-Food-Kette kein Erlebnis, sondern vor allem Schnelligkeit. Kauft man allerdings einen Anzug für 2000 Euro, ist damit die Erwartung eines Serviceerlebnisses verbunden. Das besondere Eingehen auf den Kunden ist hier ein wichtiges Element der Leistungsdifferenzierung.*

Welches Serviceerlebnis hat Sie persönlich zuletzt beeindruckt?

Dr. Jochmann: *Ein einzelnes Erlebnis zu nennen fällt mir hier schwer. Aber ich kaufe meine gesamte Unterhaltungselektronik seit Jahren in einem kleinen Einzelhandelsunternehmen im Oberbergischen, das durch persönliche Beratung überzeugt, durch flexible Gesamtlösungen und durch einen Service, den ich so nicht erwartet hätte – beispielsweise, dass man mir anbietet, meinen Fernseher nach einem Jahr auszutauschen, wenn es eine technische Innovation gegeben hat. Überall, wo Menschen flexibel sind, Lösungen erzielen, sofort erreichbar sind, können Sie mich als Kunden gewinnen.*

Dr. Walter Jochmann ist Vorsitzender der Geschäftsführung der Kienbaum Management Consultants GmbH und Mitglied der Geschäftsführung der Holdinggesellschaft Kienbaum Consultants International. Der studierte und promovierte Psychologe betreut Großunternehmen bei der Entwicklung und Umsetzung von Personalstrategien sowie bei der Reorganisation und Prozessoptimierung des HR-Bereichs. Neben der Durchführung von Management Appraisals für obere und oberste Führungskräfte berät er Vorstände in strategischen Personal- und Workforce-Themen. ▶ *www.kienbaum.de*

Schritt 2: Das richtige Team schaffen

»Vertraust du einem Menschen nicht, so stelle ihn nicht ein. Stellst du ihn jedoch ein, so sollst du ihm vertrauen.«
CHINESISCHE WEISHEIT

Beispiele

Das Hotel auf der Mittelmeerinsel nennt sich stolz »Experience Hotel« und liegt in traumhafter Berglandschaft. Ein sichtlich begabtes Architektenteam hat ein Landhaus aus- und umgebaut. Auf dem weitläufigen Gelände gehen moderne Kunst und traditionelle Bauweise eine bestechende Synthese ein, die Küche ist erstklassig. All das hat natürlich seinen Preis und könnte ein Paradies sein. Zwei Tage genügen allerdings, um diesen Eindruck zu zerstreuen: Wer abends um 17:40 Uhr an der Bar nach einem Aperitif fragt, erfährt, dass diese erst um 18:00 Uhr öffnet, und wird Zeuge eines entspannten Plausches unter den Angestellten, die lieber Gläser polieren als Gäste bedienen. Wer den Kunstshop auf dem Gelände besucht, findet dort in jedem Regal den Hinweis auf die Videoüberwachung und diverse Verbotsschilder (Anfassen verboten! Fotografieren verboten!). Und beim Frühstück servieren Aushilfskräfte den Kaffee, deren Lustlosigkeit in seltsamen Kontrast zum noblen Ambiente steht. Letzteres mag mehr als gut sein, doch: Gut ist nicht genug! ■

Beispiele

Ihr Marketing lässt die Bank, eine der größten in Deutschland, sich sichtlich etwas kosten: Der wöchentliche Newsletter ist aufwendig gestaltet und gekonnt formuliert. Man lockt Kunden mit Empfehlungsprämien, Zusatzangeboten und Anlagehinweisen. Die örtliche Filiale wurde gerade renoviert und ist hell und einladend. Doch wer sie aufsucht, trifft auf Mitarbeiter, die grußlos an den Kunden vorbeigehen, die den Vorraum mit den Geldautomaten betreten. Und wer sich über die per Flipchart beworbene Anlagemöglichkeit informieren möchte, erfährt: *»Der Kollege, der das macht, ist gerade zu Tisch. Da müssen Sie einen Termin vereinbaren.«* Ob dieser Termin nicht gleich vereinbart werden könne? *»Nein, das macht der Kollege selbst. Da müssen Sie noch mal wiederkommen.«* Anscheinend »müssen« hier die Kunden vieles. Und selbst wenn der »Überbau« stimmen mag, gilt auch hier: Gut ist nicht genug! ■

Die Berliner Reinigung wäscht und bügelt Hemden schnell, günstig und zuverlässig. Der Stammkunde ist zufrieden, bis er eines Tages eine 9-Euro-Rechnung mit einem 100-Euro-Schein begleichen möchte und die resolute Dame hinter dem Tresen das mit einem empörten *»Unverschämtheit!«* kommentiert. Auf Nachfrage erfährt der Kunde, er befinde sich in einer Reinigung und nicht in der Wechselstube. Wie schön, dass die nächste Reinigung nur zwei Straßen weiter ist, denn: Gut ist nicht genug! ■

Wie Verkäufer Abschlüsse verhindern ...

»Der Erfolg entscheidet sich auf den letzten Metern«, sagen Verkäufer gern. Gemeint ist: Produktqualität, Markenführung, Werbemaßnahmen, Prospekte, Verkaufsraum – all das kann exzellent sein. Wenn der Verkäufer durch sein Verhalten im direkten Gespräch mit dem Kunden dem Qualitätsversprechen nicht gerecht wird, ist die Gefahr groß, dass aus dem Abschluss nichts wird. Zahlreich sind beispielsweise die Anekdoten über solvente Kunden, die nicht bedient wurden und Autohäuser erbost wieder verließen, weil Verkäufer offenbar der Meinung waren, Freizeitkleidung oder Nase des Kunden passten nicht zur Nobelmarke.

Ein freundlicher Mitarbeiter, der engagiert auf den Kunden zugeht, kann sachliche Mängel mit hoher Wahrscheinlichkeit ausgleichen. Doch umgekehrt wird kein Schuh daraus: Das schönste Ambiente und das beste Produkt verblassen durch die Unfreundlichkeit des Personals. Wo er sich nicht wertgeschätzt fühlt, flüchtet der Kunde. Das richtige Team ist daher ein Schlüsselfaktor für Servicequalität.

... und Kunden in die Flucht schlagen

Warum Menschen wichtiger sind als Qualifikationen

Auf die Einstellung kommt es an.

Erfahrene Personaler sagen gern, dass Menschen wegen ihrer Kenntnisse eingestellt und wegen ihrer Persönlichkeit entlassen werden. Das ist wenig verwunderlich, denn menschliche Passung ist weit schwerer zu verändern als fachliches Know-how. Einen Mitarbeiter der Hotelbar auf Wein- oder Cocktail-Seminare zu schicken und ihm Kenntnisse zu vermitteln, ist kein Problem. Jemand, der selbst wenig Wert auf Trinkgenuss legt und Gäste als lästig empfindet, zum freundlichen Service zu bewegen, ist ein Problem. Unternehmen brauchen daher Menschen mit der richtigen Einstellung zu ihren Produkten oder Dienstleistungsangeboten, zur Arbeit und zu anderen Menschen.

Servicequalität: sachliche Basis + emotionales Erlebnis

Fachliche Defizite sind behebbar – Lernbereitschaft einmal vorausgesetzt. Menschliches Unvermögen ist nicht behebbar, und dann nützt auch alle Expertise nichts. Die Gründe dafür sind simpel: Servicequalität hat eine sachliche Basis: Der Wein in der Hotelbar ist von guter Qualität und wird in der richtigen Temperatur im richtigen Glas serviert. Servicequalität hat darüber hinaus jedoch einen emotionalen Erlebnischarakter, und der ist mindestens ebenso wichtig. In diesem Fall heißt das: Der Wein wird von einem freundlichen, aufmerksamen Mitarbeiter serviert, der ernsthaft um das Wohl seines Gastes bemüht ist und dessen Lächeln nicht eingefroren wirkt, sondern echt. Erst wenn beide Faktoren zusammentreffen, fühlt sich ein Kunde wirklich »gut bedient«. Jeder von uns hat das eine wie das andere vermutlich selbst schon einmal erlebt.

Warum klare Regeln so wichtig sind

Anders ausgedrückt: Service muss gelebt werden, und dazu bedarf es einer entsprechenden Grundhaltung. Das ändert nichts daran, dass klare Regeln wichtig und unerlässlich für Servicequalität bleiben, denn:

- Regeln sorgen für Einheitlichkeit und befreien den Service vom Zufall.
- Sie schaffen Routinen und erleichtern den Arbeitsalltag.
- Sie machen bewusst, was erforderlich ist und was erwartet wird (z. B. weil sie deutbare Begriffe wie »umgehend« oder »Rückmeldung« für alle verbindlich präzisieren).
- Sie geben Sicherheit und ermöglichen souveränes Handeln in Standardsituationen. Damit gibt es Freiraum für all die Fälle, die unerwartet und vielleicht nicht geregelt sind.
- Sie sind der Rettungsanker an schlechten Tagen. Denn wer ist schon immer in Hochform?

Erst wer, dann was!

Doch ob die qua Regeln definierten Service-PS auf die Straße gebracht werden, entscheiden die Menschen, die am Steuer sitzen, sobald ein Kunde zusteigt. Wenn ihr Lächeln nie die Augen erreicht und ihre Begrüßung künstlich wirkt, nützen die besten Vorgaben wenig. Der Managementberater Jim Collins bringt gute Personalpolitik daher auf die griffige Formel »Erst wer, dann was« und betont: »Entscheidend ist, erst die richtigen Leute an Bord zu holen (und die falschen loszuwerden) und sich danach zu überlegen, wohin die Reise gehen soll.«[30] In seinem Buch »Der Weg zu den Besten« destilliert Collins aus einer Langzeitstudie an elf Unternehmen insgesamt »sieben Management-Prinzipien für dauerhaften Unternehmenserfolg«. »Erst wer, dann was« ist eines der Prinzipien, das Organisationen auszeichnet, deren wirtschaftlicher Erfolg dauerhaft weit über dem Durchschnitt liegt.

Stärken stärken statt Schwächen bekämpfen

»Öfter mal die Denkrichtung zu ändern«, empfiehlt Markus Brand Führungskräften im Interview am Ende dieses Kapitels. Nützlich sei, sich zu fragen: »Wer ist spannend für uns und passt zu unserem Produkt? Und welche Aufgabe können wir diesem Menschen bieten?« Diese Anregung ist deshalb so wichtig, weil sie den Fokus auf die Stärken eines Mitarbeiters richtet, nicht auf dessen Defizite und Schwächen. Im Unternehmensalltag läuft es allzu oft genau andersherum: Was funktioniert und klappt, wird als selbstverständlich hingenommen und kaum gewürdigt, Defizite und Schwächen jedoch werden aufmerksam registriert und sind Anlass für Ermahnungen und Tadel. Im schlimmsten Fall untergräbt dieses Verhalten nur das Selbstvertrauen und die Motivation der Betroffenen und bewirkt sonst wenig.

Die Grenzen der Veränderung

Wir wissen doch im Grunde unseres Herzens, dass auch mit noch so viel Training aus einem Ackergaul kein Rennpferd und aus einem scheuen Reh kein mutiger Löwe wird. Psychologen sind sich einig, dass die Persönlichkeit eines Menschen spätestens im jungen Erwachsenenalter ausgeprägt und nur noch bedingt veränderbar ist. Natürlich lernen wir alle dazu und können uns weiterentwickeln. Doch manche Dinge lernen wir leicht und mit Freude, andere nur sehr mühsam. Gewohnheiten, Einstellungen werfen wir allenfalls über Bord, wenn einschneidende Erlebnisse uns dazu zwingen. Und Charakterzüge schließlich bleiben ziemlich stabil.

Trotzdem wird oft der beste Sachbearbeiter zum Teamleiter befördert, unabhängig davon, ob er eher zurückhaltend und harmoniebedürftig ist oder durchsetzungsstark und entscheidungsfähig. Eine drängende Aufgabe wie Pressearbeit oder Social Media Marketing wird demjenigen anvertraut, der »noch Kapazität« hat, unabhängig von Kontaktfreudigkeit oder Zugang zu jungen Zielgruppen. Sind die Arbeitsergebnisse dann suboptimal, gibt es Kritik. Dabei wäre es für alle Beteiligten befriedigender, von vornherein die richtigen Menschen am richtigen Platz zu haben und Talente und Persönlichkeit der Mitarbeiter schon bei der Stellenbesetzung zu berücksichtigen.

Zeit und Geld sinnvoll investieren

Mir ist durchaus bewusst, dass der Druck des Faktischen ein solches Vorgehen im Unternehmensalltag erschwert, insbesondere der Mangel an Zeit und der Mangel an Fachkräften, der angesichts des demografischen Wandels in vielen Bereichen herrscht. Doch nüchtern betrachtet ist es sinnvoller, Zeit und Geld in passgenaue Stellenbesetzungen zu investieren als hinterher in das Ausbügeln von faulen Kompromissen, die überdies Nebenwirkungen wie Demotivation oder schlechtes Abteilungsklima haben.

Wer stärkenorientiert führt, gewinnt gute Mitarbeiter.

Der Ansatz des stärkenorientierten Führens ist vom Gallup-Institut entwickelt worden[31]; eine gute Übersicht gibt außerdem der Führungsexperte Alexander Groth in seinem Buch »Stärkenorientiertes Führen«.[32] Eine Stärke ist in diesem Verständnis die Kombination von Talent, Wissen und Können in einem bestimmten Bereich. Wer beispielsweise gut Projekte umsetzen oder erfolgreich Konflikte lösen kann, verfügt über passende Wahrnehmungs-, Denk- und Verhaltensmuster (»Talent«), über entsprechende Kenntnisse (»Wissen«) und über einschlägige praktische Erfahrung (»Können«). Und so ist für den »Umsetzer« rasch klar, was im Projekt wann, wie und in welcher Reihenfolge passieren muss, während der Konfliktmoderator ein Gespür für Zwischentöne hat, weiß, wie Konflikte entstehen, und gelernt und geübt hat, wie man sie entschärfen kann.

Wer fragt, führt.

Natürlich hat jeder Mensch mehrere Stärken und eine Stärkenkombination ist in den meisten Berufen gefragt. Wer seinen Stärken und denen seiner Mitarbeiter auf die Spur kommen will, kann Fragen wie die folgenden stellen:

- Was fällt Ihnen leicht?
- Wo erzielen Sie ohne besondere Anstrengung gute Ergebnisse?
- Was macht Ihnen Freude?
- Was waren Ihre größten Erfolge und auf welche Stärke führen Sie diese Erfolge zurück?
- Bei welchen Aufgaben vergessen Sie die Zeit?
- Welche Aufgaben begeistern Sie?
- Aus welchen Tätigkeiten schöpfen Sie Energie?[33]

Mitarbeiter, die im direkten Kundenkontakt eingesetzt sind, sollten hier naturgemäß Aufgaben nennen, die mit Auskunft-Geben, Helfen, Unterstützen, Beraten, Lösen von Kundenproblemen zu tun haben. Zieht jemand dagegen aus analytischen oder organisatorischen Tätigkeiten Energie und Befriedigung, ist er im Backoffice vielleicht eher am richtigen Platz.

Jeder am richtigen Platz

Wer es sich außerdem zur Gewohnheit macht, seine Mitarbeiter aufmerksam zu beobachten, und diese Beobachtungen regelmäßig reflektiert, ist einen großen Schritt weiter. An wen wenden sich Kollegen immer wieder, wenn »schwierige« Kunden zu besänftigen sind? Wer engagiert sich gern und ohne besondere Aufforderung, wenn neue Service-Ideen entwickelt werden sollen? Wer überrascht Sie durch außerberufliche Kenntnisse und Erfahrungen, die im Arbeitsalltag nützlich sein könnten? Mitarbeitern Aufgaben zu geben, die ihren Stärken entsprechen, kann verblüffende Erfolge hervorbringen.

Schlüsselfrage: »Was können Sie?«

Ein Beispiel ist die Media-Saturn-Holding, die 2002 unter ihrem damaligen Personalvorstand Utho Creusen mit einem »Stärkenfinder« im Unternehmen arbeitete. Creusen beschreibt das als »Revolution in der Personalentwicklung«: Statt vorzuschreiben, was ein Mitarbeiter können muss, fragten wir: »Was können Sie? Was bereitet Ihnen Spaß und Erfüllung?« Ergebnis neuer Tätigkeitsfelder und gezielter Förderung individueller Neigungen sei eine »Explosion der Stärke« gewesen – und eine Umsatzsteigerung um 46 Prozent binnen vier Jahren.[34]

Der Fokus auf die Stärken von Mitarbeitern ist auch deswegen so wirksam, weil er einen Klimawandel im Unternehmen mit sich bringt – eine Atmosphäre der Wertschätzung dessen, was Menschen können, statt einer Konzentration auf individuelle Schwachstellen. Und bevor Sie nachhaken: Natürlich kann niemand den ganzen Tag mit Tätigkeiten zubringen, die mit seinen Stärken korrespondieren. Zu jedem Job gehören Dinge, die man mag, und Dinge, die man weniger mag. Doch wie wäre es, wenn sich der Anteil der Aufgaben, die Freude bereiten, systematisch erhöhen ließe?

Lebensmotive als persönliche Antreiber

Das Reiss Profile®: Lebensmotive als Antrieb

Um der Persönlichkeit von Menschen auf die Spur zu kommen, gibt es zahlreiche Modelle und Testverfahren. Neben dem Konzept stärkenorientierter Führung erweist sich das »Reiss-Profil der Lebensmotive« als besonders fruchtbar für die Unternehmenspraxis. Grundidee des Modells ist, dass die persönlichen Werte eines Menschen Antriebskräfte für sein Handeln sind. »We value what we want and we want what we value«, betont der Psychologe und Urheber des Modells, Steven Reiss: »Wir messen dem Wert bei, was wir wollen, und wir wollen, was unseren Werten entspricht.«[35] Im Rahmen des Reiss-Profils spricht man daher von »Lebensmotiven«. Wer im Einklang mit seinem Motivprofil handeln kann, ist leistungsbereit und erfährt tiefe Befriedigung, die Reiss auch als »werteorientiertes Glück« bezeichnet.[36] Auf der Basis umfangreicher Befragungen geht das Reiss-Profil von 16 Lebensmotiven aus. Eine gute Übersicht gibt das Institut für Lebensmotive in Köln, das im Rahmen eines Bogens zur Selbsteinschätzung die 16 Dimensionen knapp definiert.[37]

Den Lebensmotiven folgen – auch am Arbeitsplatz

Besonders hoch oder besonders niedrig ausgeprägte Motive geben Aufschluss darüber, was einem Menschen in seinem Leben wichtig ist. Wem Macht und Status wenig bedeuten, der wird normalerweise nicht so stark in eine Führungsposition streben wie Menschen, denen Macht und Status sehr wichtig sind. Wer ein ausgeprägtes Beziehungsmotiv hat, wird sich in einer Funktion, die viele Kontakte bietet, wohler fühlen als in der Buchhaltung.

Ein eher hohes oder eher niedriges Bedürfnis nach »emotionaler Ruhe« und »Anerkennung« gibt Aufschluss über die psychische Stabilität und Stressresistenz eines Menschen. Interessant sind also die Ausschläge nach rechts und links ($> +0,8$ und $< -0,8$), die zeigen, welche Bedürfnisse erfüllt sein sollten, damit ein Mitarbeiter sich in seiner Aufgabe wohlfühlt und dauerhaft gute Leistungen erbringen kann. Denn: »Wer auf Dauer gegen eigene Lebensmotive und Bedürfnisse handelt, gerät unter Stress«, so Markus Brand.

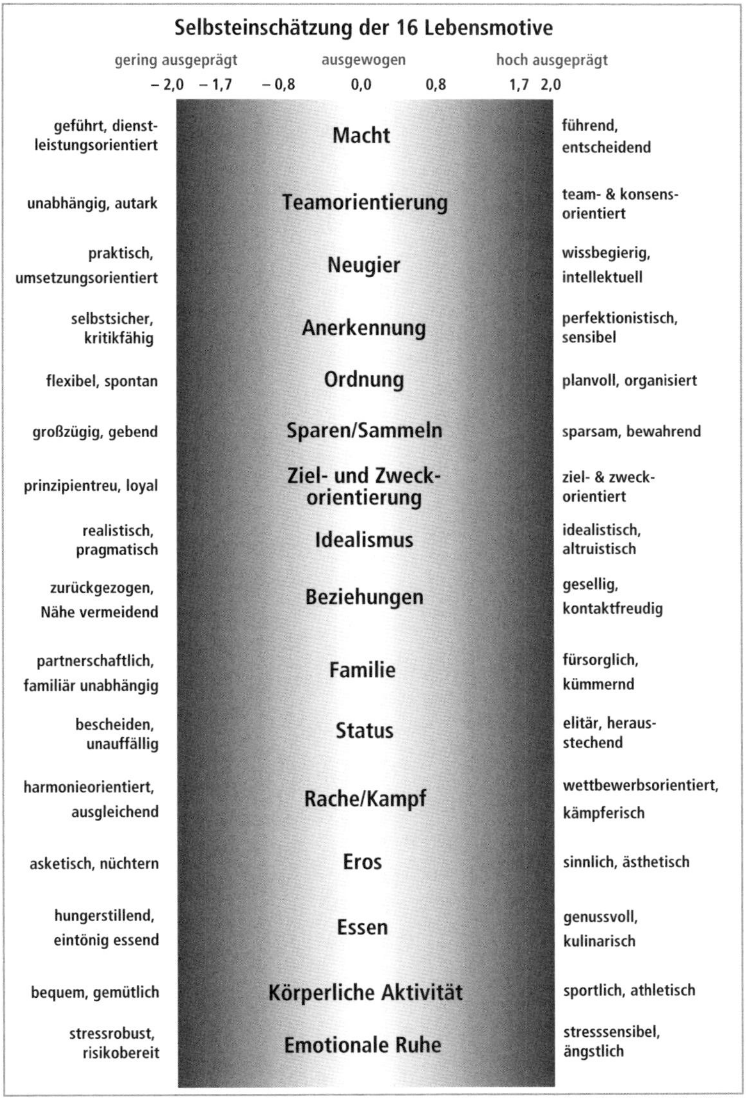

(Quelle: Institut für Lebensmotive)

Selbsteinschätzung der 16 Lebensmotive

Das Reiss Profile® ist ein aufschlussreiches Instrument, wenn es darum geht, die richtigen Menschen am richtigen Platz zu haben. Profile werden von geschulten Reiss Profile® Mastern auf der Basis eines wissenschaftlich abgesicherten Fragebogens erhoben und mit den Mitarbeitern ausführlich besprochen. Die Erhebung erfüllt dabei einen doppelten Zweck: Sie schärft den Blick für die eigenen Bedürfnisse und Stärken. Sie sensibilisiert gleichzeitig für die Bedürfnisse anderer und fördert dadurch gegenseitige Toleranz und die Bereitschaft zur Kooperation.

Das Reiss Profile® in der Praxis

Dies belegt ein umfangreiches Qualitätsmanagement-Projekt, das die Qnigge® GmbH mit den ATLANTIC Hotels Bremen durchführte. Die Hotelgesellschaft hatte zu diesem Zeitpunkt drei weitere Häuser erworben und ihre Mitarbeiterzahl dadurch schlagartig verdoppelt. Zur Integration der neuen Hotels und zur Förderung eines gemeinsamen Führungsverständnisses setzten die ATLANTIC Hotels auf das Reiss Profile®. Das neue Führungsteam erhob und diskutierte die Profile der einzelnen Teammitglieder. Einige Teilnehmerstimmen zum Projektabschluss:

- »Auch andere Menschen (Kollegen / Mitarbeiter) agieren aus ihren eigenen Motiven. Diese kann man (mit Übung und Blick auf das Wesentliche) erkennen (lernen) und entsprechend ihren Motiven führen.«
- »Ich kann mich besser auf meinen Gesprächspartner einstellen und weiß auch, welche ›Knöpfe ich lieber nicht drücke‹.«
- »Interessant ist, dass man erkennt, warum man mit einigen Menschen besser als mit anderen ›kann‹ – eben weil man ähnliche Lebensmotive hat.«
- »… es ist einfacher, wenn das Profil des Vorgesetzten nicht zu stark vom eigenen abweicht. Man fühlt sich besser verstanden und die alltäglichen Situationen verlaufen häufig reibungsloser.«[38]

Teams: Gleich und Gleich gesellt sich gern?

Einigkeit in der Führungsebene ist von Vorteil.

Die letzten Statements der Führungskräfte werfen eine wichtige Frage auf: Wie sieht das ideale Team aus? Ist ein Team erfolgreicher, wenn sich alle einig sind, oder sollte man im Gegenteil auf die Bündelung unterschiedlicher, sich ergänzender Charaktere setzen? So pauschal ist die Frage schwer zu beantworten. Die Beratungserfahrung zeigt: Unternehmen profitieren davon, wenn auf Führungsebene ein Grundkonsens darüber herrscht, worauf es ankommt und wie im Unternehmen geführt wird. Hier sind die ATLANTIC Hotels ein gutes Beispiel:

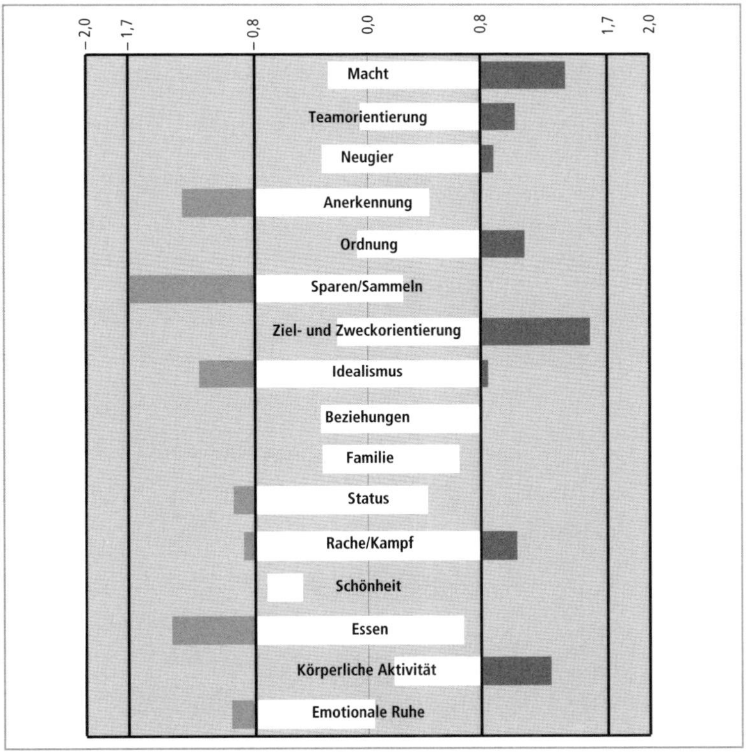

Spannbreite der Motivausprägung in einem achtköpfigen Leitungsteam

Auf der Chefetage auf führungsrelevante Motive achten

Die Abbildung zeigt die Spannbreite der Motive im achtköpfigen Direktorenteam, das sich als relativ homogen erweist. Es herrscht ein ausgeprägtes Machtmotiv vor, bei starker Teamorientierung und hoher Ziel- und Zweckorientierung. Man hat es also mit einer ambitionierten Führungsmannschaft zu tun, die auf Kooperation setzt und die Dinge zielorientiert vorantreibt. Das macht es einfacher, eine harmonische Unternehmenskultur zu entwickeln und gemeinsame Werte gegenüber den Mitarbeitern glaubwürdig zu verkörpern. Es ist daher empfehlenswert, bei Einstellungen darauf zu achten, ob der Neuzugang bei führungsrelevanten Motiven mit den Führungskollegen harmoniert. In der Praxis wird dies häufig eher dem Zufall überlassen, weil formale Qualifikationen in den Vordergrund rücken. Zum Vergleich das Motivprofil der Führungsmannschaft eines mittelständischen Handelsunternehmens, das sich in einem schwierigen internen Veränderungsprozess befand:

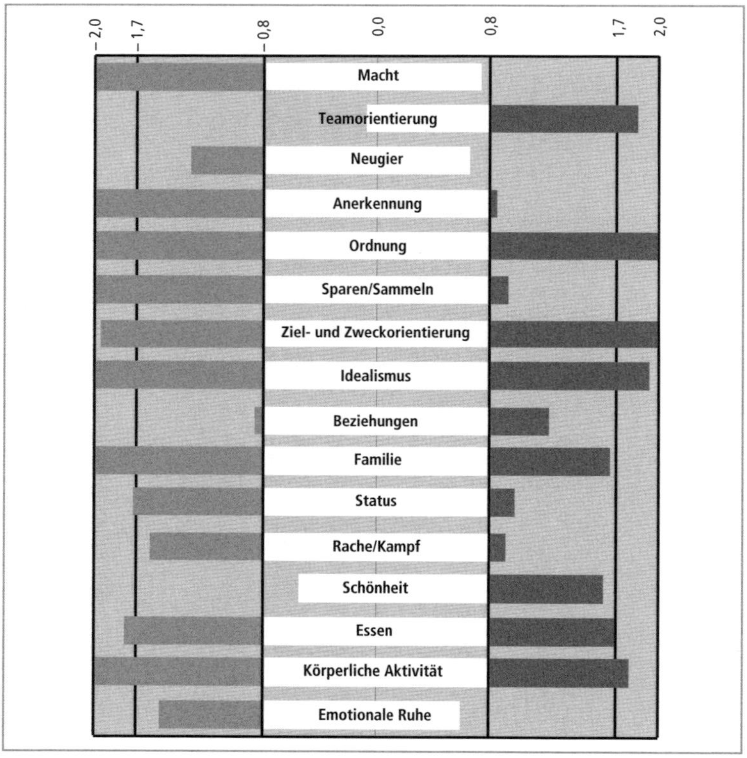

Spannbreite der Motivausprägung im Führungsteam eines Mittelständlers

Welche Teamrollen gibt es?

Schon auf den ersten Blick ahnt man, dass die Führungskollegen sich hier erheblich schwerer tun, an einem Strang zu ziehen. Auf der anderen Seite braucht ein Unternehmen natürlich nicht nur Führungskräfte mit klaren Zielen, sondern auch zahlenorientierte Analytiker, kontaktfreudige PR-Talente oder fantasievolle Innovatoren, also Menschen mit ganz unterschiedlichen Stärken, die sich ergänzen. Wer seinen Blick über das hinaus schärfen will, was bereits zum Thema Stärken gesagt wurde, kann hier auf das

Teammodell von Meredith Belbin zurückgreifen. Der britische Psychologe entwickelte eine Typologie von insgesamt neun Teamrollen und unterschied dabei …

- handlungsorientierte »Umsetzer«,
- integrative »Koordinatoren«,
- fordernde und extravertierte »Macher«,
- kreative »Erfinder«,
- kontaktfreudige und initiative »Weichensteller«,
- besonnene und analytische »Beobachter«,
- einfühlsame und auf Harmonie bedachte »Teamworker«,
- gewissenhafte »Perfektionisten«
- und fachorientierte »Spezialisten«.[39]

In jedem Mitarbeiter stecken mehrere Ansätze.

Wenn Sie sich in Ihrer Abteilung umschauen, fallen Ihnen vielleicht auch die Menschen ins Auge, die Sie eher mit der Leitung eines Projektes betrauen würden, diejenigen, die sehr gut neue Ideen entwickeln, oder diejenigen, die für ihre penible Art berüchtigt sind. Ein Team aus lauter »Machern« würde sich wahrscheinlich in Machtkämpfen verzetteln; lauter Erfinder würden zahlreiche Ideen entwickeln, jedoch bei der Umsetzung scheitern. Erst die richtige Mischung macht den Erfolg. Dabei bleiben die neun Rollen natürlich ein theoretisches Raster – »echte« Menschen vereinen stets mehrere Rollenbegabungen.

Schnittmengen im Führungsteam sind wichtig.

Zusammenfassend bedeutet all das: Unternehmen sind gut beraten, bei der Zusammensetzung ihres Führungsteams auf Schnittmengen im Führungsverständnis zu achten. Gegensätzliche Vorstellungen erschweren eine glaubwürdige Unternehmens- und Führungskultur. Darüber hinaus profitieren Unternehmen wirtschaftlich und beim Unternehmensklima davon, Mitarbeiter entsprechend ihrer Stärken einzusetzen. Hier bewährt sich Vielfalt, damit die unterschiedlichen Aufgaben und Anforderungen im Alltag von Menschen mit einschlägigen Talenten engagiert in Angriff genommen werden.

Grundsätzlich lohnt es sich, die Stärken und persönlichen Motive von Mitarbeitern zu erheben und bewusst zu machen. Das ermöglicht eine adäquate Aufgabenverteilung und fördert die Toleranz und das Verständnis gegenüber dem »Andersgearteten« eben als anders und nicht als »falsch«. Nützliche Instrumente in diesem Zusammenhang sind das erwähnte Modell stärkenorientierten Führens, das Reiss Profile® und das Teammodell von Belbin.

Mitarbeiter einstellen und einarbeiten

Die Bedeutung des »Mitarbeitermarkts«

»Es reicht heute nicht aus, eine Attraktion im Kundenmarkt zu sein; sie müssen eine Attraktion im Mitarbeitermarkt sein. Der Wettbewerb entscheidet sich heute eher auf der Mitarbeiterschiene als auf der Kundenschiene«, sagte der Unternehmer und Speaker Klaus Kobjoll einmal zu seinem Erfolgsgeheimnis.[40] Wer Servicequalität garantieren will, braucht engagierte Mitarbeiter, und die sind nicht leicht zu finden – siehe Fachkräftemangel, »War for Talents« oder die gestiegenen Ansprüche der »Generation Y«, die Sinn einfordert und lieber in der hippen Großstadt als in der Provinz Karriere machen will.[41] Vor diesem Hintergrund wird systematische Personalarbeit zur Schlüsselfunktion im Unternehmen.

Bauchgefühl & Prinzip Hoffnung?

Stellen Sie sich vor, Sie sind in Ihrem Unternehmen verantwortlich für die Anschaffung einer Maschine, die zirka 200 000 Euro kosten wird. Angesichts dieser Summe gehen Sie sehr wahrscheinlich mit Vorsicht und Bedacht zu Werke: Sie informieren sich genau, beraten sich mit Kollegen, wälzen Angebote, ziehen Fachleute hinzu und erstellen vermutlich auch eine Investitionskalkulation. Vielleicht schlafen Sie sogar ein wenig schlechter als sonst.

Nicht zu unterschätzen: die Kosten für einen neuen Mitarbeiter

Stellen Sie sich jetzt bitte vor, in Ihrer Abteilung kündigt eine bewährte Fachkraft. Was tun Sie? Hier geht es schließlich um eine ähnlich große Investition. Auch wenn das Jahresgehalt des Mitarbeiters weit unter 200 000 Euro liegt, summieren sich die Kosten für Ausschreibung, Auswahlprozess, Einarbeitungszeit, eventuell eine Personalagentur. Nehmen Sie die indirekten Kosten dazu, wenn das Arbeitsverhältnis in der Probezeit scheitert, eine Fehlbesetzung Kunden vergrault, Auftragsverluste zur Folge hat oder, wenn es sich um eine Führungskraft handelt, sogar Eigenkündigungen weiterer Mitarbeiter auslöst. Schnell addieren sich die Kosten so auf ein Mehrfaches des Jahresgehaltes. Nur stehen sie nicht schwarz auf weiß auf einer einzigen Rechnung.

Wie wird Personal ausgewählt?

Bei der Anschaffung von Produktionsmitteln regiert in vielen Unternehmen die Vorsicht. In schlechten Zeiten wird sogar um Schokoladenkekse in Meetings gefeilscht. Bei der Einstellung von Mitarbeitern allerdings regiert im schlimmsten Fall das Zufallsprinzip: »Frau Meyer, hatten wir da nicht neulich eine Initiativbewerbung? Können Sie mir die mal raussuchen?« Problematisch und keineswegs selten sind folgende Vorgehensweisen bei Auswahl und Einarbeitung:

Die beliebtesten Auswahlkriterien

- **Ähnlichkeitsprinzip**:
  Der Vorgesetzte wählt jemanden, der so tickt wie er selbst. Das geschieht nicht einmal bewusst. »Sympathie ist wahrgenommene Ähnlichkeit«, wissen Psychologen, und subjektive Momente fließen unweigerlich in die Personalauswahl ein. Nur: Vielleicht verlangt die Stelle jemanden, der ganz andere Stärken mitbringt, als der Chef sie hat.

- **Bauchgefühl**:
  Auf systematische Auswahlinstrumente (etwa Interview-Leitfäden, Testverfahren) wird verzichtet; man verlässt sich auf sein Gefühl. Es gibt also keine vergleichbaren Gesprächsergebnisse.

- **Kompromisskandidat:**
  Nach dem Motto »Man muss nehmen, was man kriegt« werden Mitarbeiter eingestellt, von denen man nicht wirklich überzeugt ist. Oder jemand, der intern versorgt werden muss, bekommt die Stelle, ob er nun gut passt oder nicht.

- **Wurf ins kalte Wasser:**
  »Oh, Sie sind schon da?!« Die Einarbeitung der neuen Mitarbeiter ist schlecht vorbereitet, niemand ist zuständig. Der Neuzugang muss sehen, wie er klarkommt, und ist frustriert.

- **Prinzip Hoffnung:**
  »Das wird schon noch!« Hakt es schon in der Probezeit, scheut man Konsequenzen und kündigt nicht, solange das noch möglich ist. Manchmal spielt es eine Rolle, dass eine Probezeitkündigung für den Vorgesetzten auch das Eingeständnis eines eigenen Fehlurteils ist, oder er scheut den erneuten Aufwand für die Neubesetzung.

Hire slow, fire fast

Wie man den Prozess strukturiert

Befreien Sie Einstellungsprozesse vom Zufall und vom Bauchgefühl und setzen Sie auf einen sauber definierten, strukturierten Prozess. Das kostet zunächst Zeit, zahlt sich am Ende jedoch aus – im doppelten Wortsinne. Was das konkret heißt, verdeutlicht die folgende Übersicht, die natürlich auf die jeweilige Unternehmenssituation anzupassen ist.

Einstellung eines Mitarbeiters	
Anforderungsprofil	Was muss der Mitarbeiter mitbringen? (Stärken, Persönlichkeitseigenschaften, Erfahrung, Kenntnisse) Wer definiert/prüft/ergänzt das Profil?
Stellenbeschreibung	Gibt es eine Stellenbeschreibung? Ist die Stellenbeschreibung aktuell? Werden Muss- und Kann-Kriterien ausführlich beschrieben?
Stellenausschreibung	Ab wann ist die Stelle zu besetzen? Wo wird sie ausgeschrieben? (Print/Netz, intern/extern) Sind die Konditionen (z.B. Gehalt/Sonderleistungen, Befristung ja/nein) intern geklärt?

Zusätzliche Rekrutierungs-möglichkeiten	Welche weiteren Wege der Stellenbesetzung sollen beschritten werden? (Messen, Initiativbewerbungen, Empfehlungen)
Sichtung der Bewerbungen	Wer bestätigt bis wann den Eingang? Wer trifft bis wann die Vorauswahl? Nach welchen Kriterien erfolgt die Vorauswahl? (Kriterienkatalog schriftlich definieren) Wer sagt bis wann nicht infrage kommenden Bewerbern ab?
1. Vorstellungs-gespräch	Wer nimmt von Unternehmensseite teil? Wie sieht der Fragenkatalog aus? (Strukturierter Leitfaden mit allgemeinen und unternehmens-spezifischen Fragen) Wer protokolliert? Wie erfolgt die Vorauswahl?
Zusätzliche Auswahl-instrumente	Welche zusätzlichen Instrumente werden eingesetzt? (Testverfahren, Reiss Profile®, Assessment-Center, Probearbeitstag, Bearbeitung von Fallstudien oder anderen jobrelevanten Aufgaben)
2. Vorstellungs-gespräch	Wer nimmt teil? Wie sieht der Fragenkatalog aus? Wer protokolliert? Wie erfolgt die Auswahl?
Arbeitsvertrag	Wer erstellt den Vertrag? Wer verschickt ihn bis wann? Wer sagt nach Unterzeichnung den übrigen Kandidaten ab?
Vor Stellenantritt	Ist der Arbeitsplatz vorbereitet? Ist ein Mentor oder Pate bestimmt? Gibt es einen Einarbeitungsplan? Wer erstellt/aktualisiert den Einarbeitungs-plan?
Erster Arbeitstag	Wer nimmt den neuen Mitarbeiter in Empfang? Wer stellt ihn den anderen vor? Gibt es einen Willkommensgruß? Wie wird der erste Tag inhaltlich gestaltet?

Probezeit	Bewährt sich der Einarbeitungsplan? Wie häufig finden Feedbackgespräche statt? Wer führt diese Gespräche? Was passiert bei Problemen?
Kündigung in der Probezeit	Bis wann muss spätestens gekündigt werden? Wer spricht die Kündigung aus? Woran lag es? (Ursachenanalyse) Wie wird die Kündigung kommuniziert? Durch wen?
Festanstellung	Wer teilt die Übernahme mit? Mit welchen weiteren Maßnahmen ist sie verbunden? (z. B. Gehaltserhöhung, Aufgabenzuwachs)

■ Systematische Personalauswahl (grobe Übersicht)

Ein gegenseitiger Bewerbungsprozess

Schon diese Übersicht verdeutlicht die Komplexität einer Stellenbesetzung. Solche Prozesse zu durchdenken und zu dokumentieren ist das Herzstück des Qualitätsmanagements (mehr dazu im nächsten Kapitel »Standards und Prozesse definieren & managen«). Wer hier klare Festlegungen scheut und Bürokratisierung fürchtet, riskiert Versäumnisse, Fehler und Ad-hoc-Management. Und er übersieht, dass sich in Zeiten des Fachkräftemangels nicht nur Mitarbeiter bei Unternehmen bewerben, sondern umgekehrt auch Unternehmen bei Bewerbern. Auf Portalen wie *www.kununu.com* können Arbeitnehmer sich über potenzielle Arbeitgeber informieren (schauen Sie doch mal, ob es schon einen Kommentar über Ihr Unternehmen gibt); und auch über den »Flurfunk« und soziale Netze verbreiten sich Unzulänglichkeiten – und das nicht nur in der Behandlung von Neueinstellungen. Gute Mitarbeiter haben in der Regel Alternativen – und für Servicequalität brauchen Sie die guten!

Und wenn es nicht passt? Zügig trennen!

»Hire slow, fire fast« heißt es in der Überschrift. Sollte ein Mitarbeiter dennoch nicht erfüllen, was der Auswahlprozess versprochen hat, zögern Sie nicht lange und beenden Sie das Arbeitsverhältnis während der Probezeit. Hoffen Sie nicht, dass es besser wird. Das wird es meist nicht, zumindest dann nicht, wenn Persönlichkeitsmerkmale Ursache des Problems sind. Eher nehmen die Schwierigkeiten zu – etwa durch Unfrieden im Team, weil Kollegen Fehler ausbügeln müssen, oder durch allgemein sinkende Standards, weil der Neuzugang ja auch mit weniger Qualität durchkommt. Nicht umsonst warnt der Volksmund vor dem faulen Apfel, der die ganze Kiste verdirbt!

Führungsqualität und Servicequalität

Das Thema »Führung« hat viele Facetten. Über Führungsstile, Führungspersönlichkeiten oder Führungsfehler, über »Leadership« oder »Charisma« sind ganze Bibliotheken geschrieben worden. Doch was ist »Führungsqualität«?

Was Mitarbeiter erwarten

Was leistet eine qualitativ gute Führungskraft?

Definiert man »Qualität« allgemein als Erfüllen oder Übertreffen der Anforderungen und Erwartungen einer Anspruchsgruppe, bedeutet »Führungsqualität« schlicht: Die Führungskraft erfüllt oder übertrifft die Erwartungen, die ihre Mitarbeiter an sie haben. Dabei geht es nicht um ein Wunschkonzert individueller Vorlieben, sondern um Basics, die produktive Arbeit ermöglichen. Was Mitarbeiter erwarten, zeigen die Kriterien, an denen das renommierte Gallup-Institut ein »starkes, produktives Arbeitsumfeld« festmacht. Diese Fragen sind leider nicht ganz so bekannt wie der Engagement-Index, mit dem Gallup Jahr für Jahr für Schlagzeilen sorgt, weil er jedes Mal ein hohes Maß an Demotivation der Mitarbeiter belegt.[42] Nach Erkenntnissen des Gallup-Instituts sind Unternehmen dann überdurchschnittlich produktiv, wenn die Mehrzahl ihrer Mitarbeiter die folgenden Fragen bejaht:

1. Weiß ich, was bei der Arbeit von mir erwartet wird?
2. Habe ich die Materialien und Arbeitsmittel, um meine Arbeit richtig zu machen?
3. Habe ich bei der Arbeit jeden Tag Gelegenheit, das zu tun, was ich am besten kann?

4. Habe ich in den letzten sieben Tagen für gute Arbeit Anerkennung und Lob bekommen?
5. Interessiert sich mein/e Vorgesetzte/r oder eine andere Person bei der Arbeit für mich als Mensch?
6. Gibt es bei der Arbeit jemanden, der mich in meiner Entwicklung unterstützt und fördert?[43]

Die Basics müssen stimmen.

Für alle sechs Punkte ist der direkte Vorgesetzte die Schlüsselfigur. Er ist es, der klare Arbeitsaufträge erteilt, und er sollte die erforderlichen Arbeitsmittel bereitstellen, Mitarbeiter entsprechend ihrer Eignung einstellen und einsetzen, sie fördern und gute Leistung anerkennen. Es geht hier also um Grundsätzliches, nicht um komplizierte Instrumente der Personalförderung. Der Fragenkatalog entspringt übrigens nicht einer ungeprüften Gallup-Philosophie. Er ist das Ergebnis einer weltweiten Langzeitstudie zum Zusammenhang von wirtschaftlichem Erfolg und Mitarbeiterzufriedenheit.

Im Grunde lässt sich »Führungsqualität« also auf einen einfachen Nenner bringen: Mitarbeiter erwarten von Führungskräften, tatsächlich *geführt* zu werden. Dazu gehören in der Praxis:

Was »Führen« bedeutet

- die Sichtbarkeit und Ansprechbarkeit der Führungskraft (nicht immer und jederzeit, jedoch regelmäßig und planbar),
- die Klarheit von übergeordneten Zielsetzungen (jeder Mitarbeiter weiß und versteht, wohin die Reise gehen soll),
- das gemeinsame Abstimmen von persönlichen Zielen (jeder weiß, worin sein Beitrag zur Zielerreichung bestehen soll),
- Klarheit der Strategien und Prozesse (jeder weiß, wie die Dinge geregelt sind, und hat so die Chance, das Richtige in richtiger Weise zu tun),
- die Bereitstellung von Arbeitsmitteln, Tools und Informationen, die ein Mitarbeiter braucht,
- die Anpassung des Führungsverhaltens an Kompetenz und Motivation des jeweiligen Mitarbeiters (»situatives Führen«),

- die gezielte und durchdachte Delegation von Aufgaben (als Instrument der Weiterentwicklung und Förderung von Mitarbeitern),
- die Unterstützung von Mitarbeitern bei Arbeitsmethodik und Prioritätensetzung (um zu vermeiden, dass Menschen den Überblick verlieren oder sich überfordern),
- eine positive Fehlerkultur (im Unternehmen kann über Fehler gesprochen werden, Mitarbeiter haben keine Angst, Fehler zu machen),
- ein regelmäßiges Feedback über die eigene Leistung und die Qualität gelöster Aufgaben (nicht nur negative Kritik, sondern auch Lob; keine Generalabrechnung im Jahresgespräch, sondern zeitnahe Rückmeldung),
- ein wertschätzender und respektvoller Umgang miteinander.

Klarheit + Berechenbarkeit = Vertrauen

In Summe bedeutet das: Mitarbeiter wünschen sich Klarheit und Berechenbarkeit – auch und gerade in einem turbulenten und unsicheren wirtschaftlichen Umfeld. Sie sind Basis des Vertrauens in die Führungskraft. Das mag simpel klingen, doch der Unternehmensalltag sieht oft anders aus. Einige Beispiele:

Wie es *nicht* funktioniert

- »Wenn Sie was von mir wollen, müssen Sie mich schon anrufen«, verkündet der neue Abteilungsleiter, nachdem Mitarbeiter und Kollegen sich über ausbleibende Rückmeldung in den vergangenen Wochen beklagen: »Mails lese ich nicht.« Klare Ansagen sind natürlich hilfreich, dennoch stellt sich die Frage, ob eine ausreichende telefonische Erreichbarkeit angesichts zahlreicher Meetings und Besprechungen überhaupt gewährleistet werden kann.

- »Wir müssen über das Projekt reden. In zehn Minuten in meinem Büro! Holen Sie auch die Kollegen Hausmann und Bürger dazu.« Schlecht vorbereitete Spontan-Meetings reißen die zusammengetrommelten Mitarbeiter aus ihrer Arbeit und führen nicht selten zu wackeligen Ergebnissen, die später revidiert werden müssen. Dennoch sind sie in manchen Abteilungen die Regel.

- »Liebe Mitarbeiter, ab sofort entfallen die monatlichen Statusberichte. Pflegen Sie die Zahlen wöchentlich im Intranet ein.« Eine Woche später: »Liebe Mitarbeiter, im Anhang finden Sie das Formular, mit dem ab sofort der monatliche Statusbericht abzugeben ist. Bitte senden Sie Ihre Berichte an Frau Meyer.« Zwei Tage später: »Liebe Mitarbeiter, die monatlichen Statusberichte werden ab dem nächsten Monat durch Herrn Wagenscheid zusammengefasst.« Das neue Management experimentiert seit Monaten nach dem Hü-und-hott-Verfahren. Die Mitarbeiter haben es sich inzwischen zur Gewohnheit gemacht, mindestens 14 Tage abzuwarten, bevor sie eine Entscheidung ernst nehmen und handeln.

Auf die Details kommt es an.

Halbgare Entscheidungen, Ad-hoc-Meetings, unklare Informationswege: All das frustriert und demotiviert. Die Beispiele stammen aus namhaften Unternehmen und dokumentieren vor allem eines: unzureichende Führungsqualität. »Wer nicht auf das Kleine schaut, scheitert am Großen«, wusste der chinesische Philosoph Laotse schon vor knapp 2500 Jahren. Wer seinen Mitarbeitern durch schlechte Führungsqualität das Leben schwer macht, wird sie auch durch feurige Visionen nicht mehr aus der selbst erzeugten Demotivation reißen.

Guter Service von oben nach unten

Zugegeben, saubere Prozesse und klare Systematik in der Führung lösen nicht alle Führungsanforderungen. Der Führungsalltag heute ist von komplexen Anforderungen geprägt, die oftmals ein Handeln auf der Basis unvollständiger Informationen und unter hohem Zeitdruck erfordern. Doch wenn Standardprozesse so organisiert sind, dass sie wenig Spielraum für Fehler bieten, gewinnen Führungskräfte Freiräume, das Unwägbare zu bewältigen. Gute Führungsqualität bedeutet letztlich: »guter Service« der Führungskraft für die Mitarbeiter. Und wenn diese Servicequalität stimmt, wachsen die Chancen, dass auch beim Kundenservice ein hohes Qualitätslevel erreicht wird.

Kleiner Führungsqnigge

Aus dem Gesagten lassen sich einige einfache Empfehlungen für den Führungsalltag ableiten:

Tipps für gute Führung

1. **Führen kostet Zeit. Planen Sie diese Zeit ein.**
   Sorgen Sie dafür, dass Ihr Tag nicht komplett mit operativen Aufgaben ausgefüllt ist und für klassische Führungsaufgaben wie Gespräche mit Mitarbeitern, Feedback und Delegieren genügend Zeit bleibt. Betrachten Sie Führungsaufgaben nicht als Unterbrechung Ihrer »eigentlichen« Arbeit – Führen *ist* Ihre eigentliche Arbeit!

2. **Sagen Sie klar, was Sie wollen, wann Sie es wollen und wie Sie es wollen.**
   Infos lieber per Mail oder persönlich? En détail oder im Überblick? Sofort oder gesammelt beim Jour fixe? Seien Sie berechenbar für Ihre Mitarbeiter, auch in anderen Fragen.

3. **Seien Sie erreichbar für Ihre Mitarbeiter.**
   Morgenbesprechung, wöchentlicher Jour fixe, Abteilungssitzung alle 14 Tage? Schaffen Sie verlässliche Routinen.

4. **Interessieren Sie sich für die Menschen, die Sie bei der Erreichung Ihrer Ziele unterstützen sollen.**
   Loben Sie – nicht pauschal und mechanisch, sondern gezielt und persönlich, wann immer eine Leistung dies rechtfertigt. Schaffen Sie ein Klima der Wertschätzung.

5. **Fördern Sie Ihre Mitarbeiter.**
   Schauen Sie genau hin, um Stärken und Qualifikationen einschätzen zu können. Delegieren Sie entsprechend, bieten Sie Weiterbildungen an, mit denen Mitarbeiter ihre Stärken weiter ausbauen können. Seminare sollten weder reine Incentives (»So kommen Sie mal nach Hamburg!«) noch Strafmaßnahmen (»Sie müssen an Ihrer Kritikfähigkeit arbeiten!«) sein.

6. **Stehen Sie zu eigenen Fehlern**
   Nobody is perfect! Eine positive Fehlerkultur etablieren Sie am ehesten, wenn Sie mit gutem Beispiel vorangehen. Gehen Sie mit eigenen Versäumnissen offen um.

7. **Akzeptieren Sie, dass Menschen unterschiedlich sind, unterschiedliche Bedürfnisse haben und unterschiedlich behandelt werden wollen.**
   Scheren Sie nicht alle Mitarbeiter über einen Kamm und vermeiden Sie es, eigene Eigenschaften und Herangehensweisen als Maß aller Dinge zu verabsolutieren.

Das Wichtigste auf einen Blick – TEAMS

TEAMS

- Servicequalität entscheidet sich »auf den letzten Metern« – also darin, wie der Mitarbeiter den Kunden behandelt.
- Menschliche Passung ist wichtiger als formale Qualifikation. Kenntnisse lassen sich nachschulen. Der Versuch, Mitarbeiter zu »erziehen«, ist dagegen zum Scheitern verurteilt.
- Suchen Sie nach Menschen mit der richtigen Einstellung zum Kunden und zu Ihrem Angebot.
- Beachten und fördern Sie die Stärken Ihrer Mitarbeiter, statt sich auf deren Schwächen zu konzentrieren.
- Verlassen Sie sich nicht nur auf Ihr Bauchgefühl, sondern setzen Sie bei der Mitarbeiterauswahl und -entwicklung professionelle Instrumente ein (Beispiele: »Stärkenfinder«, Reiss Profile®, Teamkonzept von M. Belbin).
- »Hire slow, fire fast«: Investieren Sie Ihre Zeit lieber in sorgfältige Mitarbeiterauswahl als in mühsame Schadensbegrenzung bei Fehlbesetzungen. Trennen Sie sich zügig, wenn ein Mitarbeiter die Anforderungen nicht erfüllt.
- Wenn im Führungsteam grundsätzliche Werte geteilt werden, ist es einfacher, eine klare Unternehmenskultur zu schaffen. Gibt es unterschiedliche Werthaltungen, sollten sie allen bewusst sein; nur so kann man konstruktiv damit umgehen.

- Eine Vielfalt von Stärken und Talenten – auf Basis eines gleichen Werteverständnisses unter den Mitarbeitern – sorgt für bessere Ergebnisse.
- Führungsqualität bedeutet, Mitarbeitern die Möglichkeit zu geben, gute Arbeit zu leisten. Führungsqualität entscheidet sich u. a. an Basics wie Klarheit, Berechenbarkeit, eindeutigen Informationen, gezielter Delegation und Förderung.
- Führungsqualität ist guter Service für die Mitarbeiter. Und guter Mitarbeiterservice ist die beste Voraussetzung für guten Kundenservice.

»Die Menschen mit den richtigen Lebensmotiven finden«

Interview mit Markus Brand (Institut für Lebensmotive)

Interview

Warum sind Lebensmotive relevant für den beruflichen Erfolg?

Markus Brand: *Beruflicher Erfolg entsteht, wenn persönliche Bedürfnisse und berufliche Aufgaben zusammenpassen. Unser wichtigster Rat für die Berufswahl lautet daher, sich zuerst selbst kennenzulernen und sich dann zu fragen: »Was passt zu mir?« In der Praxis gehen Menschen oft andersherum vor, orientieren sich an aktuell angesagten Berufen und fragen sich: »Wie komme ich dahin?« Das mag eine Weile funktionieren, doch wer auf Dauer gegen eigene Lebensmotive und Bedürfnisse handelt, gerät unter Stress. Wer dagegen im Einklang mit seinen Lebensmotiven arbeitet, wird aus dem Beruf Kraft schöpfen, Zufriedenheit, Sinn. Erfolg ist also nicht das Ergebnis einer bestimmten Persönlichkeitsstruktur. Jeder kann erfolgreich sein – aber nicht in jeder Situation. So wäre nicht jede Führungskraft auch ein guter Facharbeiter und umgekehrt.*

Welche Motive sind für kundenorientiertes Verhalten und exzellenten Service förderlich, welche eher hinderlich?

Markus Brand: *Das Idealprofil optimaler Servicebereitschaft gibt es nicht, auch wenn viele Führungskräfte das vielleicht gerne lesen würden. Entscheidend ist, dass der Mensch zur Dienstleistung, zum Produkt passt. Ein Versicherungsunternehmen hat uns beispielsweise den Auftrag erteilt, herauszufinden, welcher Typ von Mitarbeiter am erfolgreichsten Versicherungen verkaufen kann. Spontan denkt man hier an Menschen, die angstfrei sind und denen Stress wenig ausmacht. Solchen Menschen macht es nicht viel aus, wenn ihnen die Tür vor der Nase zugeschlagen wird. In der Tat hatte das Unternehmen diese Auswahlkriterien bisher in Assessment-Centern eingesetzt. Als wir dann die erfolgreichsten Verkäufer des Unternehmens befragten, ergab sich ein anderes Bild: Diese Topverkäufer waren überhaupt nicht stressfest, sondern eher ängstlich. Auf den zweiten Blick ist das sehr plausibel: Angstfreie Menschen haben kein inneres Bedürfnis nach Versicherungen. Sie fürchten sich nicht vor Einbruch, Diebstahl oder Tod. Eher ängstliche Mitarbeiter dagegen finden es selbst sehr wichtig, versichert zu sein, weil im Leben so viel passieren kann. Sie können authentisch für das Produkt werben. Wichtig ist also die emotionale Nähe zur Dienstleistung oder zum Produkt. Wie soll jemand einen Porsche verkaufen, dem Status nicht wichtig ist? Wie kann jemand als Sommelier oder Koch überzeugen, der gutes Essen und Trinken nicht so wichtig findet?*

Wie kann ich als Führungskraft erkennen, welche Motive einen Mitarbeiter antreiben (auch ohne im Einzelfall Reiss Profile® zu erheben)?

Markus Brand: *Der erste und wichtigste Schritt ist, sich für den anderen zu interessieren und Andersartigkeit wertzuschätzen. Daran scheitern schon viele Menschen, die nach dem Motto handeln: »Du bist anders als ich, also bist du falsch.« Außerdem kann man Mitarbeiter ja fragen: »Was ist dir wichtig?« Wer nicht so direkt sein möchte, kann sich erkundigen: »Womit verbringst du deine Zeit? Was ist dir in deiner Freizeit wichtig? Was fällt dir im Beruf leicht, was schwerer?« Auch durch Verhaltensbeobachtung erfährt man eine Menge, zum Beispiel, ob ein Mitarbeiter lieber für sich ist oder mit anderen zusammen, ob er Entscheidungen allein trifft oder andere einbindet. Dafür braucht man zwar kein Psychologiestudium, doch Menschen mit Erfahrung* *darin können den Prozess optimieren. Auch aus dem Grund greifen immer mehr Unternehmen auf Trainer und Coachs zurück, die mit Persönlichkeitsinstrumenten wie dem Reiss Profile® schnell die Ergebnisse nachhaltig verbessern.*

Vor diesem Hintergrund: Was sollte eine Führungskraft möglichst mitbringen?

Markus Brand: *Wie schon gesagt: Es ist nützlich, wenn Führungskräfte Andersartigkeit nicht abstempeln, sondern im Gegenteil spannend finden. Dadurch kann im Unternehmen Neues entstehen, Innovation. Wenn alle gleich sind und gleich denken, bewegt sich wenig. Erfolgreiche Führungskräfte bringen daneben häufig Eigenschaften mit, die man auch bei erfolgreichen Unternehmern beobachten kann: Risikobereitschaft, ein geringes Bedürfnis nach emotionaler Ruhe, Ehrgeiz. Denken Sie an die Billig-Airlines, die die etablierte Konkurrenz das Fürchten lehrten. Dahinter steckt der feste Wille, besser zu sein als die anderen.*

Welche Fehler werden Ihrer Erfahrung nach beim Recruiting neuer Mitarbeiter am häufigsten gemacht?

Markus Brand: *Was ich öfter beobachte, ist eine gewisse Selbstverliebtheit. Führungskräfte stellen »Kopien« von sich selbst ein. Die Folge ist ein homogenes Team, das aber blinde Flecken hat. Wenn etwa alle eigeninitiativ sind, aber niemand gut zuhören kann, leidet die Kundenorientierung, frei nach dem Motto: »Der Kunde ist König – aber ich bin Kaiser.« Wer lange im Job ist, glaubt zudem oft intuitiv zu wissen, wer auf einen Job passt, und verzichtet auf wissenschaftlich fundierte Instrumente wie die Motivanalyse. Dann erklärt mir zum Beispiel der 60-jährige Regionaldirektor einer Versicherung: »Herr Brand, ich mache diesen Job seit 30 Jahren. Ich weiß, wer da draußen erfolgreich ist!« Unsere Analysen belegten gerade in diesem Fall, dass man um die Ecke denken muss und nicht die risikobereiten, sondern die eher vorsichtigen Mitarbeiter am besten Versicherungen verkaufen.*

Was empfehlen Sie Unternehmen in Sachen Recruiting – gerade unter dem Gesichtspunkt Servicequalität?

Markus Brand: *Ich empfehle, öfter mal die Denkrichtung zu ändern. Normalerweise gibt es eine Stelle und das Unternehmen fragt: »Wer passt darauf?« Man könnte aber auch fragen: »Wer ist spannend für uns und passt zu unserem Produkt? Und welche Aufgabe können wir diesem Menschen bieten, die zu seinen Bedürfnissen passt?«*

Und das funktioniert auch beim Baumarkt oder im Hotel?

Markus Brand: *Warum denn nicht? Vorstellbar ist zum Beispiel, dass ein Baumarkt, der einen Grill-Enthusiasten eingestellt hat, auf dessen Initiative hin eine Grillabteilung eröffnet. Unternehmen sollten sich öfter die Frage stellen: »Welche Potenziale haben unsere Mitarbeiter? Und welche Dienstleistungen und Services lassen sich aus diesen bestehenden Potenzialen ableiten?«*

Welches Serviceerlebnis hat Sie persönlich zuletzt beeindruckt?

Markus Brand: *Sehr positiv beeindruckt hat mich ein Restaurant, in dem ich mich rasch als Person wahrgenommen fühlte. Ich wurde schon beim zweiten Mal mit Namen angesprochen, man registrierte meine persönlichen Vorlieben, etwa, dass ich gern Fischsuppe esse. Positiv beeindruckt hat mich auch der Paketbote, der mich auf der Straße erkannte und per Lichthupe anhielt: Er habe mich eben nicht angetroffen und würde mir gern ein Paket übergeben. Dann müsse ich nicht eigens zur Post fahren. Auch das fand ich einen tollen persönlichen Service.*

Markus Brand ist Diplom-Psychologe, Managementtrainer und Coach. Zusammen mit Frauke Ion gründete er 2006 das Institut für Lebensmotive, das als modernes Trainings-, Coaching- und Beratungsinstitut motivorientierte Maßnahmen wie Führungskräfte- und Teamentwicklung auf der Basis des Reiss Profiles® anbietet. Heute ist Brand einer der erfahrensten Reiss-Profile®-Trainer in Deutschland und bildet als Reiss Profile® Master & Instructor andere in dessen Anwendung aus.

▶ *www.institut-fuer-lebensmotive.de*

Schritt 3: Standards und Prozesse definieren und managen

»Die Neigung der Menschen, kleine Dinge für wichtig zu halten, hat sehr viel Großes hervorgebracht.«
GEORG CHRISTOPH LICHTENBERG,
PHYSIKER UND SCHRIFTSTELLER (1742–1799)

Beispiele

Der Leasing-Vertrag für meinen Firmenwagen, einen BMW, läuft aus. Sechs Monate vor Ablauf der Frist suche ich das örtliche Autohaus auf, um mich nach einem Nachfolgemodell zu erkundigen – an einem Samstagmorgen, im Freizeitlook. Nachdem mich drei unbeschäftigte Verkäufer zehn Minuten lang ignoriert haben, spreche ich einen von ihnen an: *»Ich interessiere mich für ein Anschluss-Leasing, und zwar den neuen BMW X3. Haben Sie da Prospekte?« – »Nein, noch nicht.« – »Wann kommen die denn?« – »Weiß ich nicht.« – »Können Sie mir da was zuschicken?« – »Nein, das machen wir generell nicht.«* Mich hat das so geärgert, dass ich keinen weiteren BMW geleast habe. Ein halbes Jahr nach Rückgabe meines Wagens erhalte ich einen Callcenter-Anruf: Ich hätte doch früher einen BMW geleast, und jetzt nicht mehr. Ob man mich vielleicht wieder für BMW begeistern könne? Ich nutze die Chance und erzähle meine Geschichte. Die Dame am Telefon teilt meine Empörung und schreibt fleißig mit. Das ist über ein Jahr her. Gehört habe ich seitdem – nichts. Ist das nun noch gut? Für eine ambitionierte Marke auf jeden Fall nicht genug! ■

Beispiele

Noch eine eigene Erfahrung: Der Dachdecker in der mittelhessischen Kleinstadt ist bekannt für sorgfältige Arbeit. *»Der ist gut!«*, heißt es unter Kunden. Leider ist das Unternehmen über Tage nicht erreichbar: Es geht niemand ans Telefon, und als schließlich beim dritten Versuch ein Anrufbeantworter anspringt, lässt der erbetene Rückruf Tage auf sich warten. E-Mails wurden ebenfalls nicht beantwortet. Als sich der Dachdecker am Ende der Woche schließlich meldet, haben wir jemand anderen beauftragt. Gut ist nicht genug! ■

Das großstädtische Krankenhaus hat einen gastroenterologischen Schwerpunkt, der Ruf der Klinik bei der Behandlung von Magen-Darm-Erkrankungen ist sehr gut. Doch nach einen Schichtwechsel beim Pflegepersonal wundert sich der frisch operierte Patient: Man tischt ihm mittags ein deftiges Zwiebelgericht auf. Erst auf seine Nachfrage wird das Tablett hektisch gegen Schonkost ausgetauscht. Und so gut die medizinische Behandlung sein mag: Gut ist nicht genug! ■

Warum sind Standards und Prozesse wichtig?

Über »Standards und Prozesse« zu reden ist – pardon, wenn ich das so offen sage – wenig sexy. Es klingt nach Erbsenzählen und Bürokratie. Dabei verbirgt sich hinter Standards und Prozessen der ganz normale Alltag mit seinen zahlreichen kleinen und größeren Ärgernissen. In allen drei Beispielen geht es um Unternehmensprozesse, die nicht funktionieren, um Schnittstellen (wie bei der Schichtübergabe in der Klinik oder beim Callcenter-Feedback), um Kommunikationsprozesse (wie beim Dachdecker) oder um den Beratungsprozess: Wie verhalten wir uns, wenn ein Kunde sich informieren will?

Dass Standards und Prozesse sogar »sexy« sein können, verdeutlicht Jörg Schiffmann im Interview am Ende dieses Kapitels: Hinter den erfolgreichen Servicekonzepten cooler Marken wie Abercrombie & Fitch (Textilhandel/junge Mode) oder TGI Friday's (Systemgastronomie) stecken minutiös durchorchestrierte Prozesse und glasklare Vorgaben.

Was Komplexität für unsere Prozesse bedeutet

Die Welt wird immer komplexer. Das ist ein Allgemeinplatz. Doch was heißt das konkret? Der Schmied, der im Mittelalter Pferde beschlug, wurde vom Kunden aufgesucht. Der brachte sein Pferd mit, es wurde beschlagen und der Deal war abgewickelt. Es gab keine Telefone, die ins Leere klingeln konnten, keine Schichtübergabe, die misslingen, und keinen Prospektversand, der verweigert werden konnte. Die Prozesse waren einfach, die Zahl der Prozesse war überschaubar. Jeder Zeitungskiosk muss heute ein Vielfaches an Prozessen bewältigen, von einem global agierenden Automobilhersteller ganz zu schweigen.

Zu glauben, all das regelt sich von selbst wie in der mittelalterlichen Schmiede oder auf Zuruf wie im kleinen Zweimannbetrieb, ist naiv. Genauso naiv ist es, zu hoffen, eine »visionäre« Führungskraft könne die Mitarbeiter so begeistern und »motivieren«, dass sie das Notwendige sehen und aus eigenem Antrieb erledigen. Wer will, dass die Dinge klappen und dass sie so klappen, wie er sich das vorstellt, braucht klare Standards und Prozesse. Diese sollten schriftlich niedergelegt sein, damit sie für alle greifbar sind, Einarbeitungen und Übergaben erleichtern und Fehler und Pannen reduzieren. Das ist die Grundidee des viel geschmähten Qualitätsmanagements.

Kurz und knackig muss es sein.

Wer sich dieser Grundidee öffnet, gerät in ein Dilemma. Es mangelt nicht an voluminösen QM-Handbüchern, die auch gutwillige Leser durch ermüdende Fachsprache in die Flucht schlagen. Und es mangelt nicht an allgemeinen Hinweisen, man müsse »seine Prozesse in Ordnung« bringen. Woran es mangelt, sind knappe und verständliche Darstellungen, was das konkret bedeutet. Ein Versuch dazu wird in diesem Kapitel unternommen. Dazu bedarf es zunächst einiger Begriffsklärungen.

Was sind eigentlich »Standards« und »Prozesse«?

Standard nicht erfüllt? Unzufriedene Kunden!

Wann haben Sie sich zuletzt über zu wenig Kleiderbügel im Hotelzimmer geärgert? Über eine schmutzige Flughafentoilette? Über ein schriftliches Angebot für eine Handwerksleistung, das erst nach zwei Wochen in der Post war? Was Sie als Kunden verärgert oder irritiert hat, war die Verletzung eines (unausgesprochenen) Standards. Dazu kam es, weil dieser Standard nicht klar dargelegt war, möglicherweise auch, weil Arbeitsprozesse zu seiner Umsetzung nur unzureichend geregelt waren.

Begriffsdefinitionen und Beispiele

Ein »Standard« ist ein Sollzustand, ein einheitliches Verständnis, wie etwas geregelt sein sollte. Toiletten sollten »regelmäßig« gereinigt werden, in Hotelzimmer sollte es »ausreichend« Bügel geben und Angebote sollten »zügig« zugeschickt werden. Sie merken beim Lesen selbst, wie unbefriedigend solche wachsweichen Formulierungen sind. Reichen drei Bügel, oder doch besser fünf oder zehn? Muss die Toilette stündlich, sechsmal täglich oder dreimal täglich gereinigt werden? Darüber gehen die Meinungen vermutlich auseinander. Ein echter Standard ist auf der Basis begründeter Qualitätsvorstellungen schriftlich fixiert und eindeutig geregelt. Ein Standard setzt damit eine Norm.

Normen erleichtern das Leben.

Im technischen Bereich sind Normen etwas ganz Normales, in vielen Alltagsbereichen ebenso. Kein Gebäudetechniker käme auf die Idee, sich über technische Standards zu beschweren. Und wir alle sind wahrscheinlich froh, dass Papier bei uns einheitlich im »DIN-A4-Format« erhältlich ist und wir nicht mit dem Zollstock in der Hand Nachschub für den Drucker kaufen müssen. Wir können uns darauf verlassen, dass die neue Waschmaschine in die Lücke der alten passt und der Stecker auch nach einem Umzug noch in die Steckdose. Dass Normen unser Leben erleichtern, wird uns spätestens bewusst, wenn wir im europäischen Ausland den Adapter für Föhn oder Rasierer vergessen haben.

Vorteile normierter Prozesse

Beim Thema Service allerdings tun sich viele Menschen schwer mit Normen. Hier begegnet man der diffusen Hoffnung, toller Service werde sich durch kundenorientierte Eigenmotivation irgendwie von selbst einstellen. Das Beispiel der Flughafentoilette macht da skeptisch, und es hat seinen Grund, dass in öffentlichen Einrichtungen inzwischen Tabellen aushängen, auf denen steht, wie häufig hier geputzt wurde. Dahinter steht ein klar definierter Standard, zum Beispiel »alle zwei Stunden« – eine Norm, die vom Management festgelegt wurde und hoffentlich die Erwartungen der meisten Kunden erfüllt.

Das Gleiche gilt für den Handwerksmeister. Hat er einen zeitlichen Standard für das Erstellen von Angeboten definiert und dabei auf Kundenansprüche Rücksicht genommen, steigen Ihre Chancen auf rasche Rückmeldung, etwa, wenn der Standard heißt: »Angebote sind binnen drei Tagen beim Kunden.« Idealerweise sind auch Aufbau und Inhalt der Angebote genormt. So wird verhindert, dass es in Optik, Form und Umfang »Vormittagsangebote« und »Nachmittagsangebote« gibt, nur weil der Handwerksmeister im Büro zwei Halbtagskräfte beschäftigt, eine vormittags, eine nachmittags.

Wozu Prozessbeschreibungen?

Standards sind also Messlatten für die Güte einer Arbeitsleistung. Sie sorgen für Klarheit und Transparenz. Dasselbe gilt für klare Prozesse. Während ein Standard festlegt, *was* zu geschehen hat, geht es bei einem Prozess um das *Wie*, um einen Ablauf und seine Bestandteile. Auch dieses *Wie* regelt sich nicht von alleine. Wer initiiert das Angebot für eine Handwerkerleistung? Welche Informationen braucht es dafür? Wer holt diese Informationen wo und wie ein? Wer verschriftet das Angebot, wer zeichnet es ab, in welcher Form wird es verschickt? Prozessbeschreibungen halten all dies übersichtlich fest. Eine Prozessbeschreibung ist eine detaillierte, fachliche, qualitätsrelevante und chronologische Beschreibung eines wiederkehrenden Prozesses. Die Reinigung einer Flughafentoilette lässt sich ebenso in einer Prozessbeschreibung festhalten wie der Beratungsverlauf bei in absehbarer Zeit auslaufenden Leasingverträgen.

Prozessbeschreibungen sind immer dann sinnvoll, wenn sich ein Vorgang wiederholt. Dann sparen sie Zeit, erleichtern Übergaben, sind wichtige Instrumente bei der Einarbeitung neuer Mitarbeiter und senken die Fehlerquote. Für einmalige Vorgänge lohnt sich der Aufwand einer detaillierten Ablaufbeschreibung in der Regel nicht. Zum besseren Verständnis finden Sie weiter unten ein Beispiel für eine Prozessbeschreibung, die kleine wie größere Organisationen gleichermaßen betreffen könnte. Der Mitarbeiter, der das Dokument erstellt hat, wurde als Assistent der Geschäftsführung in einem Unternehmen mit rund 800 Mitarbeitern regelmäßig um Hilfe bei der Einrichtung von Outlook-Accounts gebeten. Um diesen zeitraubenden Prozess zu optimieren, erstellte er ein detailliertes Ablaufdokument und ergänzte es durch Bildinformationen (Screenshots, die wir hier nicht abbilden). Natürlich kostet eine solche Beschreibung auch erst einmal Zeit – Zeit, die sich allerdings vielfach auszahlt. »Seitdem habe ich nur noch minimalen Aufwand«, so das Fazit des Outlook-Experten – und zeitgleich hat er einen internen »Service« geleistet.

Immer wiederkehrende Vorgänge brauchen Prozessbeschreibungen.

Sie kennen vielleicht die Geschichte der beiden Waldarbeiter, die sich schweißüberströmt mit einer stumpfen Säge an einem Baum abmühen. Auf die Frage eines Wanderers, warum sie denn nicht erst einmal die Säge schärften, blickt einer auf und entgegnet: »Säge schärfen? Dafür haben wir wirklich keine Zeit!« Die Erstellung von Prozessbeschreibungen ist wie Sägeschärfen!

Prozessbeschreibung (PB)	
Outlook einrichten	PB_Outlook_einrichten.doc
1 Zweck / Ziel	
Diese Prozessbeschreibung hat das Ziel, alle Mitarbeiter mit E-Mail-Adresse zu befähigen, auf ihrem jeweiligen Arbeitsplatz Outlook einzurichten, mit dem Zweck, die EDV-Abteilung zu entlasten.	

2 Geltungsbereich			
Mitarbeiter mit einem E-Mail-Postfach in allen Muster-Hotels			
3 Verantwortlichkeiten			
EDV-Verantwortlicher			
4 Arbeitsablauf / Festlegung / Information			
Nr.	**Ablaufschritt**	**Zuständigkeit** (Funktion oder Position)	**Bemerkungen**
1.	Die Muster-Hotels verwenden Microsoft Exchange in Verbindung mit Microsoft Outlook (2003 / 2007) zur E-Mail-Kommunikation. Jeder Mitarbeiter mit einer E-Mail-Adresse kann E-Mails auf zwei verschiedenen Wegen senden und empfangen: 1. Outlook auf dem lokalen Arbeitsplatz 2. Outlook Web Access von jedem internetfähigen PC		
2.	**Outlook 2003 einrichten** Bei ersten Start von Outlook über Start > Programme > Microsoft Office > Microsoft Office 2003 öffnet sich der Einrichtungsassistent. Diesen führen Sie gem. der Bildinformation BI_Outlook_2003_einrichten.doc aus. Nach Abschluss des Assistenten ist Ihr Mail-Account eingerichtet. Ihre E-Mail-Signatur wird nach einem Systemneustart automatisch erstellt. Sie müssen nun noch gem. PB E-Mail-Signatur die Standard-Signaturen einstellen.		Die entsprechende Bildinformation finden Sie unter: http://intranet/QM/Bildinformation/BI_Outlook_2003_einrichten.doc

3.	**Outlook 2007 einrichten** Beim ersten Start von Outlook über Start > Programme > Microsoft Office > Microsoft Outlook 2007 öffnet sich der Einrichtungsassistent. Wählen Sie den Punkt »Microsoft Exchange Server« und klicken Sie auf »Weiter«. Das System erkennt Ihren Benutzernamen und die Serverdaten automatisch. Nach einem erneuten Klick auf »Weiter« richtet Outlook 2007 Ihren E-Mail-Zugriff automatisch ein. Nach Abschluss des Assistenten ist Ihr Mail-Account eingerichtet. Ihre E-Mail-Signatur wird nach einem Systemneustart automatisch erstellt. Sie müssen nun noch gem. PB E-Mail-Signatur die Standard-Signaturen einstellen.		
4.	**Outlook 2010 einrichten** Bei ersten Start von Outlook über Start > Programme > Microsoft Office > Microsoft Outlook 2010 öffnet sich der Einrichtungsassistent. Das System erkennt automatisch Ihre E-Mail-Adresse und Benutzerdaten. Klicken Sie auf »Weiter« und Outlook wird automatisch eingerichtet. Den Konfigurationsstatus können Sie im entsprechenden Fenster nachverfolgen. Ist der Assistent durchgelaufen, klicken Sie bitte auf »Fertigstellen«. Outlook wird automatisch gestartet und steht nun zur Verfügung. Ihre E-Mail-Signatur wird nach einem Systemneustart automatisch erstellt. Sie müssen nun noch gem. PB E-Mail-Signatur die Standard-Signaturen einstellen.		

5.	**Outlook Web Access aufrufen** Allen E-Mail-Nutzern steht der Outlook Web Access zur Verfügung, womit ein Arbeitsplatz-unabhängiger Zugriff auf E-Mails möglich ist. Den Web-Zugang erreichen Sie von jedem internetfähigen PC unter folgender Internet-Adresse: https://mail.muster-hotels.de/exchange Loggen Sie sich bitte mit Ihren regulären Login-Daten in das System ein. Über Outlook Web Access steht Ihnen der volle Funktionsumfang von Outlook auch außerhalb des Büros zur Verfügung.		Browserspezifisch kann die folgende Fehlermeldung erscheinen:  Klicken Sie in diesem Fall bitte auf Fortsetzen.../ Continue...
6.	Folgende weitere PBs sind für die Verwendung von Microsoft Exchange im Intranet hinterlegt: ■ PB_E-Mail-Signatur ■ PB_E-Mail-Signatur Werbung ■ PB_E-Mail-Kommunikation ■ PB Outlook Postfach archivieren ■ PB Outlook 2007 weiteres Postfach einrichten		

5 Mitgeltende Dokumente

PB_E-Mail-Signatur
PB_E-Mail-Signatur Werbung
PB_E-Mail-Kommunikation
PB Outlook Postfach archivieren
PB Outlook 2007 weiteres Postfach einrichten

6a Schnittstelle zu internen Stellen / Verfahren / Prozessen

6b Schnittstelle zu externen Stellen / Verfahren / Prozessen		
7 Kennzahlen		
Maximale Postfachgröße 500 MB pro Nutzer		
Datum: 23.08.2013 10:47	Version: 3.0	
Ersteller:	Zu prüfen: ZQM	Freigegeben: ZQM

■ Beispiel für eine Prozessbeschreibung

Wie viele Prozesse gibt es in einem Unternehmen?

Welcher Prozess ist für wen relevant?

In der Prozessbeschreibung »Outlook einrichten« finden Sie unter Punkt 4 (»Arbeitsablauf«) abschließend einen Hinweis auf weitere Prozessbeschreibungen (PBs), unter anderem zur E-Mail-Signatur und zur Archivierung des Postfachs. In jedem Unternehmen gibt es eine Fülle von Prozessen, die Tag für Tag erfolgreich bewältigt werden müssen, damit »der Laden läuft«. Nicht alle dieser Prozesse sind für jeden Mitarbeiter relevant – der Pförtner muss nicht mit Einstellungsprozessen, die Personalabteilung nicht mit der telefonischen Kundenberatung vertraut sein. Dennoch ist die Vielzahl der Prozesse für die meisten Angehörigen eines Unternehmens überraschend. Als Beispiel für die Prozesse in einem Servicebetrieb hier eine Übersicht der Abläufe an einem Hotelempfang.

Prozessübersicht an einem Hotelempfang		
1. Ablage 2. Auftreten und Erscheinungsbild 3. Bademantel-Pfandkontrolle 4. Begrüßung 5. Bestätigung 6. Bonusprogramm 7. Buchungskontrolle 8. Check-in 9. Check-out 10. Dateipflege (Firmen / Gäste) 11. Depositverwaltung 12. Elevator Pitch / Hotelerklärung 13. Fahrradverleih 14. Fundsachen 15. Gepäckservice 16. Gruppenanreise	17. Kassenabrechnung 18. Kommissionsabrechnung 19. Kontingentverwaltung 20. Kundenbindungsprogramm 21. Listenverwaltung / Statistik 22. Meldeschein 23. Meldung am Telefon 24. Nachrichtenhandling 25. No-Show-Handling 26. Optionsbuchungen verwalten 27. Parkplatzhandling 28. Raumplan schreiben 29. Rechnungskontrolle 30. Reklamationsumgang 31. Reservierungsannahme 32. Roomservice 33. Safehandling	34. Schlüsselverwaltung 35. Schuhputzservice 36. Sonderwünsche 37. Spielregeln für Mitarbeiter 38. Tagesabschluss Tischreservierungen 39. Übergabe 40. Umgangsformen 41. VIP-Treatment 42. Walk-in (Anreise ohne Reservierung) 43. Warengruppen buchen 44. Wäscheservice 45. Weckruf 46. Zeitungsverwaltung 47. Zimmerzuteilung 48. Zimmerverkauf nach Kategorien

Jeder Prozess besteht aus zahlreichen Einzelprozessen.

Wie Sie sehen, kommen hier (ohne Anspruch auf Vollständigkeit) knapp 50 Prozesse zusammen, die je nach Betrieb und Hotelkonzern unterschiedlich gehandhabt werden. Fast jeder von Ihnen ist schon mit solchen Prozessen und damit auch mit der Servicequalität und Professionalität eines Hotels in Berührung gekommen. Manchmal waren Sie möglicherweise nicht zufrieden, weil ein Prozess nicht zügig, nicht freundlich oder unvollständig ausgeführt wurde. Beim Check-out eines Gastes beispielsweise geht es um die Abfrage von besonderen Leistungen (z. B. Minibar), um die Rechnungsanschrift, um die korrekte Verbuchung der Zahlung, die Verabschiedung des Gastes und vieles mehr. Die Summe aller Einzelprozesse geht in die Hunderte.

Viele davon haben Auswirkungen auf die Servicewahrnehmung von Gästen, Patienten, Mandanten oder Kunden, denn im Einzelhandel, in einem Fitnessstudio, einer Unternehmensberatung, einer Messegesellschaft, einer Steuerkanzlei oder einer Klinik ist das nicht anders. Wer sich daranmacht, sämtliche Prozesse in seiner Organisation zu erfassen, zu durchleuchten, zu verbessern und zu dokumentieren, setzt sich ein ehrgeiziges Ziel. Apropos Ziele: Abteilungsziele zu formulieren und mit Mitarbeitern persönliche Ziele daraus abzuleiten ist natürlich auch ein Prozess, der es verdient, verbindlich in einer Prozessbeschreibung geregelt zu werden, um Qualität – in diesem Falle Führungsqualität – professionell zu leben.

Das Ziel: wesentliche Prozesse erfassen und dokumentieren

Den Prozessen in Ihrem Unternehmen kommen Sie auf die Spur, wenn Sie Bereich für Bereich wiederkehrende Vorgänge erfassen. Qualitätsmanager unterscheiden dabei zwischen Kernprozessen, Unterstützungsprozessen und Führungsprozessen:

Wiederkehrende Prozesse sind relevant.

- **Kernprozesse** tragen unmittelbar zum Geschäftserfolg bei, sind Teil der Wertschöpfung und haben direkten Kundenbezug. Sie betreffen die Leistungserbringung, für die ein Kunde am Ende bezahlt. Beispiele sind Zimmer- oder Konferenzraumvermietung in einem Hotel, Operationen und andere Behandlungen sowie Bettenbelegung in einer Klinik, Vermietung von Leihfahrzeugen beim Autovermieter, Kursangebote in einem Fitnessstudio.

- **Unterstützungsprozesse** begleiten Kernprozesse und sind nicht unmittelbar wertschöpfend (kein Kunde wäre bereit, für Unterstützungsprozesse zu zahlen). Beschaffung, Telekommunikation und Informationstechnologie für die Mitarbeiter (siehe Prozessbeschreibung zur Einrichtung eines Outlook-Kontos) oder Reinigung der Büroräume zählen dazu.

- **Führungsprozesse** sind Prozesse, mit denen das Unternehmen gesteuert und gemanagt wird, zum Beispiel der eben erwähnte Prozess der Zielvereinbarung, Personalbeschaffung und -entwicklung, Einarbeitung, Weiterbildung usw.

Wie ein Prozess eingeordnet wird, hängt vom Geschäftszweck eines Unternehmens ab. Beschaffung und Wartung der Automobile sind bei einem Paketdienstleister unterstützende Prozesse, bei einer Mietwagenfirma dagegen Kernprozesse. Bei allen Prozessen stellt sich die Frage, ob diese gesteuert und nach klaren Vorgaben oder nach Gutdünken eines Einzelnen umgesetzt werden.

Was hat das mit Qualitätsmanagement zu tun?

Aufschreiben und sich an das Aufgeschriebene halten = QM

Systematisches Qualitätsmanagement bedeutet, alle relevanten Prozesse innerhalb eines Unternehmens zu erfassen, auf den Prüfstand zu stellen und, sofern sinnvoll, zu dokumentieren. Neben Prozessbeschreibungen kommen dabei Standards (Sollvorgaben) ins Spiel, außerdem weitere Dokumente wie Vorlagen, Formulare und Checklisten. Qualitätsmanagement lässt sich für mich in einem Satz so zusammenfassen: »Schreibe auf, was du tust, und halte dich an das, was du aufgeschrieben hast.« Insofern betreibt schon ein kleiner Blumenhändler, der seinen studentischen Aushilfen Checklisten für die Versorgung und das Verpacken der Pflanzen an die Hand gibt, Qualitätsmanagement. Dass die Prozesse in sich kundenorientiert und für den Kunden relevant sind, setzen wir an dieser Stelle voraus, denn auch dokumentierter »Unfug« ist und bleibt »Unfug« und kann nicht im Sinne eines brauchbaren Qualitätsverständnisses sein.

Der Nachteil von Insellösungen

Auch ohne systematisches Qualitätsmanagement gibt es in Ihrem Unternehmen sehr wahrscheinlich schon Vordrucke, Checklisten oder Arbeitsanleitungen. Häufig entstehen diese jedoch punktuell, zum Beispiel, weil ein gewissenhafter Mitarbeiter sich die Mühe gemacht hat, einen Ablauf schriftlich festzuhalten, oder weil ein Abteilungsleiter ein Freund von Checklisten ist und dafür gesorgt hat, dass in seinem Verantwortungsbereich konsequent damit gearbeitet wird. Verlassen diese Mitarbeiter das Haus, versandet ihre Initiative häufig. Jemand Neues kommt und erfindet das Rad neu, egal ob es sich dabei um die Organisation des Empfangs in einem Hotel, das Zusammenspiel der Verlagsabteilungen bei der Buchproduktion oder um die Aufnahme neuer Mitglieder in einem Fitnessstudio handelt. Bei punktuellen Dokumentationen weiß Abteilung A oder Mitarbeiter A zudem häufig nicht, womit Abteilung B oder Mitarbeiter B arbeitet – es handelt sich um Insellösungen.

Was eine gute Dokumentation leistet

Grundidee systematischen Qualitätsmanagements ist, dass eine sinnhafte und einheitliche Dokumentation relevanter Prozesse in einem Unternehmen …

- Schwachstellen aufspürt (fehlende Standards, Schnittstellenprobleme, ungeregelte Prozesse mit »Zufallserfolg«, die mal klappen und mal nicht),
- Transparenz herstellt (für alle wird nachvollziehbar, was wie geschehen soll),
- für Einheitlichkeit sorgt (und damit die Kommunikation unterschiedlicher Abteilungen erleichtert),
- die Fehlerquote und Kosten senkt (etwa durch Vermeidung von Doppelarbeit, Ausschuss oder Reklamationen)
- verbindliche Qualitätsstandards festschreibt,
- einen kontinuierlichen Verbesserungsprozess anstößt, bei dem die schriftlich dokumentierten Verfahrensweisen im Sinne des Regelkreises Plan – Do – Check – Act auf ihre Funktionalität geprüft und stetig optimiert werden, und dadurch schließlich vor allem auch
- die Kundenzufriedenheit erhöht.

QM ist ein dauerhafter Managementansatz.

Missverständnisse, Ad-hoc-Lösungen und Pannen (von der unbeantworteten Kundenanfrage über unvollständige Angebote bis zu fehlerhaften Rechnungen) sollten damit mehr und mehr der Vergangenheit angehören. Das Unternehmen wird systematisch und transparent geführt. Voraussetzung ist, dass man Qualitätsmanagement als Managementsystem ernst nimmt und nicht als einmalige Datensammelei missversteht, die man zähneknirschend absolviert und sofort wieder vergisst, sobald der Prüfer (»Auditor«), der ein Qualitätssiegel verleiht, wieder aus dem Haus ist (vgl. dazu auch das Interview mit Martin Weppler vom TÜV Rheinland im Kapitel »Feedback«).

Die Zertifizierung: kein Muss, sondern das Tüpfelchen auf dem i.

Die systematische Erfassung und Dokumentation von Prozessen kann in eine Zertifizierung münden, sie muss es jedoch nicht. Betrachtet man die derzeit bekannteste Norm DIN EN ISO 9001:2008 als eine Checkliste, die gute Unternehmensorganisation beschreibt, sind dort exakt 360 Forderungen formuliert. Wer ein Unternehmen mit gesundem Menschenverstand organisiert, konsequent die Kundenbrille aufsetzt und ein kontinuierliches Verbesserungsmanagement im Unternehmen eingerichtet hat, der deckt über 80 Prozent aller Forderungen ab, ohne dass er an die Norm und deren Formulierungen auch nur einen Gedanken verschwendet hat. Die Vorbereitung auf eine Zertifizierung verleiht dem Unternehmen dann sozusagen nur noch den letzten Schliff und verschafft ihm ein Siegel, das auch gut für die Werbung genutzt werden kann.

Die DIN EN ISO 9001:2008 ist die am weitesten verbreitete Qualitätsnorm, nach der Organisationen jeder Größe zertifiziert werden können. Seit ihrer Veröffentlichung (1987) kam sie in mehr als einer Million Unternehmen in 178 Ländern zum Einsatz.[44] In fünf Hauptkapiteln formuliert die Norm Anforderungen an folgende Bereiche:

Was die DIN EN ISO 9001:2008 umfasst

- Qualitätsmanagementsystem (Dokumentation, Handbuch, Lenkung von Dokumenten),
- Verantwortung der Leitung (u. a. Qualitätspolitik, Formulierung von Qualitätszielen, Managementbewertung),
- Management von Ressourcen (sachliche und personelle Ressourcen, Infrastruktur und Arbeitsumgebung),
- Produktrealisierung (Planung, kundenbezogene Prozesse, Entwicklung, Beschaffung, Produktion / Dienstleistungserbringung)
- Messung, Analyse und Verbesserung (bezogen auf Kundenzufriedenheit, Prozesse, Produkte, Daten).[45]

Die Norm wurde ursprünglich für den Einsatz in der Produktion entwickelt, was eine Diskussion über ihre Übertragbarkeit auf Dienstleistung und Service ausgelöst hat. Diese führt zu weiteren Entwicklungen wie der schon im Einleitungskapitel erwähnten DIN SPEC 77224 als Versuch, einen offiziellen Standard zur Service Excellence zu formulieren. Als »Spezifikation« (SPEC) ist dieser Ansatz nicht zertifizierbar. Er unternimmt in insgesamt sieben Kapiteln den Versuch einer formalen Definition der Grundlagen und Voraussetzungen für »Kundenbegeisterung«. Daneben existieren branchenspezifische Standards und einschlägige Ergänzungen der DIN EN ISO 9001:2008, etwa für den Gesundheitsbereich oder die Automobilindustrie.

Relevante Institutionen

Neben der ISO 9001 ist auch das EFQM-Modell verbreitet. Die Abkürzung steht für »European Foundation for Quality Management«. Als europäisches Modell für »Business Excellence« setzt es auf eine umfassende Selbstbewertung von Führung, Prozessen und Ergebnissen im Unternehmen. Ziel ist auch hier ein ganzheitliches Managementsystem, das auf der systematischen Erhebung und Verbesserung sämtlicher Unternehmensprozesse beruht. Eine kurze Übersicht zu diesem Modell finden Sie auf der Website der DQS.[46] Bei der Entwicklung und laufenden Aktualisierung von Normen spielen drei Organisationen eine wesentliche Rolle:

- DIN (Deutsches Institut für Normung e. V.) in Berlin,
- CEN (Comité Européen de Normalisation/European Committee for Standardization/Europäisches Komitee für Normung) in Brüssel und
- ISO (International Organisation for Standardization) mit Sitz in Genf.

Dies erklärt die komplexen Abkürzungen der Normbezeichnungen wie »DIN EN ISO 9001:2008«, wobei »EN« für Europäische Normen steht und die Jahreszahl für das Jahr der Veröffentlichung. Für 2015 ist eine Revision der ISO 9001 geplant, die ganz im Sinne des Qualitätsmanagements laufend weiterentwickelt wird. Dies hat inzwischen auch dazu geführt, dass die Normtexte wesentlich gefälliger formuliert sind, als das in den Anfängen der Fall war. Außerdem haben sich die Begrifflichkeiten verändert, sodass auch Dienstleistungen inzwischen als Produkte verstanden werden. Um Anregungen für die Unternehmensentwicklung zu bekommen, lohnt es sich allemal, dort hineinzuschauen.

Gängige Kritikpunkte am QM

QM muss gelebt werden.

ISO stehe eigentlich für »Idioten sammeln Ordner« behaupten Zyniker oder entschiedene Gegner des Qualitätsmanagements bissig. Doch wie fast überall kommt es auch bei QM nicht nur auf das *Was*, sondern auch auf das *Wie* an. »Freude an Qualität« entsteht dann, wenn Mitarbeiter von vornherein in den Prozess eingebunden sind (auch bei der Erstellung von Dokumenten und Handbüchern), wenn man sich auf die Dokumentation relevanter Prozesse beschränkt und wenn sich der betriebene Aufwand für den Einzelnen spürbar rentiert – durch mehr Sicherheit, Transparenz und Verlässlichkeit, kurz: durch Arbeitserleichterung. Voraussetzung ist natürlich, dass die entwickelte Systematik im Alltag auch gelebt wird. Eine Dokumentation in einem Handbuch, in das niemand schaut, nützt keinem etwas. Und man kann schwerlich von Mitarbeitern erwarten, sich an Prozessbeschreibungen zu halten, wenn das Management selbst es nicht tut.

Hier einige Stimmen aus der Führungsmannschaft einer Hotelkette, die ein umfassendes Managementsystem auf der Basis der ISO 9001 etablierte und kurz vor der Zertifizierung Bilanz zog:

PRO QM	Kritischer Blick auf QM
■ Dauerhafte Dokumentation mit Zugriff für alle ■ Systematische Fehleranalyse ■ Fördert Selbstständigkeit und entlastet Führungskräfte ■ Qualität ist nicht personenabhängig ■ Transparenz von Standards ■ Wissenserhaltung und -weitergabe ■ Vorteil bei Einarbeitung neuer Mitarbeiter ■ Nutzbar für Ausbildung	■ Bindet Kapazitäten / Ressourcen (Zeit, Geld & Manpower) ■ System wird noch nicht umfänglich selbstständig / von allen alleine genutzt ■ Überzeugung der Mitarbeiter ▶ Abteilungsleiter müssen ihre Führungsaufgabe wahrnehmen ■ Gewollte Flexibilität wird begrenzt ■ Sprache der Prozessbeschreibungen (QM-Sprache, Benennung, Wording, Abkürzungen, Fremdsprachen)

■ Sicherstellung der korrekten/vorgegebenen Handhabung ■ Prozessbeschreibungen als Hilfestellung ■ Sicherheit durch »Spicken« im Intranet ■ Abheben vom Mitbewerber ■ Basis für MA- und Unternehmensziele ■ Abläufe klar ► zeitsparend ■ Besseres Zeitmanagement durch systematisches Arbeiten ■ Kontrollmöglichkeit/eingeführte Kontrollprozesse (z.B. Audits) ■ Bessere Kommunikation (Informationsfluss innerhalb der Abteilung und hotelübergreifend) ■ Weniger unnötige Diskussionen ■ Qualitätssicherung ■ Dokumentierte Leistungsfähigkeit ■ Nachhaltigkeit sichern	■ Komplexität ◄ ► Kompliziertheit (Einfachheit des Systems sicherstellen) ■ Verlust der Selbstständigkeit (mitdenken erlaubt) ■ »Wir arbeiten auch ohne QM gut!« / »War schon immer so!« ■ Administrative Eigendynamik (braucht Zeit für Änderungen) ■ Sich zu Tode verwalten/Übertreibung/Sorge: Bürokratie-Monster ■ Fülle der Information: Auffinden von Prozessbeschreibungen, Suchfunktion; wer muss was wissen? ■ Zeitmanagement: QM in den Tagesablauf integrieren ■ In den Prozessbeschreibungen wird manchmal die Messlatte sehr hoch gesetzt (Wunsch ◄ ► Wirklichkeit) ■ Angst vor/Druck durch Zertifizierung

■ Fazit von Führungskräften nach einem QM-Projekt

Das Ziel: Zeit sparen

Unbestritten ist: Die Optimierung von Prozessen kostet erst einmal Zeit, um hinterher hoffentlich Zeit zu sparen. Und jedes System ist nur so gut wie seine Umsetzung. Doch wir schaffen ja auch nicht die Straßenverkehrsordnung ab, nur weil manche Fahrer Verkehrsregeln missachten. Werfen wir einen Blick auf die gängigsten Kritikpunkte.

Qualitätsmanagement ist unflexibel

Das Leben ist bunter als jedes Handbuch, wer wollte das bestreiten. Nicht jedes Vorkommnis lässt sich durch eine Prozessbeschreibung regeln. Allein schon aufgrund des zeitlichen Aufwandes wäre der Versuch absurd. Sinnvoll ist eine Regelung von regelmäßig wiederkehrenden Standardprozessen.

Chaos bei der Adressverwaltung – kein guter Stil!

Ein Beispiel: Das noble Fitnesscenter schafft es seit Jahren nicht, Mitgliederbriefe korrekt zu adressieren. Die Kundin hat in den letzten fünf Jahren schon alles erlebt: Briefe an »Herrn ...« statt an »Frau«, Briefe mit der falschen Postleitzahl, die verspätet eintrafen, Briefe mit Schreibfehlern im Namen, neuerdings ist die Straße falsch geschrieben. Anscheinend erfassen dort wechselnde Servicekräfte die Anschriften immer wieder neu. Zur Servicequalität gehört jedoch auch der respektvolle Umgang mit Mitgliedsnamen und -daten. Es täte dem Studio sichtlich gut, den Prozess der Adressaufnahme und den Versand von Serienbriefen zu standardisieren und damit dem selbst gesetzten Standard als »Premiumstudio« gerecht zu werden. Wenig sinnvoll wäre es dagegen, singuläre Ereignisse standardisieren zu wollen, etwa den Brieftext für die Zusendung eines verlorenen Mitgliedsausweises (wenn das einmal in drei Jahren vorkommt). Flexibilität bei Standardprozessen führt jedoch häufig zu Chaos. Worin soll der Vorteil bestehen, wenn man hier jedes Mal bei null anfängt?

Qualitätsmanagement erstickt Kreativität

Wenn man alles regelt, machen Mitarbeiter bald nur noch das, was geregelt ist, und stellen das Mitdenken ein, so die Befürchtung hier. Meiner Erfahrung nach hat »Dienst nach Vorschrift« viele Ursachen. Folgt man den Erkenntnissen des Gallup-Instituts, sind Mangel an Wertschätzung und Führungsfehler der häufigste Grund. Mitarbeiter verlassen demzufolge Chefs, nicht Unternehmen.[47]

Wertschätzende Führung und klare Vorgaben schließen einander jedoch nicht aus – im Gegenteil: Viele Mitarbeiter wünschen sich ausdrücklich Planungskompetenz ihrer Vorgesetzten. So fragte die Unternehmensberatung Rundstedt HR Partner 2011 insgesamt 6800 Arbeitnehmer in elf Ländern, wie die ideale Führungskraft aussieht. Auf Platz 1 der Nennungen steht der Wunsch nach »Chefs, die planen und organisieren« (45 Prozent), gefolgt von »einbinden und motivieren« (38 Prozent), »kommunizieren und Entscheidungen erklären können« (36 Prozent), »Anerkennung« (30 Prozent) und »selbstsicherem Auftreten« (30 Prozent).[48]

Was Mitarbeiter sich von Chefs wünschen

Die Herausforderung an Führungskräfte besteht darin, klare Regelungen von Regelungswut zu unterscheiden und Mitarbeitern Entscheidungsspielräume zu geben. Richtig eingesetzt, können Prozessbeschreibungen sogar die Selbstständigkeit von Mitarbeitern fördern und zeitliche und gedankliche Freiräume eröffnen, die Kreativität erst ermöglichen. Wo man sonst den Chef fragen musste, kann man sich jetzt im Intranet oder im gedruckten Handbuch selbst schlaumachen. Das setzt natürlich einen Chef voraus, der bei einschlägigen Fragen ordentliche Erklärungen gibt und / oder auf das Handbuch verweist und sich nicht in der Rolle des »Wenn-man-nicht-alles-selber-macht«-Machers gefällt.

QM fördert die Eigenverantwortung der Mitarbeiter.

Qualitätsmanagement macht Service unpersönlich

Wir haben alle Interviewpartner in diesem Buch abschließend gefragt, welches Serviceerlebnis sie zuletzt besonders beeindruckt hat. Viele von ihnen erzählen von ganz persönlichen Begegnungen – zum Beispiel von Bankberaterinnen, die einer Kundin, die gerade einen operativen Eingriff hinter sich gebracht hat, spontan Hilfe anbieten (Sabine Hübner), oder von Paketboten, die eine unkonventionelle Zustellung auf der Straße bewerkstelligen (Markus Brand). Was als besondere Servicequalität erlebt wird, ist genau das – das Besondere, die persönliche Note, der Servicemitarbeiter, der einem als Mensch authentisch freundlich begegnet. Wie passt das zu Standards und durch Prozessbeschreibung geregelten Abläufen? Anders gefragt: Degradiert man Mitarbeiter

Persönlichkeit zählt

nicht zu Service-Robotern, wenn man ihnen genaue Vorgaben macht?

Wichtig: eine ausgeprägte Servicementalität

Gegenfrage: Was macht Sie eigentlich so sicher, dass die beiden Vorzeigemitarbeiter aus der Bank und dem Zustelldienst im Unternehmen *nicht* mit Qualitätsmanagement vertraut gemacht und entsprechend geschult wurden? Richtig verstandenes Qualitätsmanagement schärft den Blick für Kundenbedürfnisse und kann sogar Ansporn sein, in individuellen Situationen individuell im Geiste des Qualitätsdenkens zu handeln. Und ob standardisierter Service mechanisch oder authentisch wirkt, hängt weniger vom Standard als von der Servicementalität der Mitarbeiter ab.

Die echten Gründe für unpersönlichen Service

Sie kennen das selbst vermutlich von hoch standardisierten Prozessen wie dem Bordservice im Flugzeug oder dem Einchecken an der Hoteltheke. Häufig arbeiten hier Mitarbeiter Seite an Seite, die ganz unterschiedlich agieren: Da sind diejenigen, die echte Freundlichkeit ausstrahlen, und andere, die desinteressiert wirken und mechanisch ein Programm abspulen. Warum also sollen die Standards daran schuld sein? Wäre die zweite Gruppe freundlicher, wenn man ihr *nicht* sagte, was zu tun ist? Hier ist entweder der Einstellungsprozess der Personalabteilung zu überdenken (wie gelingt es, Menschen ins Unternehmen zu integrieren, die die richtige Serviceeinstellung haben und Prozesse beachten?) oder die Führungsprozesse der Leitungsebene sollten optimiert werden, um Menschen so einzusetzen, dass sie ihr Potenzial tatsächlich entfalten.

Qualitätsmanagement und Servicequalität

Betrachten wir das Thema Servicequalität und Qualitätsmanagement noch einmal systematisch. Wo sind vor dem Hintergrund der schon im Einleitungskapitel skizzierten Relevanz von Kundenerwartungen und Serviceversprechen die Sollbruchstellen, denen ein qualitätsorientiertes Managementsystem Rechnung tragen muss?

Das GAP-Modell

Wo sind die Lücken?

Ein Team um die US-amerikanische Wirtschaftswissenschaftlerin Valarie Zeithaml hat schon 1987 ein griffiges Modell der kritischen Momente bei der Gewährleistung von Servicequalität entwickelt – das sogenannte »GAP-Modell«, also »Lücken-Modell«.[49] Es ist inzwischen in unterschiedlichen Formulierungen auch auf Deutsch verbreitet. Das Modell geht von folgenden Zusammenhängen aus:

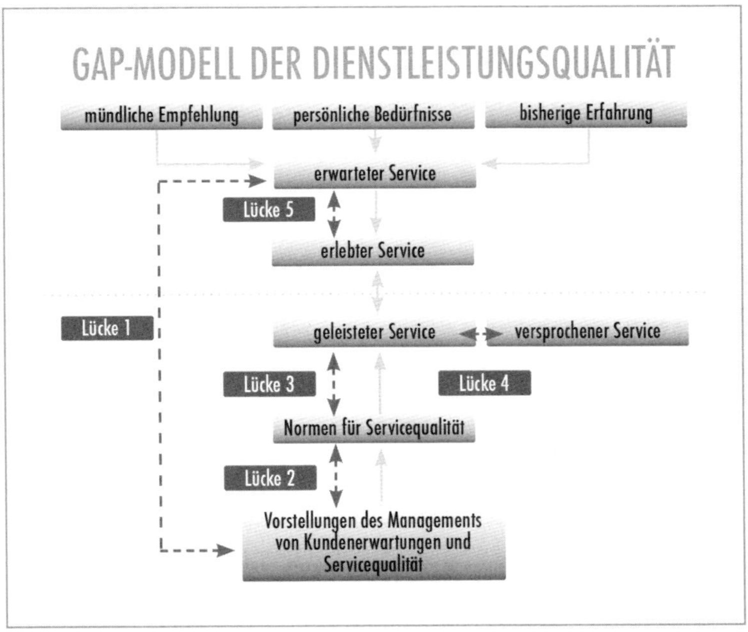

Das »Lücken-Modell« (nach Zeithaml / Berry / Parasuraman)

Wenn das Management irrt

Ein Kunde hat bestimmte Serviceerwartungen, in die persönliche Empfehlungen, eigene Bedürfnisse, bisherige Erfahrungen mit dem Anbieter und auch Werbebotschaften des Unternehmens (»versprochener Service«) einfließen. Das Management dieses Unternehmens wiederum hat ein Bild davon, was Kunden erwarten. Hier kann die erste Lücke entstehen: Das Management schätzt die Kundenerwartungen falsch ein, über- oder unterschätzt sie.

Kulturelle Unterschiede zählen.

Ein Beispiel: Der amerikanische Handelskonzern Walmart übertrug vor einigen Jahren Erwartungen von US-Kunden unreflektiert auf Deutschland und irritierte Kunden durch »Begrüßer« am Eingang des Lebensmittelmarktes und durch den in den USA selbstverständlichen Einpackservice an der Kasse. Vielen deutschen Kunden war beides eher unangenehm. Sie erwarteten diesen Service nicht und für sie war er auch nicht relevant (zur Relevanz siehe auch das Interview mit Sabine Hübner und Carsten K. Rath im Kapitel »Gut ist nicht genug«).

Mit dem nötigen Ernst agieren

Die zweite potenzielle Lücke kann sich zwischen den Vorstellungen des Managements über Servicequalität und explizit formulierten Serviceregeln auftun. Jede Norm, sei es die ISO 9001, seien es branchenspezifische Normen, die darauf aufsetzen, kann ambitionierter sein als die Vorstellungen des Managements über Servicequalität – oder auch weniger streng. Dasselbe gilt auch für unternehmensintern formulierte Regelkataloge: Wie ernst nehmen die verantwortlichen Manager diese tatsächlich?

Wenn beispielsweise die Regel gilt, dass Anrufe nach dem dritten Klingeln entgegenzunehmen sind und Angebote an Kunden binnen zwei Tagen auf den Weg gebracht werden müssen, sollten Führungskräfte diese Erwartung unterstützen und selbst so handeln. Es wirkt verheerend, wenn ein Abteilungsleiter solche Regeln im Abteilungsmeeting augenzwinkernd mit einem »Wir wollen ja nicht päpstlicher sein als der Papst« unterläuft. Hier spielen die Werte und Motive der Handelnden ebenso eine Rolle wie die Frage, ob es ein verbindendes Qualitätsverständnis gibt.

Was Mitarbeiter mitbringen müssen

Sollbruchstelle 3 betrifft die potenzielle Diskrepanz zwischen dem geleisteten Service und den expliziten Normen oder Regeln. Wie gut setzen Mitarbeiter die schriftlich formulierten Ansprüche und Erwartungen der Unternehmensleitung um? Wenn sich hier eine Lücke auftut, kann ein Mangel an Wissen, ein Mangel an Können oder auch mangelnder Wille dafür verantwortlich sein – es hapert entweder bei Schulung und Einarbeitung, bei der persönlichen Eignung (mangelnde Serviceorientierung) oder bei der Identifikation mit dem Unternehmen (Demotivation).

Kontinuität zählt

Wenn Sie die Sicherheitshinweise und Durchsagen auf Lufthansaflügen mit denen in der Deutschen Bahn vergleichen, müssen Sie nicht lange grübeln, welches Unternehmen wohl erfolgreich Sprechtrainings für seine Mitarbeiter durchführt und welches nicht. Das »Senk ju vor träwelling«, das zwei cleveren Autoren einen Bestseller bescherte, ist auf einem Lufthansaflug unvorstellbar. Auch wer hin und wieder ein Schnellrestaurant von McDonald's aufsucht, erlebt eine nahezu perfekte Umsetzung der Serviceregeln, die in diesem Unternehmen gelten: Ob in Kiel, Köln oder Kyoto, Produkte und Kundenansprache sind nahezu identisch. Der McDonald's-Stammkunde bekommt so weltweit genau das, was er kennt und erwartet. Auch das ist Servicequalität und wirft die Frage auf, ob stetige Neuerungen und Überraschungen in allen Zielgruppen positiv besetzt sind.

Werbeversprechen und die Wirklichkeit: möglichst kongruent

Der tatsächlich geleistete Service wird vom Kunden mit dem versprochenen Service abgeglichen, also mit Werbebotschaften und Marketingversprechen. Klafft hier eine weitere (vierte) Lücke, kann das in Zeiten sozialer Netzwerke Empörungswellen im Internet auslösen (sogenannte »Shitstorms«) und erreicht so eine breite Öffentlichkeit. Ein Beispiel ist die Einzelfall-Kampagne gegen O_2 im Jahr 2011. Ein Blogger hatte sich beim Unternehmen über Netzprobleme beschwert. O_2 behauptete, es handele sich um einen »Einzelfall«. Daraufhin rief der Kunde die Seite *www.wir-sind-einzelfall.de* ins Leben, auf der es sehr viele empörte Erfahrungsberichte enttäuschter Kunden hagelte.

Auch das mittlerweile insolvente Drogerieunternehmen Schlecker verärgerte Kunden, als es Kritik am Sprachkauderwelsch in seinem neuen Slogan (»For You. Vor Ort.«) mit dem »niedrigen bis mittleren Bildungsniveau der Zielgruppe« begründete. Ihrer Empörung über die Diskrepanz von kundenfreundlichem Claim und tatsächlicher Geringschätzung der Käufer machten diese sich auf Facebook, Twitter und im Blog der Firma Luft. Unabhängig von solchen Kommunikationspannen tun Unternehmen gut daran, ihre Werbeversprechen an der Realität zu messen und Vorschläge der Marketingabteilung oder externer Marketingagenturen selbstkritisch zu prüfen. Wenn Rewe behauptet, »Jeden Tag ein bisschen besser« zu sein, muss es sich ebenso daran messen lassen wie der Autoglasdienst Carglass an seinen Versprechen, bei einem Steinschlag sei »niemand schneller«, für Kasko-Versicherte sei eine Reparatur kostenlos und »binnen 30 Minuten« sei alles repariert.

Die Macht der Kunden

In Summe gleicht ein Kunde den erwarteten Service mit seinem persönlichen Serviceerlebnis ab. Hier kann sich eine wichtige fünfte Lücke auftun. Werden seine Erwartungen übertroffen, wird der Kunde mit Begeisterung reagieren. Liegt der Service unter seinen Erwartungen, wandert er möglicherweise zu einem Mitbewerber ab. Auch in diesem Fall werden Negativerlebnisse vom Kunden weitergetragen, in der persönlichen Kommunikation oder ebenfalls über soziale Netze im Internet, über Bewertungsportale und Kundenbewertungen direkt auf der Website des Unternehmens. Nie hatten Kunden so viel Macht, ihre Einschätzung zu verbreiten, und nie war es für Unternehmen gefährlicher, schlechten Service zu leisten.

Was Kundenfeedback bringt

Die gestrichelte Linie zwischen Kunden- und Anbieterseite verdeutlicht eine Trennung, die durch das systematische Einholen von Kundenfeedback überwunden werden muss. Sonst besteht die Gefahr, dass Service am Kunden vorbeigeplant wird. Es hat also seinen Grund, dass Normen oder Spezifikationen die Messung der Kundenzufriedenheit verbindlich vorsehen. Dabei geht es sowohl um das Abfragen expliziter Erwartungen als auch um die Erhebung der erlebten Servicequalität. Kundenerwartungen sind ein wichtiger Indikator für Kundenzufriedenheit, doch wenn Kunden positiv beeindruckt werden sollen, muss ein Unternehmen mehr tun, als nur deren explizit formulierte Anforderungen und (gegebenenfalls nicht formulierte) Erwartungen zu erfüllen.

Warum Qualitätsmanagement »Servicelücken« bekämpft

Warum kann die Einführung eines Qualitätsmanagementsystems dazu beitragen, die im GAP-Modell beschriebenen Lücken zu schließen? Folgende Maßnahmen sind hier hilfreich:

Wie die Lücken konsequent geschlossen werden

- **Lücke 1** (Vorstellungen des Managements ◀▶ erwarteter Service): Die Integration regelmäßiger Kundenbefragungen und anderer systematischer Feedbackinstrumente dämmt diese Gefahr ein.

- **Lücke 2** (Vorstellungen des Managements ◀▶ Normen für Servicequalität): Hier steuert die Formulierung eines gemeinsamen Qualitätsverständnisses, einer »Qualitätspolitik«, gegen (vgl. Kapitel 1 zum Thema »Werte«). Im Gesamtprozess der Einführung eines Qualitätsmanagementsystems werden alle Beteiligten für die Relevanz von Standards und deren Einhaltung sensibilisiert.

- **Lücke 3** (Normen für Servicequalität ◀▶ geleisteter Service): Betroffene Mitarbeiter werden an der Überprüfung, Ergänzung und Entwicklung von Standards und Prozessbeschreibungen im Unternehmen beteiligt und / oder gezielt geschult. Dies erhöht die Wahrscheinlichkeit, dass die vereinbarten Regeln eingehalten werden. Außerdem wird so eher eine leicht zugängliche und gut verständliche Dokumentation der Qualitätsanforderungen entstehen, in der ein Mitarbeiter sich im Zweifelsfall kundig machen kann. Kundenfeedbackprogramme bilden ein zusätzliches Regulativ.

- **Lücke 4** (Geleisteter Service ◀▶ versprochener Service): Imageschädigende Diskrepanzen zwischen Werbung und Wirklichkeit können vermieden werden, wenn man Werbeversprechen konsequent mit formulierten Servicenormen abgleicht. Verspricht ein Telekommunikationsunternehmen einen funktionierenden Festnetzanschluss binnen einer Woche nach Antragstellung, lässt sich vorher objektiv messen, ob diese Ankündigung einlösbar ist. Wie war die Bearbeitungsdauer in der Vergangenheit?

- **Lücke 5** (Erwarteter Service ◀▶ erlebter Service): Qualitätsmanagement verringert auch hier durch eine Vielzahl von Maßnahmen die Gefahr eines »Gaps«: durch die Erhebung von Kundenerwartungen, durch die Definition entsprechender Standards und Prozesse, durch die konsequente Messung von Leistungsstandards an objektiven Kriterien, durch die explizite Formulierung einer Qualitätspolitik und durch die Sensibilisierung der Mitarbeiter für das Thema Qualität.

Die Einführung eines Qualitätsmanagementsystems

QM – ein Aufgabenkatalog für die Unternehmen

Versteht man Qualitätsmanagement als umfassendes Managementsystem, mit dem ein Unternehmen gesteuert wird, ist damit das Ziel einer planvollen, transparenten und einheitlichen Organisation aller relevanten Prozesse im Unternehmen und deren übersichtliche Dokumentation verbunden. Das stellt Unternehmen, die dieses Ziel entweder selbst oder mithilfe eines externen Beraters angehen wollen, vor eine Reihe von Aufgaben, die hier im Überblick vorgestellt werden.

Prototypischer Ablauf

Die Reifegrade einer Organisation

Der im Folgenden beschriebene Ablauf ist beispielhaft und muss für jedes Unternehmen individuell festgelegt, angepasst und gesteuert werden. Verstehen Sie ihn als prototypisches Muster, das auf unserer jahrelangen Beratungspraxis basiert und bereits mehrfach eins zu eins umgesetzt wurde. Der Zeitbedarf liegt bei etwa ein bis drei Jahren, je nach Größe und Reifegrad des Unternehmens. Im Projekt- und Qualitätsmanagement werden dabei im Allgemeinen fünf Reifegrade einer Organisation unterschieden:

- »unvollständige Prozesse« (auch: »Überleben im Chaos«)
- »strukturierte Prozesse«
- »standardisierte Prozesse«
- »beherrschte Prozesse«
- »optimierte Prozesse«

Für den zeitlichen Aufwand ist außerdem entscheidend, ob das Unternehmen eine Zertifizierung anstrebt. Das dazu erforderliche Audit nimmt in der Regel einen Zeitraum von wenigen Tagen ein, die finale Vorbereitung darauf kann bei guter Vorarbeit und je nach Reifegrad in drei bis sechs Monaten erfolgen.

Projektschritte	Verantwortliche
Entwicklung und Verabschiedung eines Gesamtkonzeptes zum Thema Qualität ■ mit Zertifizierungsabsicht ■ ohne Zertifizierungsabsicht Inhalte: ■ Projektziele, Projektteam, Projektauftrag festlegen ■ Verantwortlichkeiten definieren ■ Qualitätsteam zusammenstellen ■ Ggf. Lenkungsausschuss einrichten, um den Projektverlauf regelmäßig zu bewerten und zu steuern ■ Vorentscheidung für Dokumentationsform und Dokumentenlenkung (zentral, dezentral, webbasiert) ■ Überprüfung von Vision, Mission, Unternehmensleitbild, Werten und Führungsleitlinien bezogen auf das Thema Qualität sowie Kunden- und Mitarbeiterorientierung ■ Qualitätsziele / Qualitätspolitik festlegen ■ Vorbereitung einer Stärken- / Schwächenanalyse ■ Ggf. Bewertung und Einbindung von Ergebnissen aus Mitarbeiterbefragungen und dem betrieblichen Vorschlagswesen ■ Ggf. Bewertung und Einbindung von Ergebnissen aus Audits (Arbeitssicherheit, Hygiene, branchenspezifische Richtlinien) ■ Bewertung über Umgang mit den Analyseergebnissen ■ Ressourcen festlegen Für die Erarbeitung des Gesamtkonzepts erweisen sich ganztägige **Konzeptionsworkshops** als sinnvoll.	Geschäftsführung (GF), ggf. mit Unterstützung eines externen Beraters

Projektschritte	Verantwortliche
Benennung eines Qualitätsmanagement-Beauftragten (QMB) oder Qualitätsmanagers (QM) und dessen Schulung Bei Groß- und Filialunternehmen können neben einem zentralen Qualitätsmanager (zQM) mehrere Qualitätsmanagement-Beauftragte (QMBs) sinnvoll sein. Für diese Gruppe bedarf es eines einführenden **Qualitätsworkshops** zum Projektstart.	GF, zQM, QMBs, ggf. externer Berater
Startworkshop mit dem engsten Führungskreis Inhalte: ■ Konzeptvorstellung, Diskussion und Verabschiedung. ■ Je nach Reifegrad des Unternehmens sind unterschiedliche Ansätze für ein Unternehmen sinnvoll. ■ Zu klären ist, inwieweit Vision, Mission sowie Unternehmens- und Führungsleitbilder (schriftlich) vorhanden und auf den unterschiedlichen Ebenen im Unternehmen bekannt sind (Unternehmenskultur). ■ Abhängig von der Bewertung der Unternehmenskultur ergibt sich der Projektablauf. Zu beantworten ist die Frage: »Welche Bereiche und Ebenen des Unternehmens müssen wir mit welchen Themen erreichen, um das Projekt erfolgreich zu machen?« Wer in der Planung versagt, der plant sein Versagen! Hier stellen Sie die Weichen für den Projekterfolg. Die anschließende Kommunikationsstrategie gehorcht der Formel **Q x E = T** (**Q**ualität des Konzeptes x **E**inbindung der Mitarbeiter = **T**ransferleistung & Projekterfolg)	GF, zQM, QMBs, Führungskreis, ggf. externer Berater
Workshops zur Unternehmenskultur Wenn das Unternehmen wesentliche Basisfestlegungen noch nicht getroffen hat, sollte zusätzlich zur qualitätsbezogenen Arbeit die »Kulturarbeit« stattfinden. ➡	GF, Führungskräfte der unterschiedlichen Ebenen, zQM, QMBs

Inhalte: ■ Vision festlegen und kommunizieren ■ Werte identifizieren und kommunizieren ■ Unternehmensleitbild festlegen und kommunizieren ■ Führungsleitlinien festlegen und kommunizieren Die Ansätze können sehr unterschiedlich ausfallen, abhängig von Geschichte, Größe und Reifegrad der Organisation, von den verfügbaren Ressourcen sowie von technischen und räumlichen Gegebenheiten.	
Auswahl und Installation einer zeitgemäßen Dokumentationsform Die Dokumentation erfolgt heute in der Regel über eine **zentrale QM-Dokumentations-Software** webbasiert oder netzwerkgestützt (siehe Kapitel 4).	GF, IT-Abteilung, zQM, QMBs, ggf. externer Berater
Benennung von QM-Promotoren (QMP) Zur Verankerung des Projektes in einzelnen Abteilungen und Unternehmensbereichen werden QMPs benannt und die Abteilungsleiter einbezogen. Dazu wird eine **QM-Schulung für Promotoren** und ggf. auch Abteilungsleiter durchgeführt.	GF, zQM, QMBs, Abteilungsleiter
Parallel: Infoveranstaltung auf Betriebsebene Je höher die Position der Person, die das Projekt verkündet, desto wirkungsvoller können solche Veranstaltungen sein. Inhalte: ■ Was ist beabsichtigt? ■ Warum (Projektziele)? ■ Wer ist verantwortlich?	Idealerweise ein Mitglied der Geschäftsführung

Projektschritte	Verantwortliche
Regelmäßige QMB- und/oder QMP-Meetings (1 bis 2 Workshop-Tage monatlich über ca. 6 bis 24 Monate) Inhalte: ■ Ermitteln der übergreifenden und abteilungsspezifischen Prozesse (Prozessplan) ■ Entscheidung über eine Dokumentationsstruktur ■ Sammeln oder Erstellen von Prozessbeschreibungen, Vorlagen, Checklisten, qualitätsrelevanten Dokumenten. In der Regel werden Sie viel Material finden, das (nur) strukturiert und ggf. harmonisiert werden muss. ■ Ggf. Fehleranalyse in den Prozessen anhand von Befragungsdaten ■ Abstimmen von Schnittstellen und Eliminieren von Prozessfehlern ■ Festlegen, Verbessern oder auch Eliminieren von (veralteten) Standards ■ Entwicklung, Festschreibung, Verbesserung von Prozessen Möglicherweise ist in dieser Phase die Bildung von **Expertengruppen** erforderlich. Diese kümmern sich um Einzelprozesse, bei denen Handlungsbedarf identifiziert wurde.	zQM, QMBs, QMPs, ggf. externer Berater
Parallel: Schulung der QMBs und QMPs in der Bedienung der Dokumentationssoftware Damit verhindern Sie, dass nur wenige Personen dokumentieren und Engpässe entstehen. Jeder Unternehmensbereich sollte für »seine« Dokumentation verantwortlich sein.	QMBs, QMPs, IT-Abteilung, ggf. externer Berater
Einrichtung eines Lenkungsausschusses Im Rahmen eines solchen Projektes wird es immer wieder Fragestellungen geben, die übergeordnet zu klären sind und mit der Geschäftsführung abgestimmt werden müssen. Die Einrichtung eines Lenkungsausschusses speziell bei großen Unternehmen hat sich daher als sinnvolle Maßnahme erwiesen.	Mitglieder des Lenkungsausschusses, zQM, Direktoren, ggf. GF

Norm-Workshop mit internem Systemaudit Wer sein Unternehmen nach DIN EN ISO 9001:2008[50] oder einem anderen (ggf. auch branchen- oder themenspezifischen) Standard zertifizieren will, muss sich zwangsläufig mit den Inhalten der Norm auseinandersetzen. Die gute Nachricht: Wer die bisherigen Schritte umgesetzt und sein Unternehmen mit gesundem Menschenverstand sowie nach betriebs- und marktwirtschaftlichen Aspekten geführt hat, erfüllt vermutlich mehr als 80 Prozent der Normforderungen. Durch ein internes Systemaudit stellen Sie fest, wie groß die Lücke in Ihrem Unternehmen ist.	zQM, QMB, QMPs
Interne Audits Die Einführung von internen Audits erfordert die Ausbildung von internen Auditoren, die befähigt sind, System-, Prozess- oder Verfahrensaudits durchzuführen. In der Regel werden dafür Mitarbeiter aus dem Kreis der QMBs und QM-Promotoren ausgewählt werden. Als Richtschnur für Audits kann die einschlägige Norm DIN EN ISO 19011: 2011-12 hilfreiche Dienste leisten. Auditabweichungsberichte und Maßnahmenpläne setzen einen systematischen und kontinuierlichen Verbesserungsprozess in Gang.	zQM, QMBs, QMPs
Managementreview In einem jährlichen Managementreview bewertet das Unternehmen den Entwicklungsstand des Managementsystems. Inhalte sind mindestens: ■ Ergebnisse von vorherigen Managementreviews ■ Kundenrückmeldungen ■ Auditergebnisse ➡	GF, zQM, QMBs, Bereichs- und/oder Abteilungsleiter

Projektschritte	Verantwortliche
■ betriebswirtschaftliche Kennzahlen ■ Prozesskennzahlen ■ Status von Korrektur- und Vorbeugemaßnahmen ■ Änderungen und Umstände, die sich auf das Managementsystem auswirken ■ Bewertung von eingeführten Verbesserungen (Hat es das gebracht, was sich das Unternehmen erhofft hat?) ■ Ergebnisse von Audits über einschlägige Branchenaudits Bewertung des Projektablaufes: ■ Wurden die Ziele erreicht? ■ Wo muss gegengesteuert werden? ■ Sind ausreichend Ressourcen vorhanden? ■ Welche Projektschritte greifen (noch) nicht? In einem systematischen Entwicklungsplan werden die Ziele für die weiteren Maßnahmen festgelegt und fließen in die strategische Unternehmensentwicklung mit ein, denn: »Gut ist nicht genug!«	
Entscheidung zur Zertifizierung Diese Entscheidung muss nicht zwangsläufig zum Projektstart getroffen werden, sondern kann zum Beispiel dann fallen, wenn die Ergebnisse interner Audits vorliegen. Dennoch sollte das Projekt so aufbereitet werden, dass Sie diese Entscheidung immer treffen können, ohne damit gänzlich neu starten zu müssen.	GF
Auswahl des Zertifizierungsunternehmens Auf dem deutschen und internationalen Markt gibt es eine Vielzahl von akkreditierten Unternehmen. Preislich unterscheiden sich die Zertifizierungsangebote nur geringfügig. Entscheidungshilfen: ■ Holen Sie mehrere Angebote ein und lassen Sie sich vom Zertifizierer beraten. ➡	zQM, GF

■ Prüfen Sie die Zertifizierungskonzepte (Ablauf, Zeitrahmen, klare Aufbereitung). ■ Achten Sie auf einschlägige Branchenerfahrung. ■ Berücksichtigen Sie die Reputation des Unternehmens und damit auch die Bedeutung des Zertifikates. ■ Schätzen Sie ab, ob Ihnen der jeweilige Zertifizierer/Auditor einen inhaltlichen Mehrwert in Form gezielter Verbesserungen bieten kann und Ihnen das bereits im Vorgespräch vermittelt.	
Zertifizierungsaudit Beim Zertifizierungsaudit werden Sie von einem unabhängigen Auditor auditiert. Ziel ist eine Rückmeldung über Ihr Managementsystem mit dem Aufzeigen von Verbesserungspotenzialen, die bisher noch nicht erkannt und/oder realisiert wurden. Wenn am Ende alle Forderungen der angestrebten Norm erfüllt sind, werden Sie vom Auditor eine Empfehlung für ein Zertifikat erhalten, das Ihnen dann die jeweilige Zertifizierungsgesellschaft für die entsprechende Laufzeit ausstellt. Bei der DIN EN ISO 9001:2008 sind es drei Jahre.	Auditor, GF, zQM, QMBs, QMP (Abteilungsleiter, Mitarbeiter aller Ebenen und Bereiche können in das Audit einbezogen werden.)
Kommunikation des erhaltenen Zertifikats an Kunden und Geschäftspartner Neben der internen Funktion (Prozessoptimierung, Steigerung der Servicequalität, Realisierung von Einsparpotenzialen) enthält das Zertifikat auch eine werbliche Aussage. Die Marketingabteilung entwickelt dazu Vorschläge, wie und wo das erhaltene Gütesiegel kommuniziert werden soll (z. B. Homepage, Imagebroschüre, Angebote, sonstige Werbemittel, Messeauftritte und Banner).	Marketingabteilung
Jährliche Zwischenaudits Im jährlichen Rhythmus wird das Managementsystem erneut zumindest in Teilen auditiert, um nach drei Jahren erneut gänzlich auf den Prüfstand gestellt zu werden. Damit beginnt ein systematischer Prozess von Plan-Do-Check-Act, der die Weiterentwicklung des Managementsystems zum Ziel hat.	Externe Auditoren

Projektschritte	Verantwortliche
Weiterentwicklung des Managementsystems Der Prozess ist auf unbestimmte Zeit angestoßen und sollte im Sinne einer Fortführung und kontinuierlichen Verbesserung am Leben erhalten werden. Maßnahmen: ■ Systematische Einarbeitung und Schulung neuer Mitarbeiter (unternehmensübergreifend wie abteilungsspezifisch) ■ Bereichs-, abteilungs- und personenbezogene Kaskadierung der Unternehmensziele, damit alle Mitarbeiterinnen und Mitarbeiter systematisch in die Unternehmensentwicklung einbezogen sind. Damit werden auch persönliche Entwicklungsmöglichkeiten eröffnet. ■ Entscheidung über die Teilnahme an einschlägigen Wettbewerben (z. B. Kundenchampions) ■ Entscheidung über die Einführung weiterführender branchenspezifischer oder branchenübergreifender Richtlinien und Normen (z. B. EFQM oder Ludwig-Ehrhard-Preis) mit dem Ziel, das umfassende Managementsystem aktiv weiterzuentwickeln – denn: »Gut ist nicht genug!«	Das gesamte Team

■ Möglicher Ablauf bei der Einführung eines (Qualitäts-)Managementsystems

Ein guter Einstieg: das Pilotprojekt

Wenn Sie nicht gleich in einen aufwendigen Gesamtprozess einsteigen möchten, können Sie zunächst im Rahmen von Pilotprojekten Erfahrungen sammeln, beispielsweise, indem Sie Ihren Einkauf, das Lager oder auch die Angebotserstellung nach den Kriterien des Qualitätsmanagements reorganisieren und optimieren. Solche »Leuchttürme« besitzen positive Ausstrahlungskraft und stärken die Motivation der Mitarbeiter, sich bei der Einführung eines umfassenderen (Qualitäts-)Managementsystems zu engagieren – vorausgesetzt natürlich, das Pilotprojekt glückt und die Vorteile sind für alle spürbar.

Gleichzeitig sollten Sie darüber nachdenken, die Grundsystematik des QM auf weitere Bereiche wie etwa Finanzmanagement, Arbeitssicherheit oder Energie- und Umweltmanagement zu übertragen, um die Vorteile einer Unternehmensführung nach einheitlichen, transparenten Prinzipien zu gewährleisten.

Die Verantwortung des Topmanagements

Was von oben kommt, setzt sich durch.

Bei der Lektüre des Ablaufplans sehen Sie, dass die Geschäftsleitung stark in den Gesamtprozess eingebunden ist. Das ergibt sich einerseits aus dem Verständnis von Qualitätsmanagement als ganzheitlichem Managementsystem zur Unternehmenssteuerung. Außerdem zeigt die Lebenserfahrung: Nur was »von ganz oben« initiiert und dauerhaft unterstützt wird, setzt sich in einem Unternehmen tatsächlich durch. Wenn Qualitätsmanagement mehr sein soll als Kulissenschieberei und das Anlegen von Datenfriedhöfen, muss das Topmanagement zum Motor der Entwicklung werden.

Warum sich die Zertifizierung rechnet

Dies wird durch eine Metastudie der Rotterdam School of Management an der niederländischen Erasmus University erhärtet, für die insgesamt 42 Studien zum finanziellen Nutzen einer ISO-9001-Zertifizierung ausgewertet wurden. Danach zahlt sich eine Zertifizierung für das Unternehmen in den meisten Fällen aus, auch unter Einbeziehung der für den Prozess nötigen Investitionen. Wirksam sind dabei drei Faktoren:

1. geringere Kosten durch »verbesserte Prozesssteuerung, verbesserte Produkt- / Dienstleistungsqualität, gesteigerte Produktivität«,
2. gesteigerter Ertrag durch »Zugang zu neuen Märkten, erhöhten Marktanteil« und schließlich eine
3. weitere Ertragssteigerung durch den Werbeeffekt der Zertifizierung.[51]

Entscheidend für den finanziellen Erfolg des Qualitätsmanagements ist nach Erkenntnissen der Wissenschaftler die »Motivation«, echte Qualitätsverbesserungen im Unternehmen erreichen zu wollen, sowie die »Internalisierung« der Grundsätze der ISO 9001 im Unternehmen. Beides werde maßgeblich vom Engagement des Managements beeinflusst. Einfacher gesagt: Wer es ernst meint und danach handelt, bekommt mit hoher Wahrscheinlichkeit gute Ergebnisse. Wer von vornherein zweifelt und Qualitätsmanagement nur halbherzig betreibt, wird ebenfalls mit hoher Wahrscheinlichkeit in seiner Skepsis bestätigt – eine klassische sich selbst erfüllende Prophezeiung.

Bei der Einführung eines Qualitätsmanagementsystems werden alle Prozessbeteiligten mit Argusaugen darauf schauen, ob sich die Geschäftsführung auf Dauer zu diesem Vorhaben bekennt und dies durch ihre Präsenz in Meetings, durch inhaltliches Engagement und durch das Bereitstellen von finanziellen und personellen Ressourcen untermauert.

QM braucht eine gehörige Portion Mut.

Für die Einführung von QM als Managementsystem gilt also das, was Change-Experte Winfried Berner für Veränderungsprozesse im Allgemeinen konstatiert: »Auf dieser Welt werden weit mehr Veränderungsvorhaben gestartet als erfolgreich zu Ende gebracht. Die Differenz erklärt sich nicht zuletzt daraus, dass es den Auftraggebern zuweilen an Mut, Entschlossenheit und Beharrlichkeit fehlt, die von ihnen initiierten Projekte mit dem erforderlichen Nachdruck zu unterstützen, wenn sie in eine kritische Phase geraten, und sie zu einem erfolgreichen Abschluss zu führen – über Durststrecken und Krisen hinweg, durch Sach- und Interessenkonflikte hindurch und trotz aller im Lauf des Weges aufkommenden Widerstände.«[52]

Die Rolle des QM-Beauftragten

Wer soll's machen? Und wer eignet sich?

Neben der Rückendeckung durch das Topmanagement erfordert die Einführung eines Qualitätsmanagementsystems fachkompetente Mitarbeiter im Unternehmen, die das Vorhaben operativ vorantreiben. Traditionell ist das der Qualitätsmanagement-Beauftragte (oder auch »Qualitätsbeauftragte«). In der Vergangenheit fiel diese Position nicht selten einem Mitarbeiter zu, für den ad hoc eine neue Aufgabe gefunden werden musste. Gerne wurde auch jemand ausgewählt, dem eine besondere Gewissenhaftigkeit (»bürokratische Ader«) nachgesagt wurde. Im schlimmsten Fall fand sich der QM-Beauftragte in der Rolle eines lästigen Mahners, der weder von der Geschäftsleitung noch von seinen Kollegen besonders ernst genommen wurde. Im besten Fall war die Position der Organisationsentwicklung zugeordnet, obwohl konsequentes Qualitätsmanagement die Grenzen dieser Abteilung bei Weitem überschreitet.

Welche QM-Funktionen gibt es?

Beide Verortungen passen nicht zur Schlüsselrolle des (oder der) QM-Verantwortlichen, die der Ablaufplan weiter oben verdeutlicht. Vom »Qualitätsbeauftragten« unterscheidet den »Qualitätsmanager« die umfassendere Ausbildung zu verschiedenen Normen, Qualitätswerkzeugen und Managementprozessen. Weitere Lehrgänge bilden einen Qualitätsmanager zum »Auditor« fort, der selbst Zertifizierungen durchführen kann. Nach diesem Schema (Qualitätsbeauftragter > Qualitätsmanager > Auditor) bieten verschiedene Organisationen wie etwa die Deutsche Gesellschaft für Qualität oder der TÜV Fortbildungen an. QM-Promotoren schließlich sind geeignete und dem Projekt gegenüber aufgeschlossene Mitarbeiter, die an internen Basisschulungen teilnehmen und in ihrer jeweiligen Abteilung Verantwortung für Qualität und zugehörige Prozesse (etwa Dokumentation) übernehmen.

Anzahl der QM-Beauftragten variiert

Wie viele QM-Beauftragte ein Unternehmen braucht und ob sich einer von ihnen zum (zentralen) Qualitätsmanager fortbilden sollte, hängt von der Größe und der Strategie einer Organisation ab, etwa davon, ob man stärker auf externe Berater oder auf interne Kompetenz setzen will. Die ISO 9001 schreibt vor, dass eine Organisation mindestens einen einschlägig qualifizierten Mitarbeiter benennt, der als »Beauftragter der obersten Leitung« operative Verantwortung für den Gesamtprozess trägt.

Wird Qualitätsmanagement als kontinuierlicher Optimierungsprozess verstanden, verliert diese Position auch nach erfolgter Zertifizierung nicht an Bedeutung. Sie sollte als Stabsfunktion direkt der Geschäftsführung zugeordnet sein und deren volle Unterstützung genießen. Eine vertrauensvolle Zusammenarbeit ist hier besonders wichtig. Damit der Qualitätsverantwortliche im Unternehmen erfolgreich Einfluss nehmen kann, darf das Topmanagement keinen Zweifel über diesen Rückhalt von oberster Stelle aufkommen lassen. Idealerweise wird die Amtsautorität des QMB ergänzt durch dessen persönliche Autorität. Es wird ihm leichterfallen, Kollegen zur Mitarbeit in Qualitätsfragen zu motivieren, wenn er …

- das Unternehmen und sein Machtgefüge sehr gut kennt,
- persönliches Ansehen in der Organisation genießt,
- über Einfühlungsvermögen und kommunikatives Geschick verfügt,
- hartnäckig und geduldig ist,
- einen Blick für Details wie für das große Ganze besitzt,
- Erfahrung im Projektmanagement sowie gute organisatorische Fähigkeiten hat und
- Führungsqualitäten besitzt.

Je stärker sich die Qualitätsbeauftragten diesem Idealprofil annähern, umso besser für das Gelingen des Gesamtprozesses.

Das Wichtigste auf einen Blick – STANDARDS & PROZESSE

Standards

- Klare Standards und optimierte Prozesse beugen Ärgernissen und Pannen vor. Damit sind sie unverzichtbar für Servicequalität.
- Ein »Standard« ist ein Sollzustand, ein einheitliches und präzise definiertes Verständnis, wie etwas geregelt sein sollte.
- »Prozesse« beschreiben Bestandteile und Abfolge eines zielorientierten Vorganges.
- Grundidee des Qualitätsmanagements ist die Erfassung, Beschreibung, Dokumentation und fortlaufende Optimierung

aller vereinbarten Standards und relevanten (wiederkehrenden) Prozesse im Unternehmen.

- Qualitätsmanagement ist mehr als die einmalige Befriedigung von Normenstandards und Auditorenansprüchen – Qualitätsmanagement ist ein umfassendes Managementsystem, das eine durchdachte und transparente Unternehmensführung gewährleistet.
- Gängige Kritikpunkte am Qualitätsmanagement in Sachen Service lauten: QM mache Mitarbeiter unflexibel, es verhindere Kreativität und es führe zu unpersönlich-mechanischem Service. Dabei wird übersehen, dass erst eine funktionierende Routine Freiräume für Kreativität und Flexibilität ermöglicht und dass persönliche Zuwendung eine Sache des Naturells ist und nicht eine Frage von Standards.
- Qualitätsmanagement ist geeignet, die im »GAP-Modell« skizzierten Servicelücken zu schließen.
- Die bekannteste und am weitesten verbreitete Qualitätsnorm ist die DIN EN ISO 9001:2008. Auf ihr setzen eine Reihe von branchenspezifischen Normen auf.
- Die systematische Erfassung und Dokumentation von Prozessen kann in eine Zertifizierung münden. Dies ist jedoch nicht zwingend.
- Das Optimierungspotenzial systematischen Qualitätsmanagements entfaltet sich – wie bei jedem Change-Projekt – nur mit voller Rückendeckung des Topmanagements.
- Um Qualität(smanagementprojekte) kontinuierlich voranzutreiben, braucht jedes Unternehmen qualifizierte und direkt an die Leitungsebene berichtende Qualitätsbeauftragte oder Qualitätsmanager, die durch Qualitätspromotoren in einzelnen Abteilungen unterstützt werden.
- QM-Projekte können intern durch einschlägig qualifizierte Mitarbeiter oder mit Unterstützung eines externen Beraters vorangetrieben werden. Eine Zertifizierung muss durch einen externen akkreditierten Auditor erfolgen.
- Ein unternehmensweites QM-Projekt erstreckt sich über zwei bis drei Jahre, der Weg zur Zertifizierung ist je nach Reifegrad des Unternehmens in drei bis sechs Monaten zu erreichen.

- ➲ Alternativ zu einem unternehmensweiten QM-Projekt ist der Einstieg in ein Qualitätsmanagementsystem über abteilungsbezogene Pilotprojekte möglich. Gelungene Pilotprojekte schaffen Akzeptanz für weitere Maßnahmen.
- ➲ Eine Metastudie belegt den wirtschaftlichen Nutzen systematischen Qualitätsmanagements.

»Service Excellence durch klare Standards«

Interview mit Jörg Schiffmann (Steigenberger Business Hotels)

Interview

Welche Rolle spielen klare Standards und Prozessoptimierung für die Servicequalität der Steigenberger Business Hotels?

Jörg Schiffmann: *Standards und Prozesse geben Sicherheit – den Gästen die Sicherheit, dass sie die gewohnte hohe Qualität erwarten können, den Mitarbeitern die Sicherheit, ihre Arbeit erfolgreich tun zu können. Daraus erwächst beim Mitarbeiter Selbstbewusstsein und Freude an der Arbeit, beim Gast hohe Zufriedenheit aufgrund der gleichbleibenden Produkt- und Servicequalität. Dem Gast wird bestätigt, dass er die richtige Wahl getroffen hat, und er kommt gerne wieder.*

Was entgegnen Sie Kritikern, die den »menschlichen Faktor« beim Service betonen und Standardisierung für unflexibel halten?

Jörg Schiffmann: *Das sehe ich anders! Standardisierung bedeutet nicht, den menschlichen Faktor, die eigene Persönlichkeit auszuschalten. Standards sind die Basis, um Servicequalität zu gewährleisten. Persönliches Engagement, Empathie, Freundlichkeit sind unerlässliche i-Tüpfelchen, die Service erst rundherum erfolgreich machen. Jeder soll und darf sich hier entfalten.*

Auf welcher Managementebene werden bei Steigenberger die Entscheidungen über Standards und Prozesse getroffen?

Jörg Schiffmann: *Am Ende des Tages entscheidet der Vorstand. Die Vorarbeit wird allerdings in Arbeitsgruppen in den Hotels geleistet, die zu verschiedenen Themen wie Frontoffice, Housekeeping oder Restaurant-Service gebildet werden. Diese Competence-Center greifen die Ergebnisse von Gästeumfragen auf und erarbeiten Vorschläge, die der Vice President dem Vorstand präsentiert und die der Vorstand freigibt. Wir fragen unsere Gäste regelmäßig nach ihren Wünschen und setzen das in Servicestandards um.*

Interview

Wie schaffen Sie es, dass Prozesse und Standards von allen genutzt und beachtet werden?

Jörg Schiffmann: *Die Standards werden in detaillierte Leistungsverzeichnisse übersetzt, und wir machen Qualitätstrainings vor Ort und On-the-Job-Trainings. Jährliche Audits zeigen uns, ob Hotels die definierten Standards einhalten oder nicht. Sie sind verbunden mit Mitarbeitergesprächen und Weiterbildungsangeboten. Das alles wurzelt in einer qualitätsorientierten Unternehmensphilosophie und im Bemühen, Mitarbeiter abzuholen und zu überzeugen. Wir formulieren klare Erwartungen an unsere Hotels und beteiligen Mitarbeiter an guten Betriebsergebnissen, die aus der Umsetzung solcher Vorgaben resultieren. Dazu nutzen wir Zufriedenheitsanalysen und Rankings, die durch das Internet verfügbar sind.*

Gibt es einen offenen Wettbewerb unter den Hotels? Gleichen Sie Gästezufriedenheit und Umsatz systematisch ab?

Jörg Schiffmann: *Nein, es gibt in dieser Form keinen Wettbewerb, aber aus der Gesamtheit der Rankings ergibt sich die Konzernvorgabe an unsere Häuser. Und es gibt auch keine Kennzahl, die Gästezufriedenheit und Ertrag in Beziehung setzt. Aber wir sehen natürlich, dass Hotels, deren Zahlen besonders gut sind, immer auch eine sehr hohe Kundenzufriedenheit aufweisen. Diese Kundenzufriedenheit geht übrigens Hand in Hand mit der Mitarbeiterzufriedenheit. Wir wurden jetzt zum wiederholten Mal zum »Top Arbeitgeber Deutschland« gewählt. Grundlage dafür sind Mitarbeiterumfragen.*

Interview

Ihr wichtigster Rat an Manager, die Standards und Prozesse in ihrem Verantwortungsbereich definieren und optimieren wollen?

Jörg Schiffmann: *»Standards und Prozesse« sind ein großes Thema, bei dem Sie als Führungskraft Ihre Mitarbeiter begeistern und mitnehmen müssen. Wenn Mitarbeiter sich sicher fühlen, erwächst daraus Stärke und Mut, und daraus wiederum Freude, die sich auf Gäste und Kollegen überträgt. Für die Inhalte gilt: Entscheidend ist immer der Gast, dessen Sichtweise. Ferner sollte man den Blick für das Ganze behalten und regelmäßig prüfen, ob die gesetzten Standards und Prozesse auch eingehalten werden. Nichts ist negativer, als wenn sich nichts bewegt.*

Welche Entwicklungen sehen Sie im Bereich der Gästeanforderungen? Werden die Menschen anspruchsvoller?

Jörg Schiffmann: *Ich denke, die Anforderungen ändern sich, etwa bei der jungen Generation, der sogenannten Generation Y. Da braucht es Servicekonzepte, die deren Geschmack treffen. Ein gelungenes Beispiel in der Systemgastronomie ist Vapiano. Den traditionellen Gast mit klassischen Ansprüchen an ein Hotel oder Restaurant wird es jedoch immer noch geben.*

Die Hotellerie gilt in vielen Branchen (etwa bei Banken und Kliniken) als Musterbeispiel für Serviceorientierung. Von wem könnte die Hotellerie selbst noch lernen?

Jörg Schiffmann: *Ich denke, es lohnt sich immer, erfolgreiche Service-Konzepte anzuschauen, die perfekt auf die jeweilige Zielgruppe abgestimmt sind und diese durch klare Standards und Prozesse begeistern. Mir fällt da zum Beispiel die US-Kette TGI Friday's ein, ein Bar/Restaurant-Konzept, bei dem der gesamte Service in einer bestimmten Weise durchgestylt ist, von der Aufnahme der Bestellung über die Art, wie das Essen serviert wird, bis zur Präsentation der Rechnung. Das ist Standardisierung und Prozessoptimierung pur und überall gleich, egal, ob Sie in Chicago oder London ein Friday's betreten. Die Mitarbeiter haben offensichtlich Spaß daran und reißen die Gäste mit.*

Welches andere Serviceerlebnis hat Sie persönlich zuletzt beeindruckt?

Interview

Jörg Schiffmann: *Mein Patensohn hat mich kürzlich in ein Modegeschäft von Abercrombie & Fitch geführt. Ein einmaliges Serviceerlebnis – vom Eingang, wo Sie von durchtrainierten Mitarbeitern beiderlei Geschlechts in Bademode in Empfang genommen werden, über die stylische Warenpräsentation als dunkles Labyrinth bis zum Verlassen des Ladens alles sehr trendy, beeindruckend und berauschend. Man setzt auf »Sex sells« und hat dafür Standards und Prozesse ganz klar definiert. Ob in Hamburg oder New York, Ihnen wird ein Erlebnis geboten. Ergebnis: Lange Wartezeiten vor dem Eingang und ein Patensohn, der mir erklärt, dort Stammkunde zu sein!*

Jörg Schiffmann ist als Vice President Operations für die operativen Belange der 35 Steigenberger Business Hotels in Deutschland, Österreich, der Schweiz, den Niederlanden und Belgien verantwortlich. Der international erfahrene Manager übernahm 1996 seine erste Hoteldirektion im Country Inn By Carlson in Düsseldorf. Es folgten berufliche Stationen in Brüssel, St. Petersburg und Oslo. Nach leitenden Funktionen bei der Carlson Rezidor Hotel Group wechselte Schiffmann Ende 2012 zu Steigenberger. Die Steigenberger Hotels AG ist eine der führenden Hotelgesellschaften in Europa mit Sitz in Frankfurt am Main.

▶ *www.steigenberger.com*

Schritt 4: Mitarbeitern Service bieten – das Handbuch

»Nur wenn man das kleinste Detail im Griff hat, kann man präzise arbeiten.«

NIKI LAUDA, DREIFACHER FORMEL-1-WELTMEISTER (*1949)

Beispiele

Der gemeinnützige Weiterbildungsträger im Rheinland bietet zu günstigen Preisen Seminare zur beruflichen Weiterbildung: qualifizierte Dozenten, verkehrsgünstige Lage, ansprechendes Tagungshaus – die Qualität ist ohne Zweifel gut. Doch intern wird das Haus immer noch geführt wie das Alternativprojekt einiger Alt-68er, aus dem es einst entstand. Ob und wann Teilnahmelisten an Dozenten verschickt werden, wer sich wann um deren Hotelzimmer kümmert, ob und wann Teilnehmer eine Buchungsbestätigung erhalten, all das ist weitgehend ungeregelt und hängt letztlich davon ab, wer gerade Dienst hat und daran denkt. Es geht viel Zeit verloren, weil Nachfragen beantwortet und Pannen behoben werden müssen. Frustriert kündigen immer wieder Mitarbeiter, obwohl sie sich durchaus mit dem Bildungsauftrag identifizieren. Denn: Gut ist nicht genug! ■

Beispiele

»Das steht alles im Intranet!«, heißt es immer wieder, wenn neue Mitarbeiter bei einem Industrieverband Fragen zu Abläufen, Zuständigkeiten oder auch nur Adresslisten haben. Nur: Wo? Alles ist irgendwo dokumentiert, doch in der organisch gewachsenen Struktur finden sich nur einige alte Hasen zurecht. Alle anderen wurschteln sich irgendwie durch, mit eigenen Merkzetteln und Checklisten, mit Nachfragen und mit guten Beziehungen zu einem der alten Hasen, der im Falle völliger Ratlosigkeit den Pfadfinder im Intranet spielt. Gut, wenn Informationen und Abläufe zentral dokumentiert sind. Doch hier ganz offensichtlich nicht gut genug! ■

»Wie oft muss ich noch sagen …?!!« Haben Sie das auch schon häufiger gedacht oder sich laut bei Ihren Mitarbeitern beschwert? Meistens geht es dabei um banale Details. Bei mir war es der Pilotenkoffer mit Seminarmaterialien, den meine Mitarbeiterinnen für mich packen. Wie oft musste ich noch sagen, welche Kamera, welche Kabel, welcher Laptop und welche Lautsprecher ich für unser Präsentationstraining benötige und dass genügend Eddings darin sein sollten, und zwar solche, die auch schreiben? … dass Moderationskarten aufzufüllen waren? … dass Namensschilder entsprechend der Teilnehmerliste dazugepackt werden sollten? Eigentlich sollte sich all das von selbst verstehen, nur: Wie konnte ich erwarten, dass bei so vielen verschiedenen Seminaren jeder im Kopf hat, was ich benötige? Mein Ärger hatte in dem Moment ein Ende, in dem ich mir eine Viertelstunde Zeit nahm, die »Checkliste Pilotenkoffer für das Präsentationstraining« zu erstellen. Mitarbeiter an Einzelheiten erinnern mag manchmal gut sein. Bei wiederkehrenden Aufgaben ist es nicht gut genug. ■

Nicht jede Dokumentation ist gut und nützlich.

Dieses Kapitel ist nicht zufällig mit »Mitarbeitern Service bieten« überschrieben. Eine erschöpfende Dokumentation von Arbeitsabläufen, Standards und weiteren relevanten Informationen ist für ein Unternehmen nur dann sinnvoll, wenn sie sich im Arbeitsalltag als Hilfestellung bewährt. Labyrinthische Strukturen, die Mitarbeiter zur Selbsthilfe greifen lassen, sind ebenso problematisch wie lückenhafte Lösungen oder solche, die aufgrund ihrer anspruchsvollen Software nur wenigen Eingeweihten zugänglich sind. Eine gute Dokumentation ist eine griffige Gebrauchsanweisung für das Unternehmen, die für alle Mitarbeiter nützlich ist. Worauf Sie dabei achten sollten, lesen Sie in diesem Kapitel.

Eine Gebrauchsanweisung fürs Unternehmen

Grundpfeiler des Unternehmenserfolgs

Bricht man den Erfolg eines Unternehmens auf seine elementaren Bestandteile herunter, so braucht ein Unternehmen erstens ein Angebot, das am Markt gefragt ist. Es braucht zweitens klare strategische Zielsetzungen: Was soll bis wann wie erreicht werden? Und es muss drittens gewährleisten, dass diese Ziele und die sich daraus ergebenden Aufgaben und Prozesse den verantwortlichen Mitarbeitern bekannt sind: Wie ist was zu tun?

Wann ist eine Dokumentation sinnvoll?

Handbücher und Dokumentationen bieten eine Lösung für die dritte Frage – die Frage, wie das operative Geschäft möglichst ohne größere Reibungsverluste zu organisieren ist. Nur in Klein- und Kleinstunternehmen können Arbeitsanweisungen ad hoc und mündlich formuliert werden. Sobald eine Organisation größer wird, die Arbeitsabläufe komplexer und die Adressaten einer Anweisung zahlreicher sind, geht man zu schriftlichen Informationen über. Aktennotizen und Memos werden eingesetzt, um Einzelfälle oder auch allgemeine Verfahrensweisen zu regeln, und die E-Mail hat dabei die Papierinfo in den meisten Unternehmen längst abgelöst. Handbücher und Dokumentationen entspringen der Grundidee, Informationen zentral zu sammeln und dauerhaft zugänglich zu machen: Einzeln versandte Memos und Aktennotizen erreichen nur die Adressaten auf dem jeweiligen Verteiler, neue Mitarbeiter haben das Nachsehen. Überdies ist die Ablage solcher Arbeitsanweisungen nicht gesichert und von der Ordnungsliebe des Einzelnen abhängig. Ganz zu schweigen von der Frage, ob angesichts der täglichen E-Mail-Flut Memos überhaupt noch zuverlässig zur Kenntnis genommen werden.

Ziele eines Handbuchs

Qualitätsnormen wie die DIN EN ISO 9001:2008 fordern daher ein Handbuch, das neben der Qualitätspolitik und den Qualitätszielen eines Unternehmens auch eine systematische Dokumentenlenkung und dokumentierte Verfahren für wesentliche Arbeitsabläufe enthält. Wichtigste Ziele eines QM-Handbuchs sind Klarheit und Transparenz für das gemeinschaftliche Verständnis des Managementsystems. Am Ende stehen Fehlervermeidung und kontinuierliche Verbesserung. Es müssen also nicht sämtliche Vorgänge erfasst werden, sondern nur solche mit Regelungsbedarf, also potenziell fehleranfällige.

Die Dokumentation als Marketinginstrument

Im Verständnis des Qualitätsmanagements sichert eine solche Dokumentation die Umsetzung von Vorgaben, sie ermöglicht kontinuierliche Verbesserungen und sie sorgt für eine juristische Absicherung, etwa im Hinblick auf Hygiene, Umweltrecht oder Arbeitssicherheit. Gleichzeitig lässt sich ein Handbuch als Marketinginstrument gegenüber Kunden und anderen Stakeholdern einsetzen: als Nachweis der Qualitätsansprüche des Unternehmens. In diesem Fall ist es erforderlich, sensible Daten zu tilgen – es gibt dann zwei Handbuchversionen. Bei elektronischen Handbüchern kann der Umgang mit Daten, die nicht nach außen gelangen dürfen, über entsprechende Zugriffsrechte erfolgen.

Die Eingangsbeispiele illustrieren, dass ein Handbuch, das festhält, was wie geregelt ist, unabhängig von Zertifizierungsüberlegungen für jedes Unternehmen sinnvoll ist, um

- Arbeitsabläufe zu standardisieren,
- das Rad nicht immer wieder neu erfinden zu müssen, sondern bewährte Vorgehensweisen festzuhalten,
- eine rasche Auffindbarkeit von Informationen zu gewährleisten,
- zu verhindern, dass Wissen verloren geht (etwa durch die Kündigung eines Mitarbeiters),
- Pannen und Fehler zu minimieren,
- die Einarbeitung neuer Mitarbeiter zu erleichtern,
- Zeit zu sparen, die durch wiederholte Ad-hoc-Informationen verloren geht.

Wie soll dokumentiert werden – und wer darf aktiv mitarbeiten?

Moderne IT-gestützte Umsetzungen eines Unternehmenshandbuchs, ob im Intranet oder Internet, erlauben zudem eine einfache Aktualisierung von Informationen. Während bei einer Papierdokumentation alle Nutzer eine neue Checkliste abheften oder bei einer veränderten Prozessbeschreibung Alt gegen Neu austauschen müssen, kann dies bei einem elektronischen Handbuch zeitgleich für alle, weil zentral, geschehen. Damit wird zugleich die Frage der Dokumentenlenkung aufgeworfen: Wer darf Informationen einstellen und verändern, wer kann sie nur lesen? Wer initiiert und prüft Dokumente? Die ISO 9001 verlangt auch hierzu klare Entscheidungen, die schriftlich dokumentiert werden müssen. Schauen wir uns zunächst die Inhalte und anschließend die verschiedenen Möglichkeiten der Dokumentation an.

Kerninhalte eines Mitarbeiter-Handbuches

Was soll enthalten sein?

Wer zentrale Unternehmensinformationen dokumentieren will, braucht dafür in der Regel folgende Arten von Dokumenten, am besten geordnet nach Abteilungen:

- Allgemeine Informationen (z. B. Leitbild, Qualitätspolitik, Qualitätsziele, Führungsleitlinien, allgemeine Spielregeln im Umgang miteinander);
- Organigramme, die Zuständigkeiten und hierarchische Strukturen im Unternehmen klar abbilden;
- Stellenbeschreibungen mit Über- und Unterstellungen, Kompetenzen und Aufgaben;
- Einarbeitungspläne, die Schritt für Schritt eine rasche Integration neuer Mitarbeiter (neudeutsch: »Onboarding«) gewährleisten;
- Prozessbeschreibungen, die Arbeitsabläufe nachvollziehbar skizzieren; ferner, wo erforderlich und nützlich, noch
- Checklisten (zur raschen Prüfung, ob Anforderungen erfüllt sind oder ein Arbeitsprozess erfolgreich abgeschlossen wurde);

- Fotos oder Skizzen – immer da, wo ein Bild mehr sagt als viele Worte (Beispiel aus dem Restaurantbereich: Wie ist das Frühstücksbuffet aufgebaut?);
- Vorlagen für wiederkehrende Aufgaben (z.B. für Standardbriefe, für den Aufbau von Stellenbeschreibungen oder für den täglichen Wetterbericht, der am Hotelempfang ausliegt);
- Formulare, die die Kommunikation dann beschleunigen, wenn sie lange Erläuterungen durch simples Ankreuzen oder gezielte Abfragen ersetzen (z.B. für die Buchung eines Raums für ein Meeting oder für die Bestellung von Giveaways für Kundenaktionen).

Welche Struktur bewährt sich in der Praxis?

Wer sich zur Erstellung eines umfassenden Handbuchs entschließt, tut gut daran, vorab eine verbindliche, für alle Abteilungen identische und daher leichter nachvollziehbare Grundstruktur zu entwickeln, die vom Allgemeinen zum Besonderen führt. Es bietet sich an, eine solche Struktur zunächst für eine Abteilung auf Praxistauglichkeit zu testen und sie dann auf die übrigen Unternehmensbereiche zu übertragen. Mit ähnlichen Pilotprojekten können Filialunternehmen zunächst für eines ihrer Häuser ein Handbuch entwickeln und anschließend einen bewährten Prototypen für die übrigen Filialen verbindlich vorgeben.

Die Vorteile klarer Zuständigkeiten und Hierarchien

Mir ist durchaus bewusst, dass Vokabeln wie »Organigramm« oder »Stellenbeschreibung« in manchen Ohren altmodisch, wenn nicht gar vorgestrig, klingen. Heute wird gern das hohe Lied der Flexibilität und der kollegialen Zusammenarbeit ohne trennende Hierarchien gesungen. Die Lebenspraxis zeigt jedoch: Wo es keine klar geregelten Hierarchien gibt, stellen sich versteckte ein, häufig begleitet von unschönen Machtkämpfen. Und wo Zuständigkeiten nicht klar sind, herrschen Improvisation und Hickhack. All das hat wenig mit Flexibilität und viel mit Chaos zu tun. Die Unwägbarkeiten in der Wirtschaft von heute bieten noch genügend Herausforderungen, um die eigene Flexibilität unter Beweis zu stellen. Da ist es durchaus entlastend, wenn Routinetätigkeiten tatsächlich Routine sind.

99,9 Prozent Qualität: nicht genug!

Ein anderes Gegenargument lautet, eine solche Dokumentation sei doch eher etwas für erbsenzählende Perfektionisten. Neunzigprozentige Lösungen würden in den meisten Fällen völlig ausreichen. Jeff Dewar hat einmal ausgerechnet, was 99,9 Prozent Qualität für die USA bedeuten würden. Auszüge aus seinen Ergebnissen:

- 16000 verlorene Briefe pro Stunde,
- 20000 falsche Rezeptverschreibungen pro Jahr,
- 22000 fehlerhafte Kontobuchungen pro Stunde,
- 500 falsche Operationen jede Woche,
- 2 unsichere Landungen pro Tag allein auf dem Chicagoer Flughafen O'Hare.[53]

Mit anderen Worten: 90 Prozent (oder sogar 99,9 Prozent) ist in der Tat völlig okay – jedoch nur bis zu dem Augenblick, bis Sie selbst ein Opfer der restlichen Prozente sind.

Das Handbuch – vier Varianten

Nicht nur der Aufbau eines Handbuchs ist wichtig, auch die Wahl des passenden Mediums spielt eine große Rolle. Entscheidend ist dabei, dass alle Mitarbeiter auf einfache Weise Zugang zur Dokumentation haben.

1. Ein Papier-Handbuch

Für wen sich eine ausgedruckte Version eignet

In einem Unternehmen, in dem es kaum Computerarbeitsplätze gibt, kann ein ausgedrucktes Handbuch auf der Basis von Word- oder PDF-Dokumenten nach wie vor sinnvoll sein. Dieses Papier-Handbuch macht alle Informationen entweder an zentraler Stelle oder mehrfach an verschiedenen Arbeitsorten zugänglich. Ich denke hier an Einzelhändler wie die Bäckerei um die Ecke, an Dienstleister wie Friseure oder an Reinigungsunternehmen.

Ein Ordner mit 50 bis 80 Seiten dürfte genügen, um beim Bäcker beispielsweise von den Lieferantenadressen und der Bestellung von Zutaten über den Aufbau der Kuchentheke bis zum Umgang mit Vorbestellungen oder Reklamationen von Kunden alle wesentlichen Informationen erschöpfend zu dokumentieren. Ein Inhaltsverzeichnis ist Pflicht, ein Stichwortverzeichnis zum raschen Auffinden von Informationen wünschenswert. Strebt das Unternehmen eine Zertifizierung an, müssen auch Qualitätsziele und Qualitätspolitik aufgenommen werden. Das folgende Beispiel verdeutlicht die mögliche Struktur eines solchen Handbuchs:

Inhalt 3

Vorwort

Unsere Geschichte 5

Unsere Qualitätspolitik 11

Die Qualitätsziele

Unternehmensgrundsätze 15

Führungsleitlinien

Unsere Kunden 19

Servicegrundsätze
Kundenberatung
Kundenbefragungen
Umgang mit Reklamationen

Mitarbeiter 27

Auswahlkriterien
Mitarbeiter einstellen
Interne Spielregeln

Unsere Abteilungen 35

Das Gesamt-Organigramm

Abteilung 1 42

Abteilungs-Organigramm
Team
Stellenbeschreibungen
Prozesse
Checklisten
Vorlagen
Formulare
Bildinformationen

....

Inhaltsverzeichnis eines Handbuchs (Beispiel)

Eine Person sollte verantwortlich sein.

Aktualisierungen müssen hier einzeln ausgedruckt und ausgetauscht werden. Idealerweise liegt das in der Hand einer Person, die Änderungen entgegennimmt und koordiniert. Im QM-Jargon ist dies der QMB, also der Qualitätsmanagement-Beauftragte. Vor allem in einem dynamischen Umfeld ist der statische Charakter eines Papier-Handbuches von Nachteil (siehe dazu auch das Interview am Ende dieses Kapitels).

2. Windows Explorer mit Word- oder PDF-Dokumenten

Wer Handbuchinformationen elektronisch zugänglich machen will, hat die Wahl, dies über ein einziges zusammenhängendes Word- oder PDF-Dokument zu tun oder über viele Einzeldokumente. Eine Zusammenfassung in einem Dokument ist dann von Nachteil, wenn einzelne Mitarbeiter mit Handbuchausdrucken arbeiten, weil jede Aktualisierung dann einen kompletten Neuausdruck erfordert.

Vorteile und Nachteile von Einzeldokumenten

Auch in diesem Modell gehen viele Ersteller daher dazu über, Checklisten und Vorlagen als Einzeldokumente anzufügen. Vorteil von Einzeldokumenten ist, dass hier eine Organisation über den bekannten Windows Explorer möglich ist. Sofern dafür eine übersichtliche und intuitiv plausible Gliederung gefunden wurde, erleichtert das die Auffindbarkeit von Informationen. Veränderungen (Aktualisierungen) können durch einen Schreibschutz auf einige Personen beschränkt werden. Für eine präzise Dokumentenlenkung, d. h. eine systematisch und nachvollziehbare Erstellung, Prüfung, Genehmigung und Verteilung von Dokumenten, ist diese einfache »Word-Lösung« jedoch eher fehleranfällig, arbeitsaufwendig und begrenzt praktikabel.

Änderungen müssen hier einzeln per E-Mail kommuniziert werden und ob Dokumente zur Kenntnis genommen wurden, lässt sich nicht überprüfen. Ein Vorteil dieser Lösung ist, dass sie wenig zusätzliche Mitarbeiterschulung erfordert.

3. Eine Intranet-Lösung

Eine Möglichkeit: Vision ...

Ein elektronisches Handbuch im Intranet des Unternehmens macht Informationen über Word-, PDF- oder Excel-Dokumente zugänglich. Programme wie Visio (ein Microsoft-Programm zur Visualisierung, das zusätzlich zum Office-Paket erworben werden kann) erlauben u.a. Darstellungsformen wie Flussdiagramme und Prozessdarstellungen. Auch die Dokumentenlenkung ist hier etwas erweitert, da geschützte Bereiche mit Zugangsberechtigung angelegt werden können. Die Prüfung und Freigabe von Dokumenten bleibt jedoch aufwendig, da man auf E-Mail-Kommunikation angewiesen ist. Um organisches Wuchern von Dokumenten zu vermeiden (siehe Eingangsbeispiel), empfiehlt es sich, wenige gewissenhafte Mitarbeiter mit der regelmäßigen Aktualisierung zu beauftragen.

... eine andere: SharePoint

Eine alternative Intranet-Lösung ist SharePoint. Damit stellt Microsoft ein umfangreiches Programm zur Dokumentensteuerung zur Verfügung. Es bietet alle Möglichkeiten, die ein QM-Handbuch braucht, muss allerdings vergleichsweise aufwendig programmiert und an Unternehmensbedürfnisse angepasst werden. Dies setzt eine systematische Vorplanung der Handbuchanforderungen, vertiefte Software-Kenntnisse und entsprechende mehrtägige Schulung voraus. Mehr hierzu lesen Sie im tabellarischen Überblick der verschiedenen Lösungen im nächsten Abschnitt.

4. Ein webbasiertes Handbuch (Internetlösung)

Grenzen von Wikis

Die technisch gesehen einfachste Möglichkeit, Inhalte im Internet für große Gruppen zur Verfügung zu stellen, auszubauen und zu aktualisieren, sind Wikis. Wahrscheinlich kennen Sie die Online-Enzyklopädie Wikipedia, die Artikel nicht nur bereitstellt, sondern es allen Nutzern auch ermöglicht, daran mitzuschreiben und neue Inhalte einzustellen. Dies ist ohne besondere Vorkenntnisse schnell erlernbar. Allerdings sind die formalen Darstellungsmöglichkeiten solcher Wikis begrenzt (etwa, was Prozesse angeht). Als offene Systeme bieten Wikis außer der Versionsverwaltung (d.h. der Archivierung früherer Textversionen) zudem wenige Möglichkeiten der Dokumentensteuerung.

Grundidee von Wikis ist es, vom Wissen vieler zu profitieren und gemeinschaftlich an Inhalten zu arbeiten. Dieser basisdemokratische Geist muss zu Ihrem Unternehmen passen: Es braucht schon eine Kultur mit ausgeprägtem Vertrauen, wenn man darauf setzt, dass jeder Bereich relevante Informationen zuverlässig für alle dokumentiert und auf dem neuesten Stand hält. Wikis können außer im Netz auch in lokalen Netzwerken (also als Intranet) betrieben werden.

Ergebnisse der Qnigge®-Recherche

Während Wikis auf einem klassischen Content-Management-System (CMS) basieren, gibt es eine Reihe von Dokumenten-Managementsystemen, die gezielt auf Unternehmenserfordernisse und Anforderungen des Qualitätsmanagements zugeschnitten sind. Wir haben im Rahmen eines Projektes etwa 50 Applikationen recherchiert und davon zehn in eine engere Betrachtung gezogen. Vier dieser Programme (orgavision®, ConSense, BITqms und WissIntra®) wurden intensiv geprüft. Aufgrund des guten Preis-Leistungs-Verhältnisses haben wir uns am Ende für orgavision® entschieden und dieses Programm im eigenen Unternehmen und bei vielen unserer Kunden erfolgreich eingeführt.

orgavision® ist eine ausgereifte Software (über 50000 User – Stand 2013), die eine systematische Lenkung von Dokumenten mit einer Vielzahl unternehmensrelevanter Darstellungsformen (Organigramme, Flussdiagramme, Abbildungen, Textdokumente) verbindet. Das Programm ist einfach mit Microsoft® Office-Anwendungen zu verzahnen, etwa durch Import und Export von Dateien. Es wurde speziell für Dienstleistungsunternehmen entwickelt und ist vergleichsweise leicht zu erlernen, da auf der Benutzeroberfläche mit vertrauten Elementen gearbeitet wird.

orgavision®: als QM-Instrument geeignet

Darüber hinaus ist die mit orgavision® erstellte Dokumentation so aufgebaut, dass sie automatisch auch als QM-Handbuch zu nutzen ist. Die Forderungen gängiger Qualitätsnormen an die Dokumentenlenkung sind damit erfüllt. Das gilt zum Beispiel für die DIN EN ISO 9001:2008 (QM), die DIN EN ISO 19011:2011-12 (Auditmanagement), DIN EN ISO 14.000 (Umweltmanagement), Green Globe (Nachhaltigkeit), VDR-Zertifizierungen für Hotels und Veranstaltungsstätten (Verband Deutsches Reisemanagement e. V.) und Servicequalität Deutschland (Stufe 3)[54] für Unternehmen, die im Dienstleistungsbereich und Tourismus arbeiten.

Durch die Verlinkung von Dokumenten müssen Änderungen nur einmal durchgeführt werden. Ist beispielsweise ein Abkürzungsverzeichnis im Ordner A aktualisiert worden, wird das bei entsprechender Verlinkung in den Ordnern B, C und D automatisch übernommen. Und schließlich bewährt sich das Programm durch eine ausgeklügelte Suchfunktion als »Unternehmens-Suchmaschine«: Inhalte sind leicht auffindbar, was Notfallstrategien von Mitarbeitern wie das eingangs erwähnte Anlegen persönlicher Dokumentationen verhindert.

Synchronisation der Daten

Eine Demo-Version des Programmes unter *www.orgavision.qnigge.de* zeigt Ihnen Ausschnitte des Programms in Aktion. Dabei wird deutlich, dass orgavision® ein Dokumentationssystem und gleichzeitig ein System ist, das integrierte Managementsysteme und damit komplexe Prozesse abbilden kann. Ein strategischer Mehrwert des Programms besteht darin, dass es Anwender dazu zwingt, Abläufe und Strukturen im Unternehmen zu durchdenken, etwa durch die Kommunikation rund um Änderungen und Freigaben. Ein Internet-basiertes Handbuch hat den weiteren Vorteil, jederzeit über mobile Geräte wie Tablet-Computer oder Laptops greifbar zu sein. Je mehr Mitarbeiter auf Reisen sind oder extern arbeiten, desto interessanter ist dies für ein Unternehmen.

Die Qual der Wahl – welches System?

Was bei der Auswahl eine Rolle spielt

Um Ihnen die Entscheidung für eine bestimmte Form der Dokumentation leichter zu machen, finden Sie hier eine tabellarische Übersicht mit den jeweiligen Vor- und Nachteilen. Die Aufstellung erhebt keinen Anspruch auf Vollständigkeit. Wer sich im Internet umsieht, der wird viele Programme finden, mit denen Strukturen und/oder Prozesse dokumentiert und visualisiert werden können. Unter Suchworten wie »Dokumentationssoftware« oder »QM Softwarelösung« werden Sie auf weitere Angebote stoßen. Speziell im produzierenden Gewerbe gibt es Profisoftware, die weit mehr kann als die vier von uns intensiver untersuchten Systeme. Dafür allerdings sind Kosten und Schulungsaufwand erheblich und für kleine und mittlere Dienstleistungsunternehmen in der Regel zu hoch.

Wikis (Content-Management-Systeme)	
Vorteile	**Nachteile**
■ Jeder kann einen Beitrag einstellen. ■ Die semantische Verknüpfung von Inhalten ist möglich. ■ Strukturen können betriebsbezogen variabel gestaltet werden. ■ Versionenverwaltung macht eingestellte Inhalte und Änderungen nachvollziehbar. ■ Können webbasiert oder auf eigenen Rechnern betrieben (als Intranet- oder Internetversion) werden.	■ Investment für Softwarelizenzen erforderlich. ■ Keine Kommunikation von Einträgen. ■ Keine Freigabe und keine Prüfungsprozesse für die Dokumentenlenkung. ■ Flussdiagramme nur begrenzt möglich – vorzugsweise sind Texte möglich. ■ Keine rollenbasierte Rechteverwaltung. ■ Keine Steuerung und Dokumentation von Kenntnisnahmen. ■ Keine Volltextsuche für in Dateiform abgelegte Dokumente.

Visio (Visualisierungssoftware)	
Vorteile	**Nachteile**
■ Flussdiagramme können sehr variabel erstellt werden. ■ Das Programm ist mit geringem Schulungsaufwand fast intuitiv und durch Versuch/Irrtum erlernbar. ■ Die Einbindung der Fließbilder in Worddokumente ist möglich.	■ Lizenzkosten (Software-Kauf) für jeden User/Rechner. ■ Nur für Flussdiagramme, Prozessübersichten und Organigramme geeignet, ansonsten keine weiteren Funktionalitäten (keine Dokumentenlenkung, Prüfung und Freigabeprozesse, keine Rückverfolgbarkeit, kein Vergleich von Versionen und vieles mehr).

Windows Explorer (Microsoft® Office)	
Vorteile	**Nachteile**
■ Kaum zusätzliche Investition erforderlich. ■ Jeder kann jede Art von Dokumenten einstellen (allerdings auch löschen). ■ Semantische Verknüpfung von Inhalten ist über Hyperlinks möglich (wenn man es kann). ■ Strukturen können betriebsbezogen variabel gestaltet werden. ■ Es braucht in der Regel keine extra Softwareschulung.	Ähnlich wie bei Wikis: ■ Keine Kommunikation von Einträgen. ■ Keine Freigabe und keine Prüfungsprozesse für die Dokumentenlenkung. ■ Keine Flussdiagramme – es sind nur Texte möglich (es sei denn, Visio wird hinzugekauft). ■ Keine rollenbasierte Rechteverwaltung. ■ Keine Steuerung und Dokumentation von Kenntnisnahmen.

SharePoint (Microsoft-Kollaborationsplattform mit Dokumenten-Management-System)	
Vorteile	**Nachteile**
■ Mit SharePoint ist alles abbildbar, was man sich von einer QM-Software wünscht. ■ Einfache Einbindung von Word-, Excel- sowie PDF-Dokumenten. ■ Gewohnte Umgebung, angelehnt an aus dem Internet vertraute Muster. ■ Sehr gute Einbindung ins Intranet möglich. ■ Zugriff von verschiedenen Standorten über das Internet ist möglich. ■ Die Basisversion steht als kostenfreie Lizenz zur Verfügung.	■ Einmaliges Investment für Lizenzen erforderlich, wenn die Basisversion nicht mehr ausreicht. ■ Man braucht mindestens einen Experten, der in der Lage ist, die quasi unbegrenzten Möglichkeiten von SharePoint so zuzuschneiden, dass daraus eine brauchbare »QM-Software« wird (Schulungsaufwand ca. 3 Tage und mehr). ■ Neben dem SharePoint-Experten braucht man einen kompetenten Stellvertreter, um für dessen Abwesenheit gerüstet zu sein. ➡

■ Das System kann optisch komplett der CI des Unternehmens angepasst werden. ■ Ein System als Plattform für QM, Zusammenarbeit, Kommunikation usw., d. h. ein integriertes Managementsystem, keine Parallelwelten. ■ Zukunftssicher, da nicht mit proprietären Dateisystemen, sondern Standarddateien gearbeitet wird. ■ Volltextsuche und Social-Media-Funktionen (wie z. B. Dokumentbewertungen) sind möglich. ■ Volle Funktion eines DMS (Dokumenten-Management-Systems) steht zur Verfügung.	■ Auch wenn das Know-how im Unternehmen vorhanden ist, erfordert es vergleichsweise viel Gedanken- und Programmieraufwand, bis ein System steht. ■ Ist eine perfekte Lösung entwickelt, bedarf es eines zusätzlichen Aufwandes, um ein Handbuch zu schreiben, damit die Programmierung für Nachfolger nachvollziehbar bleibt. ■ Bei Standardlösungen (wie z. B. orgavision®) bietet der jeweilige Anbieter in der Regel auch Support an. Eine Eigenentwicklung in SharePoint erfordert dagegen interne Strukturen für Support und Wartung.

orgavision® (QM-Software mit integrierter Handbuchfunktion)	
Vorteile	**Nachteile**
■ orgavision® vereint die Vorzüge von Dokumenten-Management-Systemen, Visualisierungssoftware, CAQ-Software* und Content-Management-Systemen. ■ Visualisierung von Prozessen und Strukturen ist in Texten und Flussdiagrammen möglich, inkl. dynamischer Organigramme mit Namen und Rollenverknüpfungen (»Max Mustermann, Verkäufer«). * CAQ steht für Computer-Aided-Quality, d. h. für rechnergestützte Qualitätssicherungssysteme als Element des Qualitätsmanagements.	■ Ein regelmäßiges Investment auf Lizenzbasis ist erforderlich. ■ Eine Schulung von mindestens einem Tag sollte einkalkuliert werden, wobei der IT-affine Nutzer sich das Programm auch selbst beibringen kann, zumal es ein sehr umfangreiches und gut lesbares Handbuch gibt. ■ Der Auditmanager ist sehr komplex, weil er alle Forderungen eines normgerechten Auditmanagements abbildet. ➡

- Dokumente aus Microsoft® Office (Word, PDF, Excel) können problemlos importiert werden, umgekehrt können orgavision®-Inhalte in PDFs umgewandelt werden.
- Semantische Verknüpfungen aller Inhalte sind möglich.
- Eine Suchfunktion macht das Handbuch zur praktischen »Unternehmens-Suchmaschine«.
- Freigabe-Workflow mit allen Anforderungen, die nach DIN EN ISO 9001:2008 an die Dokumentenlenkung gestellt werden. Wer mit orgavision® arbeitet, verhält sich automatisch »normkonform«.
- Versionenverwaltung und Archivierung mit Vergleichsmöglichkeiten von Versionen ist möglich.
- Rollenbasierte Rechteverwaltung
- Es gibt spezifische Funktionen, um Handbücher zu erstellen.
- orgavision® ist eine webbasierte Lösung. Es braucht nur einen gängigen Internet-Browser (Internet Explorer, Firefox, Chrome). Damit ist auch kein weiterer Support vonseiten einer internen IT-Abteilung erforderlich.
- Systematische Steuerung und Dokumentation von Kenntnisnahmen (wer hat das Dokument bereits wahrgenommen?).
- Audit- und Maßnahmenmanager kann zugeschaltet werden (ebenfalls normkonform in allen Funktionen).

■ Es ist möglich, mit einer 3-Nutzer-Lizenz kostengünstig zu starten und das System nach und nach für weitere Mitarbeiter zu öffnen. ■ Mit der Lizenz erwirbt man automatische Updates des Programms, in die Erfahrungen und Wünsche von derzeit über 50 000 Nutzern einfließen.	

Die Trägheit der Masse – wie Mitarbeiter mitmachen

Wichtig: gute technische Voraussetzungen

Die meisten Menschen mögen Veränderungen nicht besonders. Wäre das anders, würden wir nicht seit Jahrzehnten über Change-Management diskutieren. Doch die beste Dokumentation nützt wenig, wenn Sie von den Mitarbeitern nicht angenommen wird. Die sachlichen Voraussetzungen dafür, dass sich ein Handbuch als praktisches Arbeitsinstrument im Unternehmen durchsetzt, sind schnell genannt. Wichtig für die in der Mehrzahl der Unternehmen sinnvollen elektronischen Handbücher ist Folgendes:

- eine logische und einfache Gesamtstruktur,
- ein nutzerorientierter (nicht IT-getriebener!) Aufbau,
- eine funktionierende Suchfunktion, die sich als »Unternehmens-Suchmaschine« eignet und raschen Zugriff auf gesuchte Informationen garantiert,
- eine aktuelle technische Lösung, die die Verfügbarkeit auf mobilen Geräten wie Tablet-Computern oder Smartphone einschließt und einen unkomplizierten Austausch von Dokumenten mit der benutzten Standardsoftware, in der Regel also Microsoft® Office, erlaubt.

Die Vorteile des Handbuchs deutlich machen

Entscheidender als solche technischen Kriterien sind jedoch die weichen Faktoren bei der Einführung eines Handbuchs. So kommt es darauf an, die Mitarbeiter von vornherein einzubinden.

Es bringe nichts, der Belegschaft ein System »überzustülpen«, sagt Sven Flecke im Interview am Ende dieses Kapitels und regt einen Start-Workshop an, in dem alle Betroffenen und nicht nur die Abteilungsleiter gleich zu Beginn über das Handbuch-Projekt informiert werden. Idealerweise kommt dabei die Botschaft an, dass hier ein Instrument entsteht, das nach der Aufbauphase die Arbeit erleichtert und Zeit spart.

Zuständigkeiten klar regeln

Die alte pädagogische Erkenntnis, dass es am besten ist, aus Betroffenen Beteiligte zu machen, wenn man seine Ziele erreichen will, bedeutet überdies: Wenn die Mitarbeiter ihr Know-how in die Dokumentation einbringen können, steigen die Chancen, dass sie auch damit arbeiten. Dazu müssen die Zugriffsrechte und die Frage, wer Dokumente einstellen, wer sie prüfen, ändern und genehmigen kann, von Anfang an wohlüberlegt geregelt sein. Anregungen und Kritik der übrigen Nutzer des Handbuches sollten ebenfalls ernst genommen werden.

Das Handbuch als zentrale Quelle für *alle* etablieren

Auf die Vorbildfunktion des Managements wurde bereits mehrfach hingewiesen. Sie gilt auch hier. Konkret bedeutet das: Nur wenn Führungskräfte das Handbuch selbst nutzen, werden sich ihre Mitarbeiter auf Dauer anschließen. Und nur wenn Vorgesetzte ihre Mitarbeiter durch das Blockieren von Nebengleisen zum Gebrauch des Handbuches »erziehen«, werden auch Skeptiker sich an dieses Instrument gewöhnen. Im Handbuch abgelegte Informationen sollten daher nur dort zu finden sein und nicht in weiteren elektronischen Verzeichnissen oder Papprodnern – Konkurrenzsysteme müssen eliminiert werden. Fragen nach Abläufen oder Daten, die im Handbuch zu finden sind, sollten konsequent mit dem Hinweis auf das Handbuch beantwortet werden und nicht mit Ad-hoc-Erklärungen. Auf diese Weise entlastet das Handbuch Führungskräfte und stärkt die Eigenverantwortung von Mitarbeitern. Dazu gehört auch, dass neue Prozesse oder Informationen zeitnah ins Handbuch eingepflegt und nicht lange anderswo zwischengeparkt werden. Hat sich als zentrale Botschaft erst einmal herumgesprochen, »alles, was du wissen musst, findest du im Handbuch«, wird seine Nutzung zur Selbstverständlichkeit.

In der Entwicklungs- und Einführungsphase kostet ein solches Handbuch natürlich erst einmal Zeit und Geld. Jedes Unternehmen muss für sich entscheiden, ob es beides investieren will. Manche finden den Aufwand zu hoch. Dabei wird gern übersehen, dass dieser Aufwand bei unklaren Prozessen und fehlenden Vorgaben nicht einfach verschwindet, sondern sich nur verlagert, und zwar in das oft kostspielige(re) nachträgliche Beheben von Fehlern und Missverständnissen. Das heißt auch hier: Gut ist nicht genug!

Das Wichtigste auf einen Blick – HANDBUCH

Handbuch

- Ein gutes Handbuch ist eine Gebrauchsanweisung für das Unternehmen: Es erschließt übersichtlich, wie wiederkehrende Abläufe im Unternehmen gehandhabt werden.
- Eine funktionierende Dokumentation entlastet Führungskräfte und ermöglicht Mitarbeitern mehr eigenverantwortliches und selbstständiges Arbeiten. Sie verhindert, dass Wissen verloren geht, setzt Standards, verringert Fehler und erleichtert die Einarbeitung neuer Mitarbeiter.
- Qualitätsnormen wie die DIN EN ISO 9001:2008 fordern eine gewisse Dokumentationstiefe.
- Kerninhalte eines Handbuches sind allgemeine Informationen (z. B. Leitbild, Qualitätspolitik), Organigramme, Einarbeitungspläne, Prozessbeschreibungen, Checklisten, Vorlagen für wiederkehrende Aufgaben, Formulare zum Ausfüllen und, wenn nützlich, auch Fotos oder Skizzen.
- Grundsätzlich ist ein Handbuch in Papierform, als Dokumentensammlung in Microsoft® Office (über den Explorer organisiert), als Intranet-Lösung (z. B. mit SharePoint) oder als webbasiertes Internethandbuch (als Wiki oder mit Programmen wie orgavision®) möglich.
- Für die meisten Unternehmen sind elektronische Handbücher (Intra- oder Internet) die zeitgemäße Lösung, da Papierdokumente statisch und unflexibel sind.

- Jede Dokumentationssoftware hat Vor- wie Nachteile. Entscheidungskriterien können sein: Komplexität und Schulungsaufwand, Klarheit der Dokumentenlenkung, Ableitbarkeit eines Handbuches, gute Suchfunktion (Eignung als »Unternehmens-Suchmaschine«) sowie die Konformität mit Qualitätsnormen (wie ISO 9001). orgavision® ist unter all diesen Gesichtspunkten ein empfehlenswertes System.
- Jedes Handbuch ist nur so gut wie seine Nutzung. Ratsam ist, Mitarbeiter von Anfang an einzubinden, Konkurrenzsysteme konsequent zu entfernen sowie bei einschlägigen Fragen systematisch auf das Handbuch zu verweisen.
- Führungskräften kommt bei der Nutzung des Handbuchs eine wichtige Vorbildfunktion zu: Nur wenn sie konsequent damit arbeiten, werden das auch ihre Mitarbeiter tun.

Handbuch

»orgavision® im Unternehmen mit 150 Mitarbeitern«

Interview mit Sven Flecke (Direktor des Hotels Bergström) und Ulf Reinhardt (Geschäftsführer)

Interview

Wie lange arbeiten Sie bereits mit orgavision® und warum haben Sie sich für ein Dokumentationssystem entschieden?

Sven Flecke: *orgavision® ist bei uns seit zweieinhalb Jahren im Einsatz. Wir haben am Hotelempfang damit begonnen. Nach drei bis vier Monaten stand das Grundgerüst, das wir dann rasch in andere Bereiche übertragen haben.*

Ulf Reinhardt: *Auslöser für die Einführung war die Dynamik des Unternehmens. In den letzten Jahren hat sich bei uns viel geändert, und wir haben ständig über Prozesse gesprochen. Dabei tauchte immer wieder die Frage auf: »Wie war da noch mal der aktuelle Stand?« Wie aber sollen Mitarbeiter die neuen Prozesse beherrschen, wenn wir selbst* *teilweise nicht mehr wissen, was wir festgelegt haben? Über E-Mail funktioniert diese Kommunikation nicht – zumindest die Kernprozesse müssen dokumentiert werden.*

Sie hatten zuvor bereits eine Mitarbeiterdokumentation als PDF angelegt. Warum dennoch ein computerbasiertes System?

Ulf Reinhardt: *Als Einstiegshandbuch und für allgemeine Informationen wie etwa Leitbild und Vision ist ein PDF schön, und unsere Mitarbeiter haben auch begeistert an der Erstellung mitgearbeitet. Sich wandelnde Prozesse und auch Schnittstellenproblematiken sind damit aber nicht darstellbar.*

Sven Flecke: *Eine PDF-Dokumentation hat den Nachteil, dass sie nicht »lebt«. Und ein Prozess, der heute richtig ist, kann morgen schon überholt sein. Beim PDF weiß niemand, ob noch aktuell ist, was er da gerade liest.*

Welche Bilanz ziehen Sie nach zwei Jahren? Zahlt sich die Investition in orgavision® aus?

Sven Flecke: *Das ist nicht leicht zu beantworten. Ein großer Vorteil ist, dass Informationen, Prozesse, Anweisungen jetzt gebündelt an einem Ort stehen. Es herrscht keine Unklarheit mehr, was wozu beschlossen wurde. Für Mitarbeiter mit Computerarbeitsplätzen ist es heute selbstverständlich, in der Dokumentation nachzusehen. Mitarbeiter ohne eigenen PC handhaben das unterschiedlich, auch wenn ihnen ein allgemeiner Zugang zur Verfügung steht. Entscheidend für den Erfolg ist ein starkes Management, das für Qualität steht und die Disziplin hat, Informationen nur noch über orgavision® weiterzugeben. Außerdem muss ein Verständnis dafür da sein, dass das System nicht Zeitverschwendung ist, sondern im Gegenteil: dass es Zeit spart. Auf jeden Fall wachsen wir seit Jahren stetig, sowohl bei den Gebäuden als auch bei den Mitarbeitern, und auch unsere Gästekritiken werden konstant besser. Ich behaupte: Dazu hat auch orgavision® beigetragen, auch wenn das schwer messbar ist.*

Interview

Welche – im Nachhinein vielleicht überraschenden – Hindernisse bei der Einführung gab es?

Ulf Reinhardt: *Die eigentliche Herausforderung liegt zum einen in der Verdeutlichung des Nutzens, zum anderen darin, bei den Mitarbeitern den Willen zur Transparenz und zur Weitergabe von Informationen zu wecken. Durch eine saubere Dokumentation macht man sich überprüfbar und damit hinterfragbar. Dagegen sträuben sich manchmal auch gute Abteilungsleiter, die sich fragen: »Warum soll ich mich angreifbar machen?« Auch die Einstellung eines jeden zu Informationen muss sich ändern. Informationen sind Holschulden, wenn sie zentral auffindbar sind. Die Entschuldigung »Wusste ich nicht« gilt nicht mehr. Natürlich ist das eine Gratwanderung und nicht von heute auf morgen einzufordern. Trotzdem muss man grundsätzlich klarstellen: Für gewisse Informationen ist orgavision® das Tool, nicht mehr die Festplatte der Abteilung oder des Einzelnen.*

Sven Flecke: *Im Nachhinein haben wir bei der Einführung von orgavision® einen entscheidenden Fehler gemacht. Wir wollten das System nicht überstülpen, sondern gemeinsam entwickeln und insbesondere die Abteilungsleiter damit »infizieren«. Wo dies gelungen ist, wurden auch die Mitarbeiter ins Boot geholt, weil vermittelt wurde, dass es sich um ein klasse Werkzeug handelt. Wenn ein Abteilungsleiter das System jedoch eher ablehnt, erfahren die Mitarbeiter in der Regel nichts darüber. Wir hätten bei der Einführung also noch tiefer ansetzen und die einzelnen Mitarbeiter von vornherein mitnehmen sollen. Die Dokumentation muss von unten wachsen. Man sollte sich Gedanken darüber machen, in welcher Form man die Teams infiziert. Dazu wäre beispielsweise eine gemeinsame Startveranstaltung sinnvoll.*

Wie steht es mit der Einarbeitung der Mitarbeiter?

Ulf Reinhardt: *Eine Software wie orgavision® stellt heute kein technisches Problem mehr dar, es braucht für die bloße Nutzung keine einführenden Schulungen. Heute gehört es zum Selbstverständnis der Mitarbeiter, sich mit solchen Programmen vertraut zu machen, und falls man allein nicht weiterkommt, jemanden zu fragen. Die Technik ist nicht der Engpass.*

Sven Flecke: *Viel wichtiger ist die Identifikation mit dem Instrument. Ein großer Vorteil des Systems ist ja, dass es Sicherheit gibt. Jeder Nutzer weiß, in diesem Unternehmen gilt dieses oder jenes, und wenn in der Dokumentation nichts anderes steht, gilt auch nichts anderes. Darauf kann ich mich verlassen. Ich würde mir daher wünschen, dass für alle Mitarbeiter beim Auffinden von Informationen ganz automatisch der Griff zur Dokumentation geht.*

Eignet sich orgavision® als Führungsinstrument?

Sven Flecke: *orgavision® ist ein riesiges Instrument. Man darf aber nicht den Gedankenfehler begehen, daraus zu schließen, man könne damit das gesamte Unternehmen quasi auf Knopfdruck führen. Es ist ein Instrument unter mehreren, mit dem man führen kann, wenn die Prozesse eingestellt sind und die Verbindlichkeit da ist. Führung braucht aber auch die direkte Kommunikation, braucht Persönlichkeit.*

Ulf Reinhardt: *Man muss sich im Unternehmen klar darüber sein, wie welche Information am sinnvollsten zu kommunizieren ist. Ich habe mein E-Mail-Aufkommen halbiert, indem ich Ping-Pong-Effekte, bei denen Mails mehrfach hin- und hergehen, abgestellt habe und solche Fragen gleich direkt am Telefon kläre. Auch orgavision® ist als tägliches Kommunikationsinstrument ungeeignet.** Um ein Beispiel zu nennen: Wir dokumentieren darin, wo wir im letzten halben Jahr die Teppiche ausgetauscht haben. Die Kommunikation über den einzelnen Austausch führen wir aber direkt und nicht in orgavision®.*

Was würden Sie Unternehmen raten, die über eine systematische Dokumentation ihrer Prozesse nachdenken?

Sven Flecke: *Erstens ist es gut, sich vorher zu überlegen, wie man das gesamte Team infiziert, also die ganze Mannschaft mitnimmt. Zweitens sollte man klären, wie weit man bei der Dokumentation in die Tiefe gehen will. Man sollte nicht bis ins Tausendstel gehen, etwa beim Ser-*

---

* Das Programm wird 2014 um moderne Social-Media-Funktionen für die tägliche Kommunikation erweitert.

vice im Restaurant jeden Bestellvorgang erfassen, mit Weinbestellung, ohne Weinbestellung usw. Service lebt von Persönlichkeit. Drittens muss man vorab Entscheidungen fällen: Wer soll dort aktiv dokumentieren können? Welche Freiheiten gebe ich den Mitarbeitern? Wie stark will ich das reglementieren? Auch wenn orgavision® (noch) kein soziales Medium ist wie Facebook, in dem sich jeder äußern kann, wie er will, muss die Botschaft an die Mitarbeiter sein: »Euer Know-how, wie dieses Unternehmen zu führen ist, ist wichtig – ihr könnt das mit Leben füllen.«

Ulf Reinhardt: *Wichtig ist daneben, welchen Anspruch man an die Einführung der Dokumentation hat. Wenn vorher im Unternehmen kein Qualitätsanspruch und kein Anspruch an die Führungskommunikation besteht, kann orgavision® nur ins Auge gehen. Das ist kein Tool, mit dem man die Qualität von »4« auf »2« heben kann, sondern eher eines, das ein Unternehmen von »2« auf »1« hebt.*

Sven Flecke: *Das sehe ich genauso. Nicht vorhandene eigene Qualität kann man nicht durch die Qualität des Programms ersetzen.*

Ein schönes Fazit! Zum Schluss eine Frage, die wir allen unseren Gesprächspartnern stellen: Welches Serviceerlebnis hat Sie persönlich zuletzt beeindruckt?

Sven Flecke: *Die Servicegeschichte meines Lebens liegt schon ein paar Jahre zurück. Ich hatte bei einem großen, bekannten Unternehmen eine Brille erstanden, die mir nach drei, vier Monaten zerbrochen war. Ich wollte sie beim Optiker ersetzen. »Die Fassung gibt es nicht mehr, da müssen Sie sich eine neue aussuchen«, war die lapidare Antwort. Das hat mich so geärgert, dass ich das Geschäft verlassen habe und zu einem ganz kleinen Optiker gegangen bin. Die Inhaberin dort sagte: »Ich schau mal, was ich für Sie tun kann. Ich muss ein bisschen telefonieren.« Zwei Tage später rief sie mich an: »Diese Fassung gibt es tatsächlich nicht mehr, Herr Flecke. Aber ich konnte noch zehn auftreiben, und die würde ich mir ins Lager legen, wenn Ihnen die Brille so gut gefällt. Ich würde Ihnen natürlich nur eine berechnen. Und wenn Sie wieder eine brauchen, bekommen Sie die nächste.« Ich habe dann die Brille abgeholt, und als ich zahlen wollte, sagte die*

Optikerin: »Die brauchen Sie nicht zu bezahlen. Das habe ich noch über die Gewährleistung hinbekommen.« Ein Jahr später, in dem ich nichts mit der Optikerin zu tun hatte, brauchte ich tatsächlich wieder eine Brille. Ich betrete den Laden; die Optikerin schmunzelt und sagt: »Schönen guten Tag, Herr Flecke. Haben Sie Ihre Brille schon wieder kaputt gemacht?!« Seitdem kaufe ich alle meine Brillen nur noch dort.

Ulf Reinhardt: *Ein solches Serviceerlebnis ist natürlich nicht zu toppen. Zuletzt positiv gestimmt hat mich eine Erfahrung mit einer Branche, bei der die Serviceerwartung im Allgemeinen nicht hoch ist – die Kfz-Branche. Wir bekamen einen Anruf unserer Werkstatt zur ersten Inspektion und TÜV-Abnahme unseres Neuwagens. Als wir den Wagen dann wieder zu Hause hatten, schoss mir durch den Kopf: »Das kann doch eigentlich nicht sein. Service bei Neufahrzeugen ist doch erst nach drei Jahren!« Seit dem Kauf waren aber erst zwei Jahre vergangen. Meine Frau hat dann in der Werkstatt angerufen, und es stellte sich heraus, dass dem Autohaus tatsächlich ein Fehler unterlaufen war und man uns irrtümlich zu früh benachrichtigt hatte. Meine Erwartung war, dass hier – anders als etwa in der Hotelbranche – nichts weiter passieren würde. Umso überraschter war ich, als ich auf der Rechnung eine deutliche Entschuldigung las (»Wir bitten, das Versehen zu entschuldigen«) und den Hinweis: »Wir haben Ihnen daher das Motoröl für den durchgeführten Ölwechsel nicht berechnet.«*

Sven Flecke [links] ist Direktor des Privathotels Bergström in Lüneburg, **Ulf Reinhardt** ist der dortige Geschäftsführer. Das Hotel, ein Ensemble aus jahrhundertealten Wassermühlen, Wassertürmen und Speicher, liegt im Herzen von Lüneburg und umfasst neben 125 Zimmern ein Café, ein italienisches Tages-Bistro und das Restaurant »Lüner Mühle«. Ulf Reinhardt ist Hotel- und Diplomkaufmann und seit 15 Jahren Geschäftsführer verschiedener mittelständischer Hotels und Dienstleistungsgesellschaften. Sven Flecke ist gelernter Restaurantfachmann und seit 20 Jahren in privat geführter Hotellerie tätig. ▶ *www.bergstroem.de*

Schritt 5: Feedback geben & einholen

»Um uns zu vervollkommnen, brauchen wir entweder aufrichtige Freunde oder hartnäckige Feinde. Sie öffnen uns die Augen für unsere guten und schlechten Handlungen – die einen durch Erfahrungen, die anderen durch ihren Tadel.«

DIOGENES, PHILOSOPH (CA. 405 – 320 V. CHR.)

Beispiele

An der Rezeption eines Viersternehotels, das zu einer bekannten Hotelkette gehört: *»War alles zu Ihrer Zufriedenheit?«*, will der junge Mitarbeiter vom Gast wissen. Der antwortet: *»Ja, nur das Bett war zu weich.«* Darauf blickt der Rezeptionist kurz auf und entgegnet stirnrunzelnd: *»Na, das ist ja wohl ein Luxusproblem!«* Gut, wenn ein Dienstleister routinemäßig Feedback vom Kunden einholt und so wertvolle Anregungen zur Serviceverbesserung erhält. Fraglich, ob die geschlossene Frage nach der Zufriedenheit dazu ideal ist. Und vollends kontraproduktiv ist es, wenn der Gast wie in diesem Fall das Hotel mit dem Gefühl verlässt, dass man seine Anliegen ohnehin nicht ernst nimmt. Offenbar ist das Personal hier nur darin geschult, die Frage zu stellen – und nicht darin, im nächsten Schritt mit Gästehinweisen angemessen umzugehen. Gut ist nicht genug! ■

Beispiele

»Wir müssen ja noch die Mitarbeitergespräche führen. Ich komme in den nächsten zwei Wochen auf Sie zu!« Für den Teamleiter in der mittelständischen PR-Agentur haben die Jahresgespräche erkennbar keine Priorität. Gern quetscht er sie zwischen zwei andere Termine, wenn sein voller Schreibtisch es gerade zulässt. Die Mitarbeiter sind froh, wenn sie dieses »Gespräch auf Abruf« endlich hinter sich gebracht haben. Gut, wenn Führungskraft und Mitarbeiter sich abseits des Tagesgeschäfts austauschen. Doch auf diese Weise sicher nicht gut genug! ■

Wer sich bei der Post um die Ecke beschwert, etwa weil er eine geschlagene halbe Stunde warten musste, um ein Einschreiben aufzugeben, wird vom Schaltermitarbeiter auf eine eigene Service-Hotline verwiesen: *»Da müssen Sie dort anrufen. Wir können da gar nix machen.«* Wer sich die Mühe macht, ist zunächst angenehm überrascht: Die Callcenter-Mitarbeiterin hört aufmerksam zu und drückt ihr Bedauern aus. Dann passiert sechs Wochen lang nichts – bis der Kunde einen Standardbrief im Briefkasten findet, der mit seiner Beschwerde rein gar nichts zu tun hat, sondern das Bemühen um guten Service schildert. Gut ist nicht genug! ■

Feedback als Steuerungsinstrument

Was dem antiken Philosophen Diogenes schon vor über zwei Jahrtausenden bewusst war, wird bis heute nicht immer beherzigt: Feedback ist ein wichtiges Steuerungsinstrument, auch und gerade, wenn es um Servicequalität geht. Dabei ist ein konstruktiver Umgang mit Kundenfeedback im Zeitalter der Social Media wichtiger denn je, denn wer bei seinem Dienstleister kein Gehör findet, wendet sich immer häufiger an eine breite Öffentlichkeit im Netz.

Kundenfeedback in Zeiten von Social Media

Legendär ist die PowerPoint-Präsentation zweier US-Berater, deren garantierte Hotelreservierung nicht eingehalten wurde und die sich über die gleichgültige Reaktion des Hotelangestellten auf ihr Problem, nachts um zwei Uhr ohne Hotelzimmer dazustehen, enorm ärgerten. Ihre witzig-polemische Reaktion »Yours is a very bad hotel!« wurde allein bei Slide Share über 30 000-mal angeklickt.[55] Wie viele Tausend Leser der Bitte folgten, die Präsentation privat weiterzuleiten, darüber lässt sich nur spekulieren. Blogs, Bücher und Printmedien griffen die Beschwerde auf, die auch noch nach über zehn Jahren leicht im Netz zu finden ist und gleich unter der Hotelseite erscheint, wenn man das betreffende Haus googelt. Das Netz vergisst nichts. Doch qualitätsbewusste Dienstleister müssen nicht nur wissen, was ihre Kunden wollen und nicht wollen. Eine funktionierende Feedback-Kultur im Unternehmen ist ebenso Voraussetzung dafür, gemeinsam besser zu werden. Mehr dazu lesen Sie in diesem Kapitel.

Wissen Sie, was Ihre Kunden wollen?

Der Kunde: das unbekannte Wesen?

Kennen Sie die Geschichte von dem Ehepaar, das viele Jahre lang morgens einträchtig die Frühstückssemmel teilt – er isst immer die untere, sie die obere Hälfte? Kurz vor der Silberhochzeit fasst sie sich ein Herz und gesteht ihm: Eigentlich sei ihr die untere Hälfte lieber. Worauf er aus allen Wolken fällt: »Und mir die obere!« Sind Sie sicher, dass es Ihnen mit Ihren Kunden nicht manchmal ähnlich geht? – Sie glauben zu wissen, was Käufer wollen, und liegen haarscharf daneben? Mich als Bahnfahrer durchzuckt zum Beispiel jedes Mal leichter Ärger, wenn ich einen Minibeutel Gummibärchen bekomme. Geht es noch abgedroschener? Und betrachten andere Mitreisende der 1. Klasse das wirklich als Serviceplus?

Feedback ist das bewährte Instrument, um Servicemängeln vorzubeugen, um Hinweise auf Verbesserungsvorschläge zu bekommen und um Kunden fester zu binden. Im Folgenden daher einige Möglichkeiten, wie Sie Ihre Kunden auch ohne großen Marktforschungsapparat befragen können.

Dem Kunden auf der Spur

In der Marktforschung unterscheidet man gemeinhin zwischen quantitativen und qualitativen Erhebungen. Die ersten setzen auf umfangreiche, möglichst repräsentative Befragungen, die zweiten auf detaillierte Einzelmeinungen. Beide liefern wertvolle Hinweise, wie Kunden denken.

Fokusgruppen

Mit den Kunden direkt sprechen

Eine relativ einfache Möglichkeit, die Erwartungen Ihrer Kunden besser kennenzulernen, besteht darin, intensiver mit ihnen ins Gespräch zu kommen. Laden Sie sechs bis zehn Kunden zu einer Gesprächsrunde in Ihr Unternehmen ein. In ein bis zwei Stunden bekommen Sie wertvolle Hinweise, wenn Sie es verstehen, eine Atmosphäre der Offenheit zu schaffen und mit einem groben Gesprächsleitfaden die richtigen inhaltlichen Impulse zu setzen. Sprechen Sie Stammkunden ebenso an wie Neukunden, die sich vielleicht differenziert oder kritisch geäußert haben. Fokusgruppen eignen sich zur ersten Einschätzung neuer, erst geplanter wie auch zur Beurteilung bestehender Serviceleistungen.

Mystery Checks

In die Schuhe des Kunden schlüpfen

In der Hotelbranche, im Handel, bei Banken, Versicherungen und auch in Kliniken sind »Mystery Checks« gang und gäbe. Einige Qualitätssiegel setzen ihre Durchführung sogar verbindlich voraus. Beim »Geheimtest« agieren Experten als Kunden und geben dem Anbieter hinterher professionelles Feedback, gestützt auf einen umfangreichen Beobachtungsbogen. Eine interessante Alternative ist es, wenn Mitarbeiter selbst in die Kundenrolle schlüpfen und sie so tatsächlich »in den Schuhen des Kunden« gehen zu lassen. Das bietet sich besonders bei Filialunternehmen an, wo ein Kollege in einer anderen Filiale unerkannt bleiben kann. Diese Übung kann nicht nur helfen, Schwachstellen aufzudecken, sie sensibilisiert gleichzeitig für Kundenbedürfnisse. Wann haben Sie zuletzt Ihr eigenes Angebot mit den Augen Ihres Kunden betrachtet? Im eigenen Unternehmen online bestellt oder die Hotline angerufen? Sich vor Ort beraten lassen? Eine Reklamation vorgebracht?

Fragebögen

Schriftliches Feedback einholen

Die wohl naheliegendste Methode, Feedback einzuholen: Sie bitten Kunden nach erfolgter Dienstleistung um eine schriftliche Kurzbeurteilung. Dazu bietet sich ein strukturierter Fragebogen an, mit dem der Kunde verschiedene Aspekte auf einer Skala von »sehr gut« bis »mangelhaft« bewertet. Je kürzer ein solcher Bogen ist, desto eher wird er auch ausgefüllt. Sehen Sie außerdem ein paar Zeilen für individuelle Hinweise vor. Gelegentlich kann man die Empfehlung lesen, Kunden mit einem Gutschein oder einem kleinen Geschenk zum Ausfüllen zu veranlassen. Ich bin da eher skeptisch, weil das als subtiler Versuch der Bestechung missdeutet werden könnte. Meiner Erfahrung nach geben Kunden gern Feedback, wenn man ihnen das Gefühl vermittelt, ernsthaft an ihrer Meinung interessiert zu sein. Dies kann zum Beispiel durch eine persönliche Ansprache geschehen (»Ihr Feedback ist sehr wertvoll für uns. Würden Sie sich zwei Minuten Zeit dafür nehmen?«). Möglicherweise bitten Sie Ihren Kunden auch um die freiwillige Angabe seiner E-Mail-Adresse, um auf sein Feedback reagieren zu können.

Net Promoter Score (NPS)

Ist die Dienstleistung aus Kundensicht empfehlenswert?

»Wie wahrscheinlich ist es, dass Sie uns an einen Kollegen oder Freund weiterempfehlen werden?« Auf dieser Frage beruht der »Net Promoter Score« (die »Netto-Empfehler-Rate«). Kunden werden im Anschluss an einen Produktkauf oder eine Dienstleistung gebeten, die Wahrscheinlichkeit auf einer Skala von 0 (»unwahrscheinlich«) bis 10 (»sehr wahrscheinlich«) anzugeben. Kunden, die 9 oder 10 ankreuzen, gelten als »Promotoren«, wer 7 bis 8 ankreuzt, gilt als »passiv zufrieden«, bei 0 bis 6 gilt er als »Kritiker«. Der NPS ist die Differenz zwischen Promotoren und Kritikern. Wenn ausnahmslos alle Kunden ein Unternehmen weiterempfehlen würden, ergäbe das den Wert 100. Werte über 80 gelten als sehr gut, der schlechteste mögliche Wert liegt bei minus 100.[56] In diesem Fall dürfte ein Anbieter allerdings kaum marktfähig sein.

Wir selbst erreichen derzeit einen Wert von 74 (76 Prozent Promotoren mit den Werten 9 und 10; 2 Prozent Kritiker, die 6 und schlechter ankreuzen ▶ 76 minus 2 = 74). Anders ausgedrückt: 98 Prozent unserer Kunden bewerten unsere Leistungen mit »gut« bis »sehr gut«. Damit sind wir natürlich nicht zufrieden, denn – gut ist nicht genug! Der NPS ist ein sehr allgemeiner Indikator. Kritiker bemängeln, dass er – entgegen der These seines Erfinders Fred Reichelt – nicht mit dem Wachstum eines Unternehmens korreliert und auch nichts über eine längerfristige Kundenbindung aussagt.[57] Der Reiz des NPS liegt allerdings in seiner Einfachheit, die die Kundenbereitschaft zur Einschätzung fördert. Sehen Sie ihn als grobes Barometer der Kundenzufriedenheit. Was sich hinter dem Kundenurteil verbirgt, werden Sie allerdings nur mit einer Anschlussfrage erfahren: »Was müssten wir verbessern, damit Sie uns eine Bewertung geben, die näher an 10 liegt?«

Critical Incident Technique (CIT) und Sequentielle Erlebnismethode (SEM)

Kunden nach dem Kauferlebnis intensiver befragen

Während der Net Promoter Score ein Pauschalurteil erhebt, gehen diese beiden Methoden in die Tiefe. Bei der Critical Incident Technique werden einzelne Kunden direkt nach »kritischen« (positiven wie negativen) Erlebnissen mit einem Dienstleister von geschulten Moderatoren ausführlich befragt. Bei der Sequentiellen Erlebnismethode werden entlang des gesamten Serviceprozesses – des sogenannten Kundenpfades – Kundenerlebnisse gesammelt und Kunden um Bewertungen ihrer Erlebnisse gebeten. Der Kundenpfad im stationären Textilhandel beispielsweise beginnt mit dem Betreten des Geschäftes, setzt sich fort mit Warenpräsentation und Beschilderung, Ansprache und Beratung durch Verkäufer oder Verkäuferin, Umkleidemöglichkeiten und schließlich Kasse.[58] Solche Befragungen sind naturgemäß aufwendig und werden von professionellen Marktforschern durchgeführt.

Abstimmungen

Kunden befragen: auf die unkonventionelle Art

Wahrscheinlich kennen Sie Smoothies, die bunten Fruchtdrinks, die heute in jedem Supermarkt zu haben sind. Geburtsstunde des Marktführers Innocent war eine Kundenabstimmung auf einem Musikfestival 1998. Die Firmengründer, drei britische Collegestudenten, kauften für 750 Euro Obst, verarbeiteten es zu Fruchtdrinks und baten die Käufer, per Abfalleimer abzustimmen: »Sollen wir unsere Jobs aufgeben und Smoothies machen?« »Yes« und »No« lauteten die Aufschriften auf den Mülleimern. Abends quoll der Yes-Eimer über und die Firmengründung war beschlossene Sache, so die Innocent-Historie.[59] Jeder professionelle Marktforscher würde sich vermutlich die Haare raufen, und ich will Sie keineswegs verleiten, Lebensentscheidungen auf der Basis von Spaßaktionen zu treffen. Die Innocent-Geschichte steht hier stellvertretend für unkonventionelle Aktionen, mit denen Sie Ihren Kunden eine Meinung entlocken können. Hier ist Ihre Fantasie gefragt!

Sekundärquellen

Was sagen andere über uns?

Neben eigenen Beobachtungen und Befragungen sollten Sie Stimmen in sozialen Medien, Bewertungs- und Buchungsportalen heranziehen. Was wird positiv hervorgehoben, was wird kritisiert? Wie stehen Sie im Vergleich zu Wettbewerbern da? Das eigene Unternehmen zu googeln und nachzusehen, was auf Qype, Dialo oder KennstDuEinen? sowie auf branchenbezogenen Plattformen veröffentlicht wird, ist schon deswegen empfehlenswert, um eventuell gegen verzerrende Darstellungen vorzugehen (zur »Online-Korruption« siehe den nächsten Abschnitt »Kundenfeedback im Internet«).

Den Überblick über die eigene Reputation behalten

Mit etwas Erfahrung im Netz werden Sie notorische Nörgler von differenzierten Kritikern unterscheiden. Warum nicht einen netzaffinen Mitarbeiter mit der Internetbeobachtung beauftragen und bedenkenswerte Kundenstimmen in Abteilungssitzungen zum Thema machen? Eine Übersicht von Bewertungsportalen finden Sie unter *www.bewertungsportale.net*. Über die Suchfunktion »Google Alerts« können Sie sich zudem automatisch per Mail informieren lassen, wenn Ihr Name im Netz auftaucht. Eine entsprechende Suchanfrage ist in einer Minute eingerichtet und führt Sie auch zu Befragungsergebnissen und journalistischen Beiträgen, in denen Ihr Unternehmen auftaucht.[60]

Sollten Sie eine Zertifizierung oder die Erteilung eines anerkannten Qualitätssiegels anstreben, werden Sie Kundenanforderungen ohnehin systematisch ermitteln. Die DIN EN ISO 9001:2008 fordert das ausdrücklich. Sie erwartet Dokumentationsnachweise, etwa in Form von Marktanalysen, Kundenzufriedenheitsindizes und Reklamationsanalysen, die im jährlichen Managementreview bewertet werden müssen, um daraus Entscheidungen für die Entwicklungen zum Besseren abzuleiten. Und wer beispielsweise das in drei Stufen verliehene Siegel »Servicequalität Deutschland« anstrebt, wird schon im Vorab-Check auf der Website des Anbieters mit Kriterien wie den folgenden konfrontiert:

- »Wir kennen unsere Kundengruppen und haben diese samt ihren Eigenschaften, Präferenzen und Ansprüchen dokumentarisch festgehalten.«
- »Wir führen mindestens einmal im Jahr eine Kundenbefragung zur Zufriedenheit der Kunden, zu möglichen Verbesserungen sowie zur Beurteilung von mindestens einem Bereich oder einer Leistung durch.«
- »Wir führen regelmäßig in unserem Unternehmen einen unternehmensadäquaten externen Check (Mystery Check oder Inspektion) durch.«[61]

Weitere Anforderungen für die Zertifizierung

Ferner geht das dreistufige Zertifizierungssystem davon aus, dass Mitarbeiterzufriedenheit und Führungsqualität wichtige Voraussetzungen für Servicequalität sind und dass auch hier entsprechende Befragungen durchgeführt werden.

Alle vorgestellten Methoden helfen Ihnen, nicht betriebsblind zu werden und weiterhin sensibel für Kundenwünsche zu bleiben. Es ist klar, dass diese Wünsche und Vorlieben naturgemäß variieren. Sie müssen nicht allen gefallen, die Wünsche Ihrer Kernzielgruppe sollten Sie jedoch kennen und berücksichtigen. Wie entscheidend das ist, zeigt der Fall Mobilcom-Debitel. Im *Harvard Business Manager* berichtet die Marketingleiterin, wie es zum wirtschaftlichen Erfolg des Unternehmens kam. Er stellte sich in dem Moment ein, als der Mobilfunkanbieter in einer Studie ermittelt hatte, dass 70 Prozent seiner Kunden Schnäppchenjäger oder Sicherheitsorientierte (»Verlustaversive«) waren – und seine Werbung und vor allem aber die persönliche Beratung, gezielt auf diese Kundentypen einstellte.

Fazit: »Kundenzufriedenheit und Abschlussquote stiegen deutlich, Letztere um etwa rund 25 Prozent.«[62] Nicht ohne Grund setzt das in Kapitel 3 vorgestellte GAP-Modell zwischen »erlebtem« und »geleistetem« Service eine gestrichelte Linie als Hinweis auf eine Grenze, die nur auf eine Weise überwunden werden kann: indem ein Unternehmen sich für die Meinung seiner Kunden interessiert.

Kundenfeedback im Internet

Das Internet als Empfehlungsgeber

75,9 Prozent aller Deutschen nutzen das Internet, meldete die Online-Studie von ARD und ZDF 2012 – wenn Sie Greise, Kleinkinder und Säuglinge abziehen, also fast jede(r). Fast drei Viertel aller Nutzer sind in sozialen Netzwerken aktiv, weiß der Branchenverband BITKOM[63], allein Facebook hat über 25 Millionen Mitglieder hierzulande.[64] Außer zum gegenseitigen Austausch nutzen viele Menschen das Netz auch, um Produkte und Dienstleistungen zu bewerten bzw. sich vor einem Kauf die Bewertungen anderer anzusehen. 65 Prozent gaben in einer Umfrage der Internationalen Hochschule Bad Honnef (IUBH) beispielsweise an, sich »immer« vor einer Reisebuchung die Bewertungen anderer Kunden anzusehen, 28 Prozent tun dies »häufig«. Und von diesen zusammen 93 Prozent wieder halten 95 Prozent für »glaubwürdig« oder »sehr glaubwürdig«, was sie lesen.[65]

Meinungen im Netz: mit Vorsicht zu genießen

Die Realität sieht etwas anders aus. Online-Korruption ist immer wieder Thema in den Medien, sei es, dass die *Frankfurter Rundschau* unter dem Titel »Vorsicht Fälschung« vor manipulierten Hotelbewertungen warnt, sei es, dass der *Spiegel* die Zahl der gefälschten Produktbewertungen auf 30 Prozent schätzt.[66] Von PR-Agenturen getextete oder andere Gefälligkeitsbewertungen spielen dabei ebenso eine Rolle wie gezielte Verrisse, die von der Konkurrenz lanciert werden. Und auch die Bewertungen echter Kunden sind nicht immer fair. »Jede Bewertung, gut oder schlecht, ist vollkommen subjektiv. Auch wenn du dir als Anbieter noch so viel Mühe gibst, bist du der Willkür ausgeliefert«, sagt beispielsweise Holger Görzel, der in Berlin zwei Restaurants betreibt. Er berichtet von hungrigen Schülergruppen, die die Gesamtnote im Bewertungsportal drücken, weil ihnen die Portionen zu klein waren, oder von Gästen, denen die Kellnerin nicht hübsch genug ist.[67] Solche Erfahrungen ändern natürlich nichts daran, dass viele Kritikpunkte von Kunden berechtigt und damit wertvoller Input für eine Verbesserung der Servicequalität sind.

Gute Tipps für Kundenfeedback im www

Das Netz hat die Macht des einzelnen Kunden enorm gesteigert: Was er früher allenfalls Nachbarn und Kollegen erzählen konnte, kann er heute Millionen mitteilen. Im Internet ist die Welt zum Dorf geschrumpft. Für Unternehmen bietet das Chancen wie Gefahren – die Chance, auf Tuchfühlung mit den eigenen Kunden zu gehen, und gleichzeitig die Gefahr der Rufschädigung durch überzogene Einzelmeinungen. Einige Anregungen, wie Sie mit Internet-Feedback am besten umgehen:

- Verfolgen Sie regelmäßig, was in Bewertungs- oder Buchungsportalen über Sie steht, und werten Sie Kundenmeinungen für Ihren Service aus. Neben Einzelmeinungen und bloßer Nörgelei finden Sie dort auch viele differenzierte Urteile, deren Mängelhinweise wertvoll sind.

- Nehmen Sie Stellung zu ungerechtfertigter Kritik, wenn das Portal die Möglichkeit dazu bietet (wie z.B. das Hotelbuchungssystem HRS). Bleiben Sie dabei sachlich und Ihrerseits fair, auch wenn das manchmal schwerfällt.

- Ermuntern Sie zufriedene Kunden zu einer Bewertung im Netz. Bleiben Sie glaubwürdig, indem Sie um ehrliches Feedback bitten.

- Gehen Sie juristisch gegen Bewertungsmanipulationen von Mitbewerbern vor. Viele Netzportale sind inzwischen selbst für das Problem der Online-Korruption sensibilisiert.

- Suchen Sie über eine eigene Facebook-Seite den Kontakt zu Ihren Kunden. Führen Sie dabei einen offenen Dialog. Der Versuch, missliebige Kundenmeinungen zu unterdrücken, führt regelmäßig zu Empörungswellen (»Shitstorms«) im Internet.

- Sensibilisieren Sie Ihre Mitarbeiter mit einer Social-Media-Richtlinie dafür, inwieweit und wo sie sich als Stellvertreter des Unternehmens äußern dürfen.[68]

- Binden Sie Kundenbewertungen in Ihre eigene Website ein. Im Hotelbereich liefert der Anbieter »Customer Alliance« hierfür ein Tool sowie entsprechende Auswertungen von Kundenmeinungen.[69]

Das Ziel: aktives Bewertungsmanagement

Die Experten von Customer Alliance raten zu »aktivem Bewertungsmanagement«, d. h. zur Präsenz auf wichtigen Plattformen wie Facebook, zum Dialog mit Kunden, die Kommentare posten, zur Ermunterung und Analyse von Bewertungen sowie zum Engagement auf Google+, um die eigene Auffindbarkeit im Netz zu optimieren.[70] Je Internet-affiner Ihre Zielgruppe ist, je präsenter Ihr Produkt in Bewertungsportalen und je mehr Umsatz Sie über Online-Käufe oder -Buchungen machen, desto drängender ist für Sie also die Frage: Haben wir ein Routineverfahren im Umgang mit Kundenbewertungen im Netz?

Beispiel aus der (Kunden-)Praxis

Denn ob Sie wollen oder nicht: Ihr Kunde bewertet Sie. Während ich diese Zeilen schreibe, erreicht mich über Facebook beispielsweise die Erfahrung meines Kollegen Cristián Gálvez: »Beruflich bedingt bin ich Dauerkunde bei SIXT. Seit gut einem Jahr habe ich bei (fast) jeder Anmietung Stress. Manchmal wird mir ein Schaden unterstellt, den ich bei der Abholung schon gemeldet habe. Manchmal ist es ein angeblich leerer Tank bei der Rückgabe. Bei den Abrechnungen gibt es immer häufiger Posten, über die ich mich nur wundern kann. Und bei der Abholung haben in 9 von 10 Fällen die Fahrzeuge mehr Schäden als ausgewiesen. Das alles kostet Zeit und nervt. Habe ich einfach Pech und ist es auch Euer Eindruck, dass SIXT keine Qualität mehr liefert?«

Cristián ist mit über 500 Facebook-Kontakten (viele davon Trainer, Speaker, Moderatoren, Medien- sowie Geschäftsleute und damit potenzielle Kunden einer Autovermietung) sehr gut vernetzt. Und so entspinnt sich eine rege Diskussion, in der ähnliche Erfahrungen anderer Vielreisender ebenso eine Rolle spielen wie Tipps, welcher SIXT-Konkurrent besseren Service leistet. Wenn ein Unternehmen solche Stimmen nicht wahrnimmt und darauf reagiert, summieren sich Imageschäden und Umsatzeinbußen rasch.

Beschwerden und Lob per Smartphone

Einen anderen Weg, Kundenmeinungen auf die Spur zu kommen, bietet Honestly, ein junger Dienstleister, der direktes und »ehrliches« Kundenfeedback mittels einer kostenlosen App organisiert. Auf diese Weise können »Endkunden schnell und einfach ihre Meinung mitteilen, ohne in eine direkte Konfrontation mit der Firma gehen zu müssen«, heißt es in einem Porträt des Startups über diese nicht öffentliche Form der Rückmeldung.[71] Statt im Internet an den Pranger gestellt zu werden, können Unternehmen hier direkt auf Kritik reagieren. Honestly bietet verschiedene Pakete für die Auswertung des Feedbacks und zählt Gastronomie, Einzelhandel, Hotellerie, Messen und öffentliche Einrichtungen zu seinen Kunden. Ähnliche Anbieter sind Feedbreak oder Reqorder.[72]

Es zählt nur, was Konsequenzen hat

Verärgerte Kunden suchen das Weite

»Unternehmen müssen nicht nur ihre Kunden nach deren Zufriedenheit fragen, sondern zudem die Kompetenz aufbauen, aus deren Antworten zu lernen und dieses Wissen in entsprechende Handlungen umzusetzen«, schreibt die Servicebarometer AG unter dem Stichwort »Kundenorientierung«.[73] Wenn begründetes Feedback keine Konsequenzen hat, fühlt sich der Kunde veralbert und sucht das Weite. Gelassen können das nur Quasi-Monopolisten wie die Deutsche Post im Eingangsbeispiel sehen. Denn die Folgen der Kundenverärgerung sind dramatisch. Das verdeutlichen Erkenntnisse dazu, warum Unternehmen Kunden verlieren:

- in 1 Prozent der Fälle wegen Todesfall,
- in 3 Prozent wegen Umzugs,

- in 5 Prozent wegen geänderter Kaufgewohnheiten,
- in 9 Prozent wegen falscher Preispolitik,
- in 14 Prozent wegen schlechter Produktqualität und
- in stolzen 68 Prozent aller Fälle wegen mangelnder Servicequalität.[74]

Wie ein Unternehmen mit Kundenfeedback umgehen sollte

Es lohnt sich also, Kundenworten im Unternehmen Taten folgen zu lassen, beispielsweise indem …

- … die Ergebnisse von Kundenbefragungen nicht einfach abgeheftet, sondern sorgfältig analysiert und in operatives Handeln umgesetzt werden – denn gerade hier gilt: Gut ist nicht genug!
- … Kundenbeschwerden systematisch ausgewertet werden. Das Lufthansa-Qualitätsmanagement beispielsweise arbeitet mit einem EDV-Programm (»Cosmic«), in das Flugbegleiter Anregungen und Reklamationen eingeben. Tausende servicerelevanter Hinweise werden so an entsprechende Fachabteilungen weitergeleitet, und der Passagier bekommt eine direkte Rückmeldung.[75]
- … Kennzahlen zur Kundenzufriedenheit (etwa der Net Promoter Score) in Zielvorgaben für Mitarbeiter einfließen und Grundlage für Bonuszahlungen sind.
- … Serviceorientierung bei Einstellungen und bewiesene Kundenfreundlichkeit bei Beförderungen eine Rolle spielen.
- … im Bereich Kundenservice besonderer Wert auf praxisorientierte Weiterbildung gelegt wird (etwa durch gezieltes Training on the Job statt Unterweisung im Seminarraum).
- … glaubwürdige Negativ- wie Positivbewertungen von Kunden in Teambesprechungen zum Thema gemacht werden und man gemeinsam daraus lernt.
- … Mitarbeiter genügend Verantwortungsspielraum bekommen, um auf Kundenreklamationen flexibel eingehen zu können.

Spielregeln für die Belegschaft

Der Umgang mit Beschwerden ist die Nagelprobe für Ihre Servicequalität: Sind Sie Schönwetterkapitän oder wahren Sie Souveränität und Kundenfreundlichkeit auch dann, wenn die See etwas rauer wird? Definieren Sie eindeutige Entscheidungsspielräume (z. B. bis zu einer Summe X können Ihre Mitarbeiter eigenständig handeln) und erarbeiten Sie Spielregeln für den Umgang mit einer Kundenbeschwerde. Damit Kunden sich ernst genommen fühlen, sollten Mitarbeiter

- aufmerksam zuhören,
- sich Notizen machen,
- Bedauern äußern,
- akzeptieren, dass manche Kunden erst einmal Dampf ablassen müssen, und sich nicht vorschnell persönlich angegriffen fühlen,
- selbst eine Lösung anbieten oder – falls ihr Entscheidungsspielraum überschritten wird – eine rasche Klärung zusichern und sich an eine getroffene Terminzusage halten,
- Tabu-Sätze meiden (»Dafür bin ich nicht zuständig«, »Das ist uns noch nie passiert«, »Das kann gar nicht sein«),
- dem Kunden versichern, dass man um Klärung bemüht ist und ihn als Kunden nicht verlieren möchte (»Sie sind uns als Kunde wichtig« »Wir möchten Sie als Gast natürlich zufriedenstellen«),
- sich explizit entschuldigen, wenn eindeutig ein Versäumnis vorliegt.

Von unschätzbarem Wert: die Entschuldigung

Sätze wie »Ich bedauere sehr, dass Sie Unannehmlichkeiten hatten« oder »Bitte entschuldigen Sie unseren Fehler« gehen vielen Menschen kaum über die Lippen. Dabei ist eine authentische Entschuldigung für die meisten Kunden mindestens ebenso wichtig wie ein monetäres Entgegenkommen. Woher ich das weiß? Weil ich mir ziemlich sicher bin, dass Sie bei Ihrer letzten Beschwerde genau wie ich auf genau so einen Satz gewartet haben. Wenn Sie im hektischen Vorweihnachtsgeschäft das überfüllte Kaufhaus ein zweites Mal aufsuchen müssen, weil das erworbene Geschenk einen Fehler hat, sind Sie nicht wirklich zufrieden, nur weil das Produkt kommentarlos umgetauscht wird. Das ist gut, jedoch nicht genug. Durch einen simplen Satz wie »Es tut mir leid, dass Sie extra noch einmal kommen mussten!« würde der Service enorm gewinnen. Und da solche Sätze nicht jedem Mitarbeiter spontan in den Sinn kommen, sollten Unternehmen ein Bewusstsein für die Situation schaffen und das adäquate Eingehen auf den Kunden üben.

Das »Beschwerdeparadoxon« aktiv nutzen

Die Mühe lohnt sich, denn wer eine Beschwerde gekonnt löst, gewinnt womöglich einen Kunden fürs Leben. Dies belegt das sogenannte Beschwerdeparadoxon (»Service recovery paradox«): Kunden, die sich im Beschwerdefall gut und fair behandelt fühlen, sind hinterher zufriedener mit dem Unternehmen und sogar eher zu einer Empfehlung bereit als vor einer Panne.[76] Inzwischen ist zudem allgemein bekannt, dass es viel mehr kostet, einen neuen Kunden zu gewinnen, als einen Bestandskunden zu halten. Und es hat sich herumgesprochen, dass Kunden Negativerlebnisse weitaus öfter weitererzählen als positive. Schätzungen gehen dahin, dass sich nur 4 Prozent aller verärgerten Kunden tatsächlich beschweren, dass jeder verärgerte Kunde sein Erlebnis im Schnitt jedoch zehn anderen erzählt.[77] Das sollte Anlass genug sein, Beschwerden nicht als lästigen Störfaktor, sondern als Chance für Kundenbindung und echte Servicequalität zu sehen.

Eine Feedback-Kultur im Unternehmen

Wunsch und Wirklichkeit

»Offen«, »respektvoll«, mit den Mitarbeitern »im Mittelpunkt« und selbstverständlich »kooperativ« geführt – so beschreiben viele Leitbilder die Unternehmenswelt. Mit der Unternehmenswirklichkeit deckt sich das nur selten. Eine Qualitätskultur ist ohne Feedback-Kultur jedoch nicht möglich. Dies betrifft internes Feedback ebenso wie die Bereitschaft, sich einer systematischen Bewertung durch Externe zu stellen.

Feedback zwischen Führenden und Mitarbeitern

Mitarbeiter müssen wissen, woran sie sind, wenn sie gute Arbeit leisten sollen. Das klingt selbstverständlich, legt allerdings eine hohe Messlatte ans Führungsverhalten, denn es erfordert einen konstruktiven Umgang mit Fehlern, die Fähigkeit zu loben und funktionierende Feedbackroutinen gleichermaßen.

Fehlerkultur

Wie man *nicht* mit Fehlern umgehen sollte

Werden Fehler vertuscht oder thematisiert? Werden Sie als Lernchancen begriffen – oder als Anlass, nach Schuldigen zu suchen? Denken Sie an das letzte Meeting, in dem ein Versäumnis auf den Tisch kam, und rufen Sie sich die Reaktionen ins Gedächtnis – dann haben Sie Ihre Fehlerkultur. Ein Unternehmen, das Wert auf (Service-)Qualität legt, kann Fehler nicht stillschweigend tolerieren. Mangelhafte Arbeitsergebnisse müssen angesprochen werden, auch das gehört zum Feedback. Nur so kann es beim nächsten Mal besser gemacht werden. Gleichzeitig tut man gut daran, am miesen Image zu arbeiten, das Fehlern anhaftet. Schon als Kinder lernen wir, dass Fehler ärgerlich und peinlich sind. Wir ernten Standpauken und schlechte Noten dafür. Geht es im Unternehmen ähnlich zu, blockiert dies Verbesserungsprozesse und hemmt Innovationen, weil sich kaum noch jemand auf Neuland wagt.

Das Ziel: eine in die Zukunft gerichtete Fehlerkultur

Eine produktive Fehlerkultur lässt sich dadurch fördern, dass die Sündenbockfrage »Wer ist schuld?« durch die Frage »Wie vermeiden wir das zukünftig?« ersetzt wird. Auch Führungskräfte, die eigene Fehler einräumen und daran wachsen, tragen entscheidend zu einer Fehlerkultur bei, die Qualität vorantreibt – und nicht hemmt! Besonders relevant für guten Service ist dabei die Identifikation systematischer Fehler, die immer wieder zu Servicepannen führen, beispielsweise Schnittstellenprobleme bei der Weitergabe von Informationen. Insofern ist Prozessoptimierung im Rahmen des Qualitätsmanagements zugleich ein wichtiges Instrument der Fehlerprävention.

Wer kritisieren will, muss auch loben können

Ein echtes Lob muss es sein.

Positives Feedback stärkt Beziehungen und sorgt für ein besseres Unternehmensklima. Nicht ohne Grund gehört die Frage »Habe ich in den letzten sieben Tagen für gute Arbeit Anerkennung und Lob bekommen?« laut Gallup-Institut zu den Schlüsselfragen für ein produktives Arbeitsumfeld (vgl. Kapitel 2). Wesentlich ist der Zusatz »für gute Arbeit«. Es geht hier nicht um pauschale Lobeshymnen, sondern um die angemessene Reaktion auf Leistung. Menschen haben feine Antennen dafür, ob ein Lob ernst gemeint und glaubwürdig oder nur so dahingesagt ist. Für ein wirklich wertschätzendes Lob empfehle ich den folgenden Dreischritt:

1. Ansprechen einer persönlichen Stärke
   (»Was ich an Ihnen schätze, ist, dass Sie selbst im größten Trubel immer den Überblick behalten.«)

2. Beweis (Begründung)
   (»Ich sage das, weil Sie gestern trotz der großen Zahl der Gäste den Veranstaltungsablauf optimal im Griff hatten.«)

3. Frage: »Wie schaffen Sie das?«

Den Menschen sehen

Damit beweisen Sie Respekt und ehrliches Interesse – und lösen zugleich einen weiteren Gallup-Anspruch ein. Der lautet nämlich: »Interessiert sich mein/e Vorgesetzte/r oder eine andere Person bei der Arbeit für mich als Mensch?« Wer persönliche Qualitäten seines Gegenübers würdigen kann, legt den Grundstein für eine vertrauensvolle Zusammenarbeit. Nur wenigen Menschen ist im Alltag bewusst, dass sie durch aktive Beziehungsarbeit viel für gute Kooperation – und damit auch für Qualität – tun können. In Seminaren bitte ich meine Teilnehmer daher manchmal, zwei Fragen zu beantworten:

1. Welche »Beziehungen« habe ich zu Kollegen, Vorgesetzten, Geschäftspartnern, ohne die ich meine Arbeit nicht erfolgreich erledigen könnte? Zeichnen Sie einmal im Jahr Ihre »Beziehungsspinne« mit den fünf bis zehn wichtigsten Personen (es können auch mehr sein).

Die Beziehungsspinne

2. Was bekommen Sie von diesen Menschen, was geben Sie ihnen? Erstellen Sie einen Kontoauszug, ziehen Sie Bilanz!

Mein Chef	
Ich bekomme …	Ich gebe …
■ klare Anweisungen ■ Anerkennung ■ regelmäßige Termine für den fachlichen Abgleich ■ Projektbudget ■ Verantwortung	■ Vertrauen ■ regelmäßigen Statusbericht über Projekte und Budget ■ Feedback über die Meinungen im Team ■ Innovationen ➡

■ Handlungsspielraum ■ Vertrauen ■ kritisches Feedback ■ …	■ Ideen für Kosteneinsparung ■ …
Bewertung der Beziehung:	*[Von 1 = sehr gut bis 5 = mangelhaft]*
Was mir fehlt:	■ .... ■ .... ■ ....
Was ihm/ihr fehlen könnte:	■ .... ■ .... ■ ....

Beziehung geht vor Inhalt.

3. Ziehen Sie Bilanz! Wie ist es um all diese Beziehungen bestellt, inhaltlich und auch emotional? Stellen Sie sich die Frage: Was würde passieren, wenn diese Beziehung nicht mehr »funktioniert«, welche Auswirkungen hätte das auf meine Arbeit? Was wäre, wenn diese Person kündigt (z.B. bei Mitarbeitern)? Vielleicht kommen Sie dann zu der Erkenntnis, dass es wichtig wäre, an den Beziehungen zu arbeiten, denn der Rat eines inzwischen pensionierten Managers und meine eigene Erfahrung haben mich gelehrt: »Gute Beziehung geht vor Inhalt!« Nur wenn wir über belastbare Beziehungen in unserem beruflichen wie privaten Netzwerk verfügen, können wir auch in schwierigen Zeiten mit unseren Teams erfolgreich sein. Regelmäßiges Feedback und aufrichtige Anerkennung helfen, den guten Kontakt zu Ihren Netzwerkpartnern zu einer Säule des persönlichen Erfolges zu machen.

Feedbackgespräche

Außer von situativem Feedback profitieren Unternehmen von systematischer Rückmeldung. Dabei gilt: Die Generation Y (nach 1980 geboren) ist mit einem jährlichen »Rundumschlag« im Zielegespräch nicht zufrieden. Knapp 45 Prozent von ihnen wünschen sich »so oft wie möglich« Feedback, fand Anders Parment in einer empirischen Studie heraus, 41 Prozent sagen »Ich will selber bestimmen, wie oft ich Feedback bekommen – gerne eher öfter«.[78] Gleichzeitig sind die Nachwuchskräfte deutlich mobiler und eher bereit, den Arbeitsplatz zu wechseln, wenn ihnen die Bedingungen nicht gefallen. Bis zu einem Drittel der jungen Mitarbeiter verlässt innerhalb des ersten Jahres das Unternehmen wieder, halten Berater von KPMG in einer Studie fest (»Beyond the Baby Boomers. The Rise of Generation Y«).[79]

Feedback, auch für den Vorgesetzten

Zur Führungsqualität gehört daher auch die Etablierung funktionierender Feedbackroutinen (siehe Kapitel 2), denn die Generalabrechnung im Zielegespräch war noch nie eine gute Lösung. Und schließlich: Feedback ist keine Einbahnstraße. Wer als Vorgesetzter glaubwürdig für »offene und transparente Kommunikation« stehen will, muss auch Feedback annehmen können, negatives wie positives. Dazu passen zwei Instrumente systematischen Feedbacks, die ich Ihnen abschließend vorstellen möchte.

Mitarbeiter-Aktien-Index (MAX) und 360-Grad-Feedback

Der Börsenkurs von Mitarbeitern

Beim MAX ist der Name Programm: Hier wird der aktuelle »Kurswert« jedes Mitarbeiters monatlich neu errechnet. Basis ist eine Selbstbewertung der Mitarbeiter auf der Basis eines Kriterienkatalogs, der im Team gemeinsam festgelegt wird. Jeder Mitarbeiter erhält zu Beginn eines jeden Jahres einen »Aktien-Nennwert« von 1000 Pixeln. Zu Punktabzug oder Punktgewinn können beispielsweise folgende Kriterien führen:

- Engagement bei Projekten,
- Verbesserungsvorschläge,
- subjektive Fehlerquote,
- Pünktlichkeit,
- aktive Arbeit mit einem Zeitplansystem,
- Herzlichkeit,
- Teamfähigkeit,
- Eigenmotivation,
- Identifikation mit dem Unternehmen,

- Fort- und Weiterbildung,
- Fehlzeiten,
- gesundheitliche Aspekte wie Rauchen / Nichtrauchen oder der BMI (Body-Mass-Index).[80]

Selbstbild und Fremdwahrnehmung im Vergleich

Initiiert hat den MAX Erfolgshotelier Klaus Kobjoll, der ihn in seinem Hotel Schindlerhof seit zehn Jahren einsetzt und im Interview am Ende dieses Kapitels eine Erfolgsbilanz zieht. Auf den ersten Blick wirkt es befremdlich, den »Wert« (s)einer Arbeitskraft wie den einer Aktie zu bestimmen. Auf den zweiten Blick entpuppt sich der MAX als kluges Instrument kontinuierlicher Selbstbefragung und regelmäßigen Feedbacks. Treten in der monatlichen Selbsteinschätzung Diskrepanzen zwischen der Selbsteinstufung des Mitarbeiters und der seines gegenlesenden Vorgesetzten auf, wird darüber gesprochen.

Da auch Führungskräfte nicht ausgenommen sind und ihre Bewertung mit in den parallel geführten Team-Index (TIX) und den Unternehmens- oder Community-Index (CIX) eingeht, gibt es Rückmeldung in beide Richtungen. Auch der Chef muss da schon mal mit Punktabzug leben (vgl. Interview). All das funktioniert nur in einer Unternehmenskultur, die tatsächlich von Offenheit und gegenseitigem Respekt geprägt und zudem sehr leistungsorientiert ist. Insofern steht der MAX am Ende und nicht am Anfang, wenn ein Unternehmen eine Feedback-Kultur schaffen will.[81]

360-Grad: die anonyme Bewertung

Auf den MAX setzen bislang etwa 150 Unternehmen. Sehr viel weiter verbreitet ist das 360-Grad-Feedback. Grundidee ist hier eine Objektivierung der Rückmeldung für Fach- und Führungskräfte durch die Bündelung des Feedbacks verschiedener Instanzen wie Kollegen, Mitarbeiter, Vorgesetzte, Kunden und Geschäftspartner. Die mit einem Fragebogen erhobenen Fremdbilder werden mit der Selbsteinschätzung des Betreffenden abgeglichen. Von der Anonymität der Befragung verspricht man sich größere Ehrlichkeit.

Über den Nutzen dieses Instrumentes gehen die Meinungen auseinander: Während beispielsweise Rob Goffee, Professor für Organisational Behavior an der London Business School und Autor des Buches »Why Should Anyone Be Led By You?«, überzeugt ist, »ein gut durchgeführtes 360-Grad-Feedback« sei »das hilfreichste Instrument, um Führungskräfte zu entwickeln«, hat Reinhard K. Sprenger schon vor Jahren den »unheimlichen Charme der Totalüberwachung« kritisiert.[82] Im Mittelpunkt seiner Kritik steht die Anonymität, die »eine Kultur des Verbergens« unter dem Deckmantel vermeintlicher Offenheit pflege, und die Instrumentalisierung des Verfahrens zur Disziplinierung von Führungskräften.

Unterschiedliche Einschätzung dieses Instruments

Zweifellos ist jede Methode nur so gut wie ihre Durchführung. Für die 360-Grad-Befragung braucht es valide Fragebögen, die sich auf konkrete Verhaltensweisen beziehen, nicht auf tatsächliche oder vermeintliche Persönlichkeitseigenschaften. Versteht man das Verfahren als Instrument der Personalentwicklung, sollte es in Gespräche und Coaching-Angebote eingebettet sein. Wir halten es mit Rob Goffee und bieten unseren Kunden ein differenziertes und kostengünstiges 360-Grad-Feedback an. Die Fragebögen ermöglichen in 9 Kategorien mit jeweils 8 Fragen umfassende Rückmeldungen zum Führungsverhalten, zur individuellen Persönlichkeit oder zum Verkaufsverhalten. Weitere Informationen finden Sie im Netz unter *feedback2you.qnigge.de*.

Auf die Durchführung kommt es an.

Kommt dieses Verfahren in Change-Projekten und Zeiten des Personalabbaus zum Einsatz, werden die Mitarbeiter es eher als bedrohlich erleben. Damit gilt für das 360-Grad-Feedback dasselbe wie für den MAX: Es funktioniert in einer Kultur von Offenheit, Vertrauen und gegenseitigem Respekt – es erzeugt diese Kultur allerdings nicht. In einer vergifteten Atmosphäre werden die Ergebnisse unweigerlich durch Konkurrenz oder Ängste verzerrt werden.

Voraussetzung: eine offene, respektvolle Unternehmenskultur

Fazit: Eine Feedback-Kultur lässt sich nicht mit einem wie auch immer gearteten Personalentwicklungsinstrument einkaufen und auf Knopfdruck implementieren. Damit Feedback funktioniert, muss Vertrauen herrschen, und wenn Vertrauen herrscht, klappt es auch mit dem Feedback. Ein formales Instrument sorgt dann »nur« noch dafür, dass dieses elementare Moment der individuellen und gemeinsamen Weiterentwicklung nicht im Alltagsstress versandet. Alle bislang diskutierten Voraussetzungen für Servicequalität – klare Werte, sorgfältige Personalauswahl mit Rücksicht auf persönliche Lebensmotive, Führungsqualität, eindeutige Standards und Prozesse und damit Berechenbarkeit für die Mitarbeiter, Transparenz durch eine praxisorientierte Unternehmensdokumentation – legen damit gleichzeitig das Fundament für eine funktionierende Feedback-Kultur.

Feedback fürs Unternehmen

Zertifizierung als Chance

Wer kein Feedback zulässt, verschließt sich jeder Entwicklung. Das gilt für Einzelpersonen und auch für Unternehmen als Ganzes. Insofern ist es bedauerlich, wenn Unternehmen Audits im Rahmen von Zertifizierungen vor allem als notwendiges Übel betrachten, um begehrte Siegel führen zu dürfen. Wer eine Zertifizierung primär unter Marketinggesichtspunkten durchführt und froh ist, wenn der Auditor das Haus wieder verlassen hat, verschenkt eine Chance.

Audit-Empfehlungen

Voraussetzung ist natürlich die Wahl einer aussagekräftigen Norm und die Zusammenarbeit mit einem branchenerfahrenen Auditor. Ich bin mir mit den interviewten Experten Klaus Kobjoll und Martin Weppler einig, dass die DIN EN ISO 9001:2008 eine wichtige Basis legt, auf der man aufbauen sollte (siehe Interviews am Kapitelende). Nützlich ist zur Erweiterung und Fortführung des Qualitätsmanagements etwa das EFQM-Modell der European Foundation for Quality Management, das eine umfangreiche Selbstbewertung einschließt und daher eine fruchtbare Selbstreflexion anstößt, bevor der Auditor ein Unternehmen besucht.

Das Wichtigste auf einen Blick – FEEDBACK

Feedback

- Feedback ist unverzichtbar, wenn ein Unternehmen besser werden will. Das gilt für interne wie externe Rückmeldungen.
- Kundenfeedback gibt Aufschluss darüber, ob Sie die Wünsche Ihrer Kunden treffen und wie zufrieden diese sind. Befragen Sie Ihre Kunden regelmäßig und prüfen Sie, welche weiteren Methoden für Sie infrage kommen.
- Beobachten Sie, was in sozialen Medien über Sie gesagt wird, und reagieren Sie auf ernst zu nehmende Kritik.
- Betreiben Sie aktives Bewertungsmanagement durch eigene Social-Media-Präsenz und einen Dialog mit Ihren Kunden.
- Betrachten Sie Beschwerden und Reklamationen als Chance, Kunden fester zu binden (»Service Recovery Paradox«). Schulen Sie Ihre Mitarbeiter entsprechend.
- Legen Sie durch einen konstruktiven Umgang mit Fehlern die Basis für eine funktionierende Feedback-Kultur im Unternehmen.
- Erkennen Sie Leistung an und spornen Sie Ihre Mitarbeiter durch Lob an.
- Vertagen Sie Feedback nicht ins Jahresgespräch, sondern geben Sie zeitnah Rückmeldung.
- Eine Feedback-Kultur im Unternehmen gedeiht nur in einem Klima des Vertrauens und gegenseitigen Respekts.
- Instrumente wie der Mitarbeiter-Aktien-Index MAX oder das 360-Grad-Feedback erzeugen keine Feedback-Kultur, sondern setzen sie voraus.
- Zertifizierungen und Gütesiegel bieten die Chance eines differenzierten Feedbacks von Fachleuten für das Unternehmen. Wer sie nur als Marketingtool versteht, verschenkt eine Chance.

»MAX – Feedback für Mitarbeiter«

Interview mit Klaus Kobjoll (Erfolgshotelier) und Markus Wiesmann (Geschäftsführer MAX GmbH)

Interview

Seit zehn Jahren setzen Sie im Schindlerhof auf den MAX als systematisches Feedback-Instrument, mit dem jeder Mitarbeiter monatlich seinen Kurs selbst bestimmt. Was hat der MAX bei Ihnen im Unternehmen verändert?

Klaus Kobjoll: *Nach Einführung am 1. Januar 2003 hat sich die Zahl der Krankentage im ersten Kalenderjahr schlagartig von acht auf vier halbiert. Alle Krankheiten, die kein Arzt erklären kann, die am Freitag oder kurz vor Prüfungen ausbrechen, haben sich drastisch reduziert, weil Krankentage mitberücksichtigt werden. Zweitens ist der KVP [kontinuierliche Verbesserungsprozess] explodiert. Die Zahl der Verbesserungsvorschläge bei uns war immer sehr hoch, aber die Umsetzungsquote wurde deutlich gesteigert: von 68 auf 81 Prozent im ersten Jahr. Drittens ging die Weiterbildungsquote nach oben. Im letzten Jahr hatten wir 517 Weiterbildungstage in einem 70-köpfigen Team, und Weiterbildungen finden bei uns immer in der Freizeit statt. Was nicht messbar ist, was sich aber im Laufe der Jahre deutlich gesteigert hat, ist die Selbstverantwortung. Der monatliche Blick in den Spiegel, bei dem ein Mitarbeiter seinen Wert für den Arbeitsmarkt selbst beurteilt, führt dazu, dass die Leute sich eigenverantwortlicher und karriereorientierter verhalten.*

Das ist eine sehr kommerzielle Betrachtung des Menschen.

Klaus Kobjoll: *Die Kriterien wurden von den Mitarbeitern selbst bestimmt, insofern ist das in sich schlüssig. Das Restaurantteam beispielsweise wollte den Body-Mass-Index als Kriterium. Ich hätte das nicht gewählt, habe aber an mir selber gemerkt, dass ich mich seitdem stärker diszipliniere, um meinen BMI im Griff zu haben. Wir sind ein Businesshotel mit 80 Prozent männlichen Gästen und 80 Prozent Frauen im Service. Da macht es schon Sinn, dass die Servicekräfte ansprechend aussehen. Natürlich kann man sagen, das ist brutal. Aber eben auch ehrlich.*

Es wird also präzise gemessen?

Klaus Kobjoll: *Wir wissen doch schon aus der Schule: Nur was gemessen wird, wird auch getan. Und wir wissen das auch aus dem Qualitätsmanagement.*

Ist der MAX also vor allem ein Instrument der Einzelbewertung?

Klaus Kobjoll: *Nein, wir machen auch Teamrankings. Sogar das gesamte Team misst sich immer wieder. Wenn Abteilungen gegenübergestellt werden und geschaut wird, wer überholt wen, ist das für die Selbstmotivation unschlagbar. Die Zimmermädchen haben bei uns zum Beispiel mal die Führung überholt, und ich war schuld daran, dass die Führung schlechter dastand … .*

Markus Wiesmann: *Der MAX ist unterschiedlich einsetzbar. Wir im Schindlerhof veröffentlichen beispielsweise in einem monatlichen Ranking auch individuelle Mitarbeiterwerte. Andere Unternehmen lösen ausschließlich über Teamrankings einen sportlichen Wettbewerb aus.*

**Der MAX basiert auf Selbstbewertungen der Mitarbeiter.
Wie zuverlässig sind solche Selbsteinschätzungen?**

Klaus Kobjoll: *Ich bin seit 44 Jahren selbstständiger Unternehmer und weiß: Wenn Sie Vertrauen übertreiben, werden Sie blitzartig von den Mitarbeitern als blauäugig eingestuft und ausgenutzt. Deswegen braucht es ein Controlling-Instrument – keine sichtbare Kontrolle, aber eine Rechenschaftspflicht. Beim MAX sieht das so aus: Die Führungskraft schaut sich die Selbstbewertungen an und kann entweder Punkte dazugeben oder abziehen, immer verbunden mit einer Erläuterung. Unser Controlling wird also in dem Moment sichtbar, in dem es Diskrepanzen gibt. Gäbe es das nicht, wäre das Ganze ein Wolkenkuckucksheim.*

Welche weiteren Formen von internem Feedback an Ihre Mitarbeiter praktizieren Sie als Führungskraft – und warum?

Interview

Klaus Kobjoll: *Seit 15 Jahren machen wir jedes Jahr eine große Mitarbeiterbefragung inklusive 360-Grad-Feedback. Dabei ist die Befragung selbst nicht anonym, denn ich bin der Meinung, jeder kann gerne kritisieren, aber dann sollten auch Ross und Reiter genannt werden. Die Fragebögen gehen an unsere QM-Beauftragte, die sie auswertet und jeder Führungskraft ihre Bewertung mitteilt, aber nicht, wie diese zustande kam. Die Auswertung ist also anonymisiert. Daneben bewerben wir uns jedes Jahr bei Great Place to Work. Dabei haben wir keinen Einfluss darauf, welche Mitarbeiter die Bögen ausfüllen und was sie dort schreiben. 2013 hatten wir einen Rücklauf von 98 Prozent und waren »Bester Arbeitgeber Deutschlands« quer durch alle Branchen bei Unternehmen mit weniger als 500 Mitarbeitern und »Bester Arbeitgeber Europas« in der Hospitality Industrie, und das im fünften Jahr in Folge.*

Der MAX wird heute in vielen Unternehmen verschiedener Branchen in ganz Europa eingesetzt. Wie sind die Erfahrungen?

Klaus Kobjoll: *Wir haben den MAX an über 300 Unternehmen verkauft, etwa 150 arbeiten umfassend damit. Damit der MAX zum Selbstläufer im Unternehmen wird, muss die Kultur dazu passen. Dazu gehören Offenheit, Transparenz, sehr viel Vertrauen, Empowerment. Insofern ist der MAX das i-Tüpfelchen für eine Firma, die bereits für alle erlebbar eine besondere Kultur hat.*

Markus Wiesmann: *Allerdings ist der MAX auch für Teilbereiche interessant. Man kann ihn beispielsweise nutzen, um seine Jahresgespräche zu optimieren, und sich dafür auf acht bis zehn gemeinsame Kriterien einigen.*

Wie sichern Sie im Schindlerhof Servicequalität?

Klaus Kobjoll: *Kürzlich habe ich den Vortrag eines Londoner Professors zum Thema Service gehört. Dessen Fazit lautete: »Details matter«. Es sind die Details, die beim Kunden hängen bleiben, nicht die Basics – die setzen wir voraus. Wir haben im Schindlerhof 100 bis 150 Details schriftlich implementiert, über den ISO-Katalog und die Job-Descriptions der Mitarbeiter. Damit ist sichergestellt, dass die Dinge nicht nur* *einmal getan werden, sondern kontinuierlich. Das ist die erste Stufe. Die zweite: One-to-one-Marketing, individuelle Leistungen für die Stammkunden. Wir wissen durch unser CRM-Tool, ob jemand einen Hund hat, wann der Geburtstag hat, und schicken einen Kauknochen. Wir wissen, ist jemand Golfer, Vegetarier, Veganer usw. Die dritte Stufe kommt von Walt Disney und lautet kurz gefasst: nicht nur Erlebnisse bieten, sondern Erlebnis und Lernen, etwa mit unserer Kochschule oder dem Service-Lehrpfad im Japangarten. Und am allerwichtigsten: Wir sind weggekommen vom Service-Design mit wörtlichen Vorgaben und strikten Regeln und setzen stattdessen auf die Individualität der Mitarbeiter. Niemand bekommt bei uns Sätze vorgeschrieben, jeder soll machen, was zu ihm passt. Dazu kann er in der Probezeit im »Bilderbuch der Herzlichkeit« blättern und sich anschauen, wie Kollegen bestimmte Dinge umsetzen. Er kann sich entweder daran orientieren oder etwas Eigenes entwickeln. Am Ende der Probezeit wird die Antwort des neuen Mitarbeiters ins Buch aufgenommen. Das hat uns das meiste gebracht.*

Voraussetzung dafür ist eine enorm entwickelte Unternehmenskultur, oder?

Markus Wiesmann: *Das hängt auch mit der Mitarbeiterauswahl zusammen. Wir sind eine Hochleistungskultur und suchen bei der Einstellung nach Mitarbeitern, die sich darauf einlassen.*

Klaus Kobjoll: *In einer amerikanischen Kultur, die vom Service-Design geprägt ist, oder in einer Konzernkultur ist unser Modell tatsächlich kaum machbar. Es ist nicht franchisefähig und auch nicht filialisierungsfähig. Sie brauchen das Herzblut einer Unternehmerfamilie.*

Eine gute Nachricht für den Mittelstand, eine schlechte für Großunternehmen also?

Klaus Kobjoll: *Zahlen aus der Lebensmittelbranche belegen, dass angestellte Manager bei der Führung eines Marktes nicht so erfolgreich sind wie selbstständige Kaufleute. Angestellte Manager bleiben im Schnitt fünf Jahre in einem Unternehmen, sie denken weniger langfristig und mehr an die eigene Karriere. Auf der anderen Seite gibt es auch in Konzernen Manager, die sagen: Egal, was die Zentrale sagt,* *ich mache das jetzt in meiner Abteilung. Solange sie Erfolg haben, lässt man sie in der Regel gewähren. Man kann die Kultur auch nur im eigenen Leitungsbereich verändern. Voraussetzung ist, dass der CEO das toleriert und das QM-Handbuch nicht für die Bibel hält.*

Wie meinen Sie das?

Klaus Kobjoll: *Die ISO ist der Mopedführerschein für Qualität. Wenn ich nicht mal den habe, kann ich nicht Ferrari fahren. Dann muss man aber irgendwann darüber hinausgehen. Der Schindlerhof ist 1995 als erstes Hotel nach der ISO 9001 zertifiziert worden, gleich darauf nach der ISO 14001 und dann nach dem EFQM-Standard. Die ISO-Zertifizierung war das Rückgrat, aus dem wir alles Weitere entwickelt und Strukturen optimiert haben. Unsere ganze Familie ist eher rechtshirnig-kreativ, da war das sehr nützlich. Die EFQM hat noch einmal Sand aus dem Getriebe entfernt und uns Umsatzzuwachs beschert. Aber was den letzten Kick bringt, ist die Energie, die Begeisterung, die man auf seine Mitarbeiter übertragen muss. Der Hirnforscher Gerald Hüther sagt inzwischen auch: Begeisterung ist durch nichts zu ersetzen. Diese Eigenenergie muss man aufbringen und seine Mitarbeiter mitnehmen. Das funktioniert im eigenen Unternehmen mit 150 bis 200 Mitarbeitern, aber nicht mehr in einer zweiten Filiale, die 150 bis 200 Kilometer entfernt ist.*

Markus Wiesmann: *Wir beobachten in vielen Unternehmen ein Umdenken, ein Bewusstsein, dass man die Mitarbeiter deutlich mehr einbeziehen muss, auch vor dem Hintergrund von Fachkräftemangel und demografischem Wandel. Dazu gehört, Transparenz zuzulassen. Das Bewertungssystem des MAX bringt Transparenz in Verbindung mit Kommunikation, und diese Kombination schafft Vertrauen und Selbstbewusstsein.*

Eine letzte Frage an Sie als Vordenker des Service, Herr Kobjoll. Gibt es überhaupt noch Serviceerlebnisse, die Sie persönlich beeindrucken?

Klaus Kobjoll: *Ja, ständig! Deutschland ist keine Servicewüste, es gibt viele kleine Serviceoasen. Meine Autos kaufe ich beispielsweise in einem familiengeführten Unternehmen. Auch wenn ich dort nur eine*

Frage habe, wird mir der Autoschlüssel abgenommen und ich bekomme den Wagen gewaschen zurück. Oder mein Steuerberater, der weiß, dass ich meinen Kaffee schwarz trinke und Plätzchen dazu mag. Die sind dort eigentlich abgeschafft, aber wenn ich komme, stehen welche auf dem Tisch.

Mit zehn Firmengründungen ist **Klaus Kobjoll** [links] Vollblutunternehmer par excellence. Er ist Gründer des vielfach preisgekrönten Hotels Schindlerhof in Nürnberg (u. a. neunmal bestes Tagungs- bzw. Seminarhotel Deutschlands, dreimal Ludwig-Erhard-Preis, European Quality Award, EFQM Special Prize Customer Focus, EFQM Special Prize People Development). Auf seine Initiative entwickelte **Markus Wiesmann** mit Unterstützung von Prof. Dr. Ulrich Scheiper (FH Würzburg-Schweinfurt) den MitarbeiterAktienindeX, kurz MAX *(www.m-a-x.eu)*. Markus Wiesmann ist Diplom-Betriebswirt und heute Geschäftsführer der MAX GmbH. Klaus Kobjoll hat sich auch als Unternehmensberater und Redner einen Namen gemacht. Er ist Mitglied der Hall of Fame der German Speakers Association GSA. ▶ *www.kobjoll.de*

»Zertifizierungen als Feedback-Instrument«

Interview mit Michael Weppler (TÜV Rheinland AG)

Interview

Der TÜV Rheinland bietet Unternehmen Zertifizierungen gemäß der ISO 9001 an. Manche Unternehmen sehen eine Zertifizierung vor allem als Marketinginstrument. In welcher Weise ist sie auch ein Feedback-Instrument für das Unternehmen?

Michael Weppler: *Tatsächlich lassen sich viele Unternehmen zunächst deshalb zertifizieren, um mit dem Zertifikat für sich zu werben. Zum Teil ist eine Zertifizierung nach der ISO 9001 aber auch eine Voraussetzung, um überhaupt ein Geschäft zu betreiben, beispielsweise gilt das in der Automobilzulieferung. Ohne Zertifikat bekommen Sie dort keinen Auftrag. Andere Unternehmen wollen vor allem eine echte Verbesserung ihrer Prozesse erreichen. In Deutschland ist die erste Sicht etwas verbreiteter, im Ausland ist es umgekehrt. Der Grund dafür ist möglicherweise, dass man hierzulande meint, mit unseren klar geregelten Ausbildungen und Abschlüssen sei Qualität unabhängig von Zertifizierungen gewährleistet. Wie stark ein Unternehmen von der Zertifizierung profitiert, hängt letztlich von ihm selbst ab: Wer mit möglichst wenig Aufwand versucht, die Zertifizierung zu schaffen, und froh ist, wenn der Auditor wieder weg ist, an dem geht das Qualitätsmanagement mehr oder weniger spurlos vorbei. Wer die DIN ISO als Leitfaden für modernes Unternehmensmanagement ernst nimmt, wird profitieren und sich im Wettbewerb seiner Branche verbessern.*

Was unterscheidet das Feedback eines professionellen Auditors vom Kundenfeedback, das heute vielfach in die Unternehmenssteuerung einfließt?

Michael Weppler: *Kunden reagieren meist auf ein einmaliges, häufig emotional geprägtes Ereignis – sie sind beispielsweise empört, weil ihr Neuwagen mit Mängeln ausgeliefert wurde. Professionelle Auditoren liefern ein umfassendes und abgerundetes Bild, das auf teilweise mehr als tausend einzelnen Punkten basiert und sachlich ausgewogener ist. In dieses Bild fließt breites Erfahrungswissen ein, weil ein Auditor die hundertste oder vielleicht sogar tausendste Zertifizierung vornimmt.*

Auditoren sind dafür ausgebildet, fachliche Daten zu ermitteln, sie zu bewerten und darzustellen. Sie können auf generelle, prozessuale Fehler hinweisen; es geht ihnen nicht um singuläre Ereignisse. Es wäre auch ein Irrglaube, dass es keine Kundenbeschwerden nach erfolgreicher Zertifizierung mehr gäbe. Aber ich kann sie systematisch nach und nach reduzieren.

Inwiefern kann eine Zertifizierung die Servicequalität verbessern?

Michael Weppler: *Von der Identifikation systematischer Fehler kann auch die Servicequalität profitieren. Allerdings liegt im klassischen Qualitätsmanagement kein Schwerpunkt auf Service. Die Besonderheit einer Serviceleistung besteht ja darin, dass sie in dem Augenblick konsumiert wird, in dem sie erbracht wird. Es handelt sich um ein einmaliges Kundenerlebnis, das nicht ersetzbar ist. Wenn Sie im Hotel unzufrieden waren, weil der Service nicht stimmte, ist das nicht revidierbar. Ein Produkt können Sie umtauschen. QM-Ansätze aus der Produktion lassen sich daher nicht eins zu eins auf Service übertragen. Eigens für Service ausgearbeitete Qualitätssysteme werden daher in Zukunft an Bedeutung gewinnen.*

Wie werden sich Zertifizierungen künftig noch verändern?

Michael Weppler: *Es wird mehr branchen- und industriespezifische Normen geben, zum Beispiel mit Fokus auf Tourismus oder Gesundheitsbranche. Der TÜV Rheinland entwickelt hier zum Teil Pilotprojekte und ist in anderen Bereichen schon weit darüber hinaus: Im Gesundheitsbereich etwa sind wir heute für 50 Substandards zugelassen. Die ISO 9001 bildet dabei zwar das Grundwerk, auf das andere Normen aufgesetzt werden, aber sie alleine reicht nicht mehr aus. Es wird zweitens mehr integrierte Audits mit mehreren Aspekten geben, etwa eine Kombination der Qualitätsnorm mit Umweltmanagement und Arbeitssicherheit. Dafür braucht es entsprechend ausgebildete Auditoren. Und drittens werden immer mehr sozioökonomische Aspekte in die Zertifizierung einfließen, beispielsweise Themen wie Compliance oder Corporate Social Responsibility (CSR). Diese werden im internationalen Kontext immer wichtiger, denken Sie beispielsweise an Arbeitsbedingungen.*

Interview

Worauf sollten Unternehmen achten, wenn sie sich für eine bestimmte Zertifizierung entscheiden?

Michael Weppler: *In der Praxis folgen viele Unternehmen der Empfehlung des Beraters, der sie auf das Audit vorbereitet hat. Im klassischen Bereich, etwa bei der ISO 9001, ist das auch nicht falsch. Wenn ein Unternehmer allerdings inhaltlich von der Zertifizierung profitieren will, sollte er auf Branchenkenntnisse des Auditors achten. Große Anbieter wie der TÜV Rheinland beschäftigen zahlreiche Auditoren und können in jeder Branche Experten für das jeweilige Thema bieten. Auch die Marke, die Reputation des Zertifizierers sollte eine Rolle spielen: Ist sein Name ein Begriff, auch im Ausland, wenn man international Geschäfte macht?*

Eine Zertifizierung ist zeit- und damit kostenaufwendig. Was sagen Sie Skeptikern zum Return on Investment (ROI)?

Michael Weppler: *Die Frage ist nicht leicht zu beantworten, weil erst einmal geklärt werden muss, worauf sich »Investment« bezieht. Die Zertifizierung als solche macht ja in der Regel nur etwa 20 Prozent der Kosten aus. 80 Prozent fließen in Beratungsleistungen, also die Hinführung zur Zertifizierung. Außerdem müssen präzise Rahmenbedingungen definiert werden. Für einen Automobilzulieferer, der durch das Zertifikat Zugang zu Millionenaufträgen gewinnt, rechnet sich die Zertifizierung natürlich sehr schnell. Aber auch im Dienstleistungsbereich sind entsprechende Kennzahlen vorstellbar, in der Hotelbranche beispielsweise könnte man die Quote der Bettenbelegung als Maßstab heranziehen. Ob eine Zertifizierung etwas ändert, hängt natürlich auch davon ab, ob man die Chancen zur Prozessverbesserung, die sie bietet, ernst nimmt.*

Welches Serviceerlebnis hat Sie persönlich zuletzt beeindruckt?

Michael Weppler: *Zuletzt beeindruckt hat mich der Ausnahmeservice im Shangri-La Hotel in Shenzhen in China. Vom Empfang durch den Generaldirektor über die nach persönlichen Wünschen gefüllte Minibar bis zur aufmerksamen Begrüßung mit Namen durch alle Hotelmitarbeiter stimmte hier alles – es gab keine Lücke in der Kette.*

Aufgefallen ist mir die totale Servicebereitschaft; da wirkte nichts aufgesetzt oder erzwungen. Natürlich war ich dort als geschäftlicher VIP-Gast eingestuft und natürlich kann man sich fragen, ob dieser Servicelevel erforderlich ist. Für Deutschland würde ich mir mehr Mitarbeiter im Service wünschen, die ihren Job erkennbar gern machen und mit positiver Ausstrahlung auf den Kunden zugehen. Hier fehlt mir oft das positive Konsumentenerlebnis.

Michael Weppler ist seit 2012 Executive Vice President Systeme beim TÜV Rheinland und verantwortet damit das weltweite Geschäft der Zertifizierungen. Zuvor war er als Geschäftsführer für das Zertifizierungsgeschäft in Deutschland verantwortlich. Herr Weppler begann seine Karriere beim TÜV Rheinland 1992 als Umweltsachverständiger im Mobilitätsbereich. Bereits seit 1995 ist er selbst als QM- und UM-Auditor tätig gewesen.

▶ *www.tuv.com*

»Feedback von Kunden«

Interview mit Holger Leisewitz (Vereinigung Deutscher Veranstaltungsplaner e. V.)

Interview

Als Chefprüfer für VDR-Zertifizierungen sind Sie seit Jahren mit Qualität im Servicebereich professionell befasst. Welche Rolle spielt das Kundenfeedback für Servicequalität?

Holger Leisewitz: *Feedback von Kunden ist aus meiner Sicht unverzichtbar für eine Standortbestimmung, also für die Klärung der Frage: »Wo stehen wir mit unseren Leistungen?« Dabei geht es einerseits um Verbesserungspotenziale, d. h. darum, aufzuzeigen, was nicht gut funktioniert hat. Genauso wichtig ist aber auch Zustimmung von Kunden, weil sie motivierend und anspornend wirkt.*

Sie sind selbst Kunde vieler Dienstleister vom Catering-Unternehmen bis zur Airline. Wird Kundenfeedback Ihrer Erfahrung nach von den Unternehmen aktiv eingefordert?

Holger Leisewitz: *Ja, aber viel zu selten – möglicherweise aus der Angst vor negativen Stimmen oder weil man sich nicht angreifbar machen will. Dabei ist Feedback ein kostenloses Instrument, um zu lernen. Außerdem transportiert die Bitte um Rückmeldung die Botschaft: »Es interessiert mich, ob du als Kunde dich gut aufgehoben fühltest.« Unternehmen, die aktiv Feedback einholen, signalisieren daher Professionalität und Menschlichkeit gleichermaßen.*

Haben Sie Positiv- oder Negativbeispiele dafür, wie mit Ihrem Feedback als Kunde umgegangen wurde?

Holger Leisewitz: *Ich habe kein extremes Negativbeispiel, aber natürlich wirkt es sich auf unser Einkaufsverhalten aus, wenn wir uns als Kunde nicht ernst genommen fühlen. Beim nächsten Mal stellt sich dann die Frage: »Muss es tatsächlich wieder dieser Anbieter sein?« Meine Erfahrung ist, dass es umso schwieriger ist, als Kunde konstruktive Kritik anzubringen, je weniger Wettbewerb in einem Bereich herrscht. Auf heiß umkämpften Märkten, etwa beim Catering,* *wird das Feedback eines großen Kunden sehr ernst genommen. Da erscheint dann schon mal der Geschäftsführer persönlich, um ein abschließendes Gespräch zu führen.*

Heute kann jeder Kunde im Internet einfach und schnell Bewertungen publizieren und erreicht damit eine breite Öffentlichkeit. Was halten Sie davon?

Holger Leisewitz: *Für mich sind die elektronischen Medien vor allem ein Instrument der Arbeitserleichterung. Sie haben nicht die gleiche Wertigkeit wie eine persönliche Begegnung. Elektronische Bewertungen sind oft Momentaufnahmen mit der Gefahr emotionaler Verfälschungen. Außerdem wird Kritik auf Portalen nicht selten zur Waffe, um andere zu diffamieren, beispielsweise, indem man sich mit ein paar Bekannten zusammentut, um jemanden »in die Pfanne zu hauen«. Viele Menschen können sich die möglichen Konsequenzen ihrer Äußerungen im Netz gar nicht vorstellen. Kritik greift immer in den persönlichen Bereich eines anderen ein. Daher bin ich sehr dafür, ein persönliches Gespräch zu führen, und das auch erst mit einem gewissen zeitlichen Abstand. Bei der Manöverkritik nach Veranstaltungen mit unseren Dienstleistern handhaben wir das selbst auch so.*

Das heißt, trotz elektronischer Medien ist für Sie die direkte Kommunikation weiter probat?

Holger Leisewitz: *Nicht nur probat, sondern notwendig! Schon bei einer Mail können Sie ja gar nicht kontrollieren, was der Empfänger alles zwischen den Zeilen liest. Ich halte es für enorm wichtig, weiter den direkten Dialog mit den Kunden zu pflegen. Bei einer persönlichen Begegnung erfahren Sie Dinge, die auf elektronischem Weg nie zu Ihnen gelangen würden. Unternehmen sollten meines Erachtens Plattformen finden, auf denen sie ihre Kunden zu bestimmten Themen direkt befragen können, beispielsweise in Form regelmäßiger Diskussionsrunden. Als TQM (Total Quality Management) in aller Munde war, hat man damit sehr gute Erfahrungen gemacht. Leider ist dieser regelmäßige Kundendialog in vielen Unternehmen wieder in der Versenkung verschwunden.*

Was sollten Unternehmen beim Kundenfeedback in Zukunft noch berücksichtigen?

Holger Leisewitz: *Bislang hat nicht einmal eins von zehn Unternehmen einen professionellen Prozess für den Umgang mit Kundenfeedback. Es wäre gut, wenn sich das ändert. Außerdem würde ich empfehlen, sein eigenes Werkzeug zurechtzufeilen, d. h. zu überlegen, wie man genaues Feedback erhält. Wenn wir unseren Auftraggebern einen Feedbackbogen geben, ist der projektbezogen und fragt präzise Leistungen ab. Fragebögen, auf denen man nur Smileys ankreuzen und keine persönliche Meinung äußern kann, bringen meines Erachtens wenig.*

Abschließend noch eine Frage, die wir allen Interviewpartnern gestellt haben: Welches Serviceerlebnis hat Sie persönlich zuletzt beeindruckt?

Holger Leisewitz: *Ein einzelnes Erlebnis zu nennen fällt mir schwer. Ich denke, das liegt daran, dass unsere Dienstleister generell ein sehr hohes Niveau haben. Im B2B-Bereich sind wir als Kunde zudem bestrebt, ein professionelles Briefing zu geben, und dann kann auch ein Anbieter professionell agieren. Wir verstehen unsere Dienstleister als Partner, mit denen wir uns gemeinsam entwickeln. Wenn man sich dabei stetig nach oben orientiert und nie nach unten, entsteht Servicequalität.*

Holger Leisewitz ist Vorstandsvorsitzender der Vereinigung Deutscher Veranstaltungsplaner mit über 600 Mitgliedern und Chefprüfer für VDR-Zertifizierungen (Verband deutsches Reisemanagement e.V.), die von BTME (Business Travel Meetings Events) durchgeführt werden. Seit 1985 arbeitet er als Conference & Event Manager bei der Beiersdorf AG und hat in dieser Funktion das Conference & Event Management wie auch einen Inhouse-Konferenzservice innerhalb des Konzerns aufgebaut.

▸ *www.veranstaltungsplaner.de*

Schritt 6: Innovationen vorantreiben

»Man braucht eine Idee.
Und der Rest ist ziemlich harte Arbeit.«
Robert G. Cooper, Innovationsexperte
(*1943)

Beispiele

Hinter dem Segway steckt einer der erfolgreichsten Erfinder unserer Zeit, David Kamen. Das Handelsblatt bezeichnet ihn als »Daniel Düsentrieb der Vereinigten Staaten«. – Wie, Sie wissen nicht, was ein Segway ist? Genau das ist das Problem. Kamen wollte mit dem elektrisch betriebenem Stehroller die Mobilität revolutionieren und kalkulierte einen Verkauf von 10 000 Rollern pro Woche. Fünf Jahre später waren es 24 000 – nicht pro Woche, sondern insgesamt! Technisch ist der Segway mehr als gut, er ist beeindruckend. Er wird mit einem schicken elektronischen Knopf gestartet, eine ausgefuchste Elektronik balanciert das Gerät aus. Nur haben will ihn zum stolzen Preis von 8000 Euro kaum jemand. Es könnte auch daran liegen, dass es nicht wirklich cool aussieht, Segway zu fahren. Gut, wenn Techniker tüfteln. Allerdings nicht genug, wenn Kundenwünsche dabei aus den Augen verloren werden.[83] ■

Beispiele

Im Restaurant: Die Servicekraft begrüßt mich freundlich, führt mich zum Tisch und bringt dann eine Mappe mit einem iPad. Dort sei die Speisekarte hinterlegt, erfahre ich. Wenn ich das Gerät auf eine gekennzeichnete Stelle des Tisches lege, könne ich mich durch das Menü klicken, Bilder anschauen und Infos wie etwa Zutaten abrufen. Außerdem könne ich meine Bestellung gleich an die Küche senden. Auf den ersten Blick wirkt das sehr innovativ. Leicht zu bedienen ist es auch. Gut, denke ich. Doch je länger ich klicke, desto mehr vermisse ich die persönliche Ansprache. Der atmosphärische Mehrwert eines Restaurantbesuchs leidet. Fazit: Gut, doch nicht genug! ■

Ein Start-up-Unternehmen, eine Turnschuhbude. Die Gründer: zwei Studenten Mitte 20. Das Gründungsjahr: 1998. Es folgen rasantes Wachstum und jede Menge Ideen für neue Services. Heute: eines der bekanntesten Unternehmen der Welt mit einem Börsenwert von 194 Milliarden Euro.[84] Sie ahnen es längst, die Rede ist von Google. Doch nur drei Jahre nach der Gründung holen Larry Page, inzwischen 28, und Sergey Brin, 27, einen erfahrenen Manager an Bord und machen ihn zum CEO: Eric Schmidt, der auf eine Karriere in Software-Konzernen wie Novell und Sun zurückblickt. Tolle Ideen sind gut. Wenn man sie erfolgreich auf den Weg bringen will, sind sie nicht genug. ■

Was Innovationen und QM verbindet

Innovation und Qualitätsmanagement – wie passt das zusammen? Hier die kreativen Köpfe auf der Suche nach dem genialen Geistesblitz, dort die Erbsenzähler, die auf die Einhaltung von Standards und auf klar definierte Prozesse pochen? Blickt man hinter solche Klischees, ist beides sehr wohl vereinbar. Mehr noch: »Ohne klare Strukturen läuft Kreativität ins Leere.« Sagt nicht irgendwer, sondern der eingangs schon zitierte Robert G. Cooper, einer der weltweit führenden Innovationsforscher. Auch Innovationen müssen gemanagt werden, sonst verlaufen die besten Ideen im Sande. Und auch in anderer Hinsicht greifen Qualitätsmanagement und Innovationen perfekt ineinander: Wer seine Standardprozesse im Griff hat und sich nicht schon in der Bewältigung des Tagesgeschäfts erschöpft, gewinnt Freiraum für neue Ideen. In diesem Kapitel versuchen wir, Service-Innovationen und ihrer erfolgreichen Implementierung auf die Spur zu kommen.

Schnellere Pferde und andere Innovationen

Das Ziel: verborgene Kundenwünsche aufspüren

Hätte er seine Kunden gefragt, was sie sich wünschen, hätten diese wohl gesagt, »schnellere Pferde«, meinte Henry Ford einmal. Einer der Väter des Automobils bringt damit zentrale Innovationsprobleme auf den Punkt: erstens das grundsätzlich Neue, noch nicht Dagewesene zu denken und zweitens seine Erfolgswahrscheinlichkeit abzuschätzen. Wie kommt man verborgenen Kundenwünschen auf die Spur? Die Spürnase des Unternehmers oder Erfinders kann trügen, und nicht ohne Grund findet man unter dem Stichwort »Floppologie« über 1000 Einträge im Netz. Allerdings muss nicht jede Innovation etwas radikal Neues bringen. Häufiger sind es die kleinen Verbesserungen, die Kunden binden und Unternehmen Gewinne bescheren, unterstreicht Stephan A. Jansen, Experte für Strategische Organisation und Finanzierung.[85]

Kleine Schritte oder große Durchbrüche?

Radikale oder inkrementelle Innovationen sind möglich.

Das Automobil, das Fließband, der PC, das Internet, all das waren umwälzende Neuerungen, die unsere Art zu leben und zu wirtschaften entscheidend verändert haben. Experten sprechen in diesen Fällen von »radikalen« oder auch »diskontinuierlichen« Innovationen. Sie basieren in der Regel auf revolutionärer Technik. Im Alltag der meisten Unternehmen spielen jedoch nicht diese Durchbruchsinnovationen die Hauptrolle, sondern die stetige Optimierung des Bestehenden, auch »kontinuierliche« oder »inkrementelle« Innovation genannt. Häufig geht es dabei darum, die neue Technik (noch) besser einzusetzen und zu vervollkommnen.

Musterbeispiel Amazon

So hat das Internet den Online-Handel ermöglicht, der durch den Warenversender Amazon in den letzten Jahren stetig perfektioniert wurde: mit immer einfacheren Bestellsystemen (»1-Click®«), mit der Integration anderer Händler (»Marketplace«), mit ausgeklügelten Systemen der Kundenrezension und Empfehlung (»Wird oft zusammen gekauft …«). Amazon ist ein Musterbeispiel inkrementeller Innovation und auch ein Exempel dafür, wie sich die rastlose Verbesserung des Bestehenden in Milliardenumsätzen niederschlagen kann.

Elektronische Perfektion hat ihre Grenzen.

Gleichzeitig ist Amazon ein Musterbeispiel für Service-Innovation. Der Dienstleister hat es seinen Kunden so einfach gemacht und elektronische Bestellung, Lieferung und Kundenbetreuung so perfektioniert, dass viele Amazon-Käufer eine fast persönliche Beziehung zum Internetriesen entwickelten, obwohl sie es niemals mit einer Person dort zu tun hatten. Oder haben Sie schon einmal versucht, bei Amazon anzurufen? Der empörte Aufschrei, als die Arbeitsbedingungen in den Logistikzentren im Februar 2013 öffentlich wurden, hatte auch etwas von enttäuschter Liebe. Und dennoch lässt sich nicht alles elektronisch perfektionieren, wie das Eingangsbeispiel mit der Bestellung via Tablet-Computer im Restaurant zeigt. Der Kunde ist und bleibt unberechenbar.

Wie man Innovationen einordnet

Die Grenzen zwischen radikalen und inkrementellen Innovationen sind fließend und führen rasch zu akademisch anmutenden Diskussionen: Ist beispielsweise das Smartphone eine Durchbruchsinnovation oder eine bloße Optimierung des Mobiltelefons? Ähnlich kompliziert wird es, wenn man versucht, den Begriff der »Service-Innovation« sauber von dem der technischen oder Produkt-Innovation abzugrenzen. Sind (radikal) neue Dienstleistungen nicht in der Regel an neue technische Möglichkeiten gekoppelt wie die zahlreichen nützlichen Apps ans Smartphone oder das Online-Ticketing ans Internet? Oft, jedoch nicht immer, wie das Teleshopping belegt, das erst Jahrzehnte nach der Erfindung des Fernsehens als Service-Idee geboren wurde.

Es hat schon seinen Grund, dass selbst Innovationsforscher sich in eher vage Umschreibungen flüchten, wenn sie das Wesen einer Innovation auf den Punkt bringen sollen: »Innovationen sind neue Lösungsvorschläge für menschliche Probleme. Irgendjemand findet, dass irgendetwas nicht so gut oder so schnell funktioniert, wie es könnte, oder nicht so gesund oder praktisch ist, wie es sein sollte, und entwickelt etwas Neues«, sagt beispielsweise Nikolaus Franke von der Wirtschaftsuniversität Wien, der Entrepreneurship und Innovationsmanagement zu seinen Forschungsschwerpunkten zählt.[86]

Service-Innovationen

Denken aus Kundensicht

Kundenwünsche und -bedürfnisse verändern sich im Laufe der Zeit. Servicequalität ist daher kein einmal erreichtes, starres Merkmal, sondern ein stetiger Prozess. Wer aufhört zu rudern, fällt zurück. Die wichtigste Denkrichtung, um Service-Innovationen auf die Spur zu kommen, ist daher das Denken vom Kunden her:

- Wie können wir unsere Leistung für unseren Kunden (noch) einfacher machen?
- Was könnten wir für ihn noch bequemer machen?
- Was könnten wir noch schneller leisten?
- Was hilft unserem Kunden, Zeit zu sparen?
- Was hilft unserem Kunden, Geld zu sparen?
- Welche ergänzenden Leistungen könnten für unseren Kunden attraktiv sein?
- Wie könnten wir das Serviceerlebnis aufwerten?
- Könnten wir unsere Dienstleistung individualisieren?
- Könnten wir unsere Dienstleistung stärker standardisieren? Kurz:
- Wie können wir die Bedürfnisse unserer Kernzielgruppe noch besser treffen?

Gute Service-Ideen für den Zahnarzt

Nur Innovationen, die Kunden einen Nutzen bieten, haben Erfolgschancen. Dabei kann der Nutzen ein sachlicher, finanzieller, zeitlicher oder auch ein emotionaler sein. Fragen wie die oben genannten führen unweigerlich zu Service-Ideen. Ein Zahnarzt könnte zum Beispiel:

- das Wartezimmer mit Wasserspender und PC mit Internetzugang ausrüsten,
- einen »kinderfreundlichen« Behandlungsraum einrichten,
- bei Terminverschiebungen von mehr als einer halben Stunde per SMS vorwarnen,
- an einen Nachmittag in der Woche für Kinderbetreuung sorgen, damit Eltern sich in Ruhe behandeln lassen können.

»Details matter« und: Weniger ist (manchmal) mehr.

Ist das schon »innovativ« oder sind das nur kleine Service-Verbesserungen? Die Beantwortung dieser Frage überlasse ich Ihnen. Solange etwas die Wettbewerbsfähigkeit eines Dienstleisters verbessert, lohnt es sich. Service-Innovationen können genau jene Überraschungsmomente bieten, die Servicequalität dauerhaft auf einem hohen Niveau halten. Und dabei gilt, was Klaus Kobjoll im Interview am Ende des letzten Kapitels unterstreicht: »Details matter!« Die Vielfalt der Kundenbedürfnisse und -wünsche rückt zudem eindimensionale Vorstellungen des »immer schneller, höher, weiter« zurecht: Service-Innovationen können auch *weniger* Service bedeuten. Die ersten Friseure, die einen günstigen »Cut & Go«-Schnitt anboten, bei dem der Kunde sich selbst die Haare föhnt, waren zweifellos innovativ. Im Hotelbereich macht die Hostel-Kette A&O Furore, die mit Mehrbettzimmern und Übernachtungspreisen ab 6 Euro seit 2000 auf 22 Häuser gewachsen ist.[87] Und IKEA ist mit dieser Grundidee zum Weltkonzern geworden.

Back to the roots

Service-Innovationen müssen auch nicht zwangsläufig etwas *Neues* bieten – sie können auch die Rückkehr zu früheren Service-Ideen bedeuten. 2005 rüstete Shell die ersten Tankstellen mit einem kostenpflichtigen Tankwartservice aus. 2010 boten 1000 von 2200 Shell-Tankstellen in Deutschland diesen Dienst mit Scheibenwischen und Ölstandkontrolle an. Und das Ergebnis kann sich sehen lassen: Pro Monat nutzten fast eine Million Kunden dieses Angebot, die meisten zahlten einen Euro. Die Service-»Innovation« zahlt sich für den Ölkonzern aus, weil er an seinen »Service-Tankstellen« 4 Prozent mehr vom teuersten Kraftstoff verkauft und 30 Prozent mehr Motoröl und Zusätze für die Scheibenwaschanlage.[88]

Mehr Service gewünscht

Ob mehr oder weniger Service in die richtige Richtung führt, muss jedes Unternehmen selbst prüfen. Die Lösung könnte auch schlicht heißen: beides. Meine Bank beispielsweise arbeitet gerade hart daran, ihre Privatkunden zum Onlinebanking zu erziehen, indem sie den Service vor Ort ausdünnt. Am Schalter kann man nicht mal mehr einen Geldschein wechseln. Ich könnte mir vorstellen, dass ein »analoger« Kundenservice nach dem Muster des 20. Jahrhunderts bald eine lukrative Geschäftsidee für Banken sein wird – und ein »innovatives« Service-Angebot.

Ein Trend: Entschleunigung

Service-Innovationen müssen die Dinge auch nicht zwangsläufig beschleunigen. An »Schnellkassen« für Kunden mit bis zu fünf Einkäufen haben wir uns gewöhnt – auch das eine Service-Idee aus dem Blick für Kundenbedürfnisse. Inzwischen gehen die ersten Supermärkte dazu über, »Langsamkassen« einzurichten, an denen das Personal Zeit für ein Schwätzchen hat und die Waren in aller Ruhe einpackt. Solche Bummlerkassen gibt es inzwischen nicht nur im fernen Finnland, sondern auch bei der Schweizer Migros.[89] Das sorgt vermutlich nicht nur für bessere Laune bei den Kunden, denen die allgegenwärtige Hektik auf die Nerven fällt, sondern auch bei den Eiligen, die sich weniger über »Bummler« in der Schlange vor ihnen ärgern müssen.

Denken Sie in Polaritäten.

Wir müssen also lernen, beim Service in Polaritäten zu denken: neu und althergebracht, schneller und langsamer, standardisierter und individueller – all das kann für die jeweilige Kundengruppe eine wertvolle Innovation sein. Maßkonfektion ist ebenso ein Beispiel für Individualisierung wie das Angebot an den Kunden, sein eigenes Müsli mixen zu lassen *(MyMuesli.de)* oder Spirituosen mit persönlichen Etiketten zu versehen *(www.logowein.de)*. Die Angebote spreizen sich in Minimalservice und Rundumbetreuung, am Markt ist Platz für »Service-Discounter« und »Service-Feinkost«. Wann etwa kommen textile Designerlabels auf die Idee, betuchten und viel beschäftigten Kundinnen Home-Service (oder Büro-Service) anzubieten?

Technische Service-Innovationen

Neben Kundenbedürfnissen wie mehr Einfachheit, Bequemlichkeit, Kostenersparnis, Schnelligkeit und Individualisierung ist die Technologie ein wichtiger Treiber von Service-Innovationen. Eine naheliegende Schlüsselfrage lautet hier: Welche neue Technik eignet sich für eine Service-Verbesserung in unserem Unternehmen oder ermöglicht ganz neue Services? Einige Beispiele:

- Online-Ticketing statt stationärer Kartenverkauf am Bahnschalter, an der Theaterkasse oder im Konzerthaus,
- Taxiankündigung per SMS: Der Fahrgast wird informiert, dass sein vorbestelltes Taxi in drei Minuten vorfährt,
- Zusatzinfos über QR-Codes auf Plakaten, in Anzeigen, Flyern oder Büchern,
- der Tablet-Computer als »Hilfsconcierge« im Hotel: Mit dem Gerät, das Kunden auf ihrem Zimmer vorfinden, können Sie dank ausgewählter Apps, Maps und voreingestellter E-Mail-Adressen ihren Aufenthalt planen (Hotel Hollmann, Wien)[90],
- der »Call a Bike«-Service der Deutschen Bahn, der mittels Handy und Internet in zahlreichen Städten die Suche nach dem jeweils nächsten Fahrrad und dessen flexible Nutzung ermöglicht,
- das mobile Bezahlen im Apple Store, in dem es keine Kasse mehr gibt,
- das TV-Angebot im Taxi, wo der Business-Kunde sich über n-tv oder andere News-Kanäle auf dem Laufenden halten kann, per Tablet-Computer-Screen in der Nackenstütze des Beifahrersitzes,
- Webinare oder Videokonferenzen als neue Formen des Lernens.

Nicht jede technische Neuerung ist erfolgversprechend.

Nicht zufällig hängen die genannten Service-Innovationen mit Fortschritten in der Informationstechnologie zusammen. Sie ist zweifellos der wichtigste Treiber für neue Kundenservices. Ob sich alles durchsetzen wird, was technisch möglich ist, ist allerdings eine andere Frage. Hier noch zwei Beispiele für Service-Angebote mit eher ungewissen Erfolgsaussichten:

- »Google Glasses« – die Brille als Alleskönner: Google experimentiert mit einer Brille, mit der man mittels eines Minicomputers am Glasrand auch Fotos schießen, Informationen googeln, Bilder und Infos teilen kann.[91]
- »Cardrops« – das Auto als Packstation: Ein belgischer Anbieter will bestellte Pakete im Kofferraum des Autobesitzers deponieren. Dafür muss der Wagen mit einem GPS-Gerät ausgerüstet werden, das eine Lokalisierung und das Öffnen des Kofferraums über einen Code ermöglicht.[92]

Kritische Kundenstimmen

Google war nach eigener Aussage »überwältigt« von der Zahl der Nutzer, die die Brille während der Entwicklungsphase als »Explorer« testen wollten.[93] Bleibt abzuwarten, wie die Geschichte weitergeht. Für mich hat die gläserne Realität auch etwas Gespenstisches, doch vielleicht bin ich ja hoffnungslos altmodisch? Ob sich Cardrops durchsetzt, wage ich ebenfalls nicht zu prognostizieren. Als Spiegel online über den Anbieter berichtete, hagelte es Leserkommentare. Hier einige Kundenstimmen in Kurzfassung:

- Wieso gibt es nicht vor Wohnhäusern jeweils eine kleine Packstation? (Angesichts der stetig wachsenden Zahl unserer Mülltonnen keine abwegige Frage.)
- Was ist eigentlich, wenn der Autobesitzer gerade unterwegs ist, wenn der Paketbote liefern will? Gibt es dann Verfolgungsjagden?
- »Wer überlässt Fremden den Öffnungsmechanismus für sein Allerheiligstes?«
- Es wird bestimmt »dankbare Abnehmer« für Lokalisierung und Öffnungscode unter Autodieben geben.
- Man kann doch schon längst bei der Deutschen Post »Garagenzustellung« vereinbaren, sprich die Hinterlegung an einem »nicht frei einsehbaren Ort« auf dem Grundstück.
- »Je nach Versanddienst können z. B. auch Tankstellen als Lieferadresse angegeben werden. Ideal. Abends lange offen, auf dem Heimweg, sobald die E-Mail vorliegt, vorbeifahren und abholen.«[94]

Attraktive Ideen?

Soweit ein Auszug aus einer spontanen Kundendiskussion im Netz, die interessante Fragen aufwirft und ahnen lässt: Nicht alles, was in den Entwicklungsabteilungen der Unternehmen ausgebrütet wird, muss für (genügend) Kunden attraktiv sein. Wäre ein Online-Check-in im Hotel für Kunden eine Serviceverbesserung? Legen sie Wert auf ein »Energybed«, wie es der Spa-Ausstatter Klafs im »Future Hotel« in Duisburg installiert hat? Würden sie Check-out-Termine im 24-Stunden-Rhythmus zu schätzen wissen, mit denen die amerikanische Hotelkette Starwood um Stammkunden wirbt (wer um 17:00 Uhr eincheckt, muss erst um 17:00 Uhr am Folgetag auschecken)?[95]

Fragen wie diese führen nahtlos zum nächsten Punkt: Wenn es stimmt, dass der Erfolg von Innovationen für Unternehmen schwer abschätzbar ist, welche Möglichkeiten haben sie dann, um sich in einem frühen Stadium sicherer zu werden, ob ihre Idee wirklich so genial ist, wie die Entwicklungsabteilung meint? Henry Ford und seine Pferdeskepsis hin oder her: Kunden zu fragen scheint manchmal doch keine so schlechte Idee. Mehr dazu weiter unten im Abschnitt »Innovationen verwirklichen«.

Innovationen entwickeln und umsetzen

Mehr Innovationen braucht das Land!

»Kürzere Produktlebenszyklen und erhöhter Konkurrenzdruck führen dazu, dass mehr innoviert werden muss«, sagt Stefan Lindegaard, Innovationsberater aus Dänemark, und Mark Randall, Chief Strategist des Software-Unternehmens Adobe, zieht daraus den Schluss, das Mittelmanagement habe »künftig die Aufgabe, jeden Mitarbeiter zum Innovator zu machen«.[96] Das gilt für Service ebenso wie für Produkte. Doch wenn es mehr sein soll als Leitbild-Poesie und Absichtsbekundung, verlangt es praktische Schlussfolgerungen.

Ideen generieren

Kreativität braucht Zeit …

Eine innovationsfreundliche Unternehmenskultur befeuert die Kreativität von Mitarbeitern. Gern wird in diesem Zusammenhang Google zitiert, das Starunternehmen, bei dem Mitarbeiter einen Tag der Woche Zeit zum »Spinnen« und zur Entwicklung neuer Ideen zur Verfügung haben. Der stetige Fluss neuer Google-Services basiert auf dieser »20-Prozent-Regel«. Neu ist sie nicht: Auch bei 3M dürfen Mitarbeiter schon lange ungestört an eigenen Projekten basteln, und zwar in 15 Prozent ihrer Arbeitszeit. »In einer überregulierten Gesellschaft werden Sie die Leute nicht dazu bringen, außerordentliche Gedanken zu denken«, sagte 3M-Vorstandschef George Buckley einmal dazu.[97] Die Rechnung geht auf: Der Großkonzern mit 80 000 Mitarbeitern erwirtschaftet rund ein Drittel seines Umsatzes mit Innovationen der letzten fünf Jahre.

… und Freiräume

Ideen brauchen Muße. Wer ständig seinen Alltagsaufgaben hinterherhetzt und Mühe hat, die tägliche Routine zu bewältigen, kommt kaum auf kreative Geistesblitze. Wenn dagegen die Standardprozesse laufen, kann man auch über den Tellerrand des Bestehenden hinausblicken. Vernünftiges Qualitätsmanagement befördert so indirekt Innovationen. Ist Ihr Unternehmen schon so aufgestellt, dass Sie Mitarbeitern Freiraum für eigene Ideen geben können?

Was Ideenfinder motiviert

Eine innovationsfreundliche Kultur ermöglicht nicht nur Mitarbeiterideen, sie honoriert sie auch – mit Prämien, mit Anerkennung, vor allem aber mit der Weiterverfolgung und Umsetzung. Wer über Spontanideen im Arbeitsalltag hinausgehen will, tut gut daran, Prozesse systematischer Ideenfindung zu implementieren. Ein solches Verfahren stellt Professor Ulrich Weinberg von der School of Design Thinking am Ende des Kapitels vor. In Anlehnung an den US-Innovationsforscher David Kelley setzt Weinberg auf interdisziplinäre Teams, die sich gemeinsam eine Fragestellung vornehmen, beispielsweise: Wie kann man die Sicherheitskontrolle am Flughafen für den Passagier angenehmer gestalten? Bisher wird dieser Service für die eigene Sicherheit eher als lästige Kontrolle verstanden.

Eine inspirierende Umgebung schaffen

Die Erfahrung zeigt, dass Teams aus »Fachfremden« oft zu verblüffenden Lösungen kommen, vermutlich weil ihnen die Scheuklappen des »Das haben wir schon immer so gemacht« fehlen. Außer bunt gemischten Teams empfiehlt der Innovationsexperte eine inspirierende Arbeitsumgebung, die herkömmliche Meeting-Szenarios sprengt. In der School of Design Thinking sorgen Gruppen-Stehtische und fahrbare Moderationswände für mehr Beweglichkeit – auch im Kopf! Solche Verfahren sind auf Unternehmen übertragbar: Sprengen Sie Abteilungsgrenzen, wenn Fragestellungen ganz neu durchdacht werden sollen. Wenn Azubi, Gärtner, Marketingprofi und Küchenchef mit im Boot sind, kann etwas entstehen, auf das in Denkroutinen verhaftete Experten möglicherweise nicht kommen.

Kreative Ideen für kreative Ideenfinder

Weitere Möglichkeiten, neue Ideen hervorzukitzeln:

- Bieten Sie Mitarbeitern die Möglichkeit, gelegentlich aus der Alltagsroutine auszusteigen und Messen und Kongresse zu besuchen. Neben Branchenveranstaltungen bieten sich dazu Schwerpunktveranstaltungen zum Thema Innovation an. So findet in Wien jährlich ein hochkarätig besetzter Innovationskongress statt *(www.innovationskongress.at)*. Bitten Sie Ihre Mitarbeiter, wertvolle Anregungen anschließend im Team zu präsentieren.
- Stellen Sie im Intranet des Unternehmens eine Plattform für den abteilungsübergreifenden Austausch von Ideen zur Verfügung.
- Achten Sie auf eine gute Mischung: Neben »Machern«, »Teamworkern« und »Spezialisten« sollten Sie im Unternehmen auch kreativen »Erfindern« eine Chance geben, also besonders entdeckungsfreudigen und neugierigen Menschen. »Wenn alle gleich sind und gleich denken, bewegt sich wenig«, gibt Personalexperte Markus Brand im Interview im 2. Kapitel zu bedenken (dort auch mehr zu den oben erwähnten Teamrollen).
- Überlegen Sie, ob ein Austauschprogramm mit Partnerunternehmen oder ausländischen Filialen Mitarbeitern wertvolle Anregungen bieten könnte.

- Sorgen Sie für einladende Ecken und Räume im Unternehmen, in denen man sich zwanglos und in guter Atmosphäre austauschen kann. In Mittagsrunden und Kaffeeküchen wurden schon mehr gute Ideen geboren als in manchen Meetings.
- Lassen Sie sich von anderen Branchen inspirieren: Welche Ideen wären möglicherweise übertragbar? Service-Ideen, die aus dem Blick in andere Bereiche resultieren, reichen von der Preissäule vor dem Preiswert-Hotel ähnlich einer Tankstellenanzeige (Ibis) bis zum »Sockenabo«, das Besitzern sockenfressender Waschmaschinen regelmäßig Nachschub liefert *(www.blacksocks.com)*.
- Loben Sie über soziale Medien wie Facebook einen Ideenwettbewerb unter Kunden aus und werten Sie Kundenstimmen aus.
- Lassen Sie sich von ausländischen Wettbewerbern inspirieren. Welche Idee aus Frankreich, England, Japan, USA würde vielleicht auch auf dem deutschen Markt funktionieren?
- Engagieren Sie einen Trendscout oder besuchen Sie ein Land, das in Ihrer Branche als Vorreiter gilt.
- Arbeiten Sie mit Hochschulen zusammen und lassen Sie Fragestellungen in studentischen Projekten bearbeiten.
- Machen Sie gute Ideen im Unternehmen publik. Das ist Anerkennung für den Urheber und Ansporn für andere.

Ideen umsetzen

Der sechsstufige Weg zur Umsetzung von Ideen

Ideen zu entwickeln ist das eine, sie anschließend auf den Prüfstand zu stellen und dann auch umzusetzen, etwas anderes. Nichts lähmt Ideenfreude mehr als die Erfahrung, dass innovative Ansätze wirkungslos verpuffen. Um das zu vermeiden, arbeitet man an der School of Design Thinking mit einem sechsstufigen Prozess, in dem Ideen zu Ende gedacht werden:

1. Verstehen (exakte Beschreibung der Fragestellung)
2. Beobachten (ausführliche Recherche zum Thema, zu bisherigen Lösungen)
3. Sichtweise definieren (gemeinsame Auswertung und Gewichtung der Recherche-Ergebnisse)
4. Erfinden (Ideenfindung, Brainstorming)
5. Visualisieren / Prototypen entwickeln (Konkretisierung der Lösung durch Zeichnungen, Modelle oder – bei Service-lösungen – im Rollenspiel)
6. Testen (Einbeziehung späterer Nutzer, Stärken und Schwächen ermitteln)[98]

Diese Schritte will man nicht streng chronologisch, sondern »iterativ« verstanden wissen, d. h. mit Rückkoppelungen und erneuten Recherchen, Auswertungen, Prototypen und Tests, wenn der Folgeschritt dies erforderlich macht.

Sehr wichtig: die Testphase

Damit zeichnet sich ab, was Thomas Alva Edison mit seiner berühmten Bemerkung gemeint haben könnte, Genie sei »1 Prozent Inspiration und 99 Prozent Transpiration«: Innovation ist tatsächlich harte Arbeit, und die Umsetzung einer Idee erfordert einen systematischen Prozess. Dieser weitet einerseits den Blick und nimmt viele Möglichkeiten ins Visier, verliert sich andererseits auch nicht im Vagen, sondern macht die gewählte Lösung so konkret, dass ihre Praktikabilität getestet werden kann. Dabei kann die Testphase gar nicht hoch genug gewichtet werden. Sie gibt erste Indizien, ob die entwickelte Service-Idee bereits geäußerte oder bislang unbewusste Kundenbedürfnisse tatsächlich befriedigt.

Die Testphase im Labor

Neben Rollenspielen und szenischen Darstellungen sind virtuelle Simulationen denkbar. Das Fraunhofer-Institut für Arbeitswirtschaft und Organisation (Fraunhofer IAO) hat hierzu ein »ServLab« entwickelt, das Unternehmen umfassende Prüfung von neuen Dienstleistungsideen bietet. Praxisbeispiele reichen von der Prozessbeschleunigung bei Kundenanfragen im Handwerk bis zur Erprobung eines neuen Konzepts der Systemgastronomie *(www.servlab.eu)*. Institutsleiter Dieter Spath verspricht, dies helfe, »teure Optimierungsmaßnahmen nach der Markteinführung zu vermeiden«.[99]

Prototyping: Modelle veranschaulichen neue Ideen.

Das UnternehmerTUM, Zentrum für Innovation und Gründung, setzt dagegen auf Prototyping als kostengünstiges Werkzeug der Erprobung von Produkt- wie Service-Ideen und versteht darunter verschiedene Methoden der Visualisierung von neuen Konzepten, beispielsweise den Nachbau mit Legosteinen (»Lego Serious Play«). So wird beispielsweise die Idee eines Flughafen-Check-ins für Alleinerziehende und ihre Kinder spielerisch weiterentwickelt und modifiziert. Einfache Abbildungen und Modelle aus Karton, Papier oder eben Legosteinen lieferten tiefergehende Erkenntnisse als etwa Argumentlisten in PowerPoint-Präsentationen, betont Bernhard Doll, der den Bereich »Innovation und Prototypen« leitet. Unter Prototypen werden hier anders als im Maschinenbau nicht nur Vorstufen der Serienreife, sondern auch grobe Annäherungen verstanden.[100] Auch die Erprobung von Service-Ideen in ausgewählten Bereichen (Abteilungen, Filialen, Angeboten) ist eine sinnvolle Testmöglichkeit und begrenzt das Risiko von Fehlinvestitionen.

Tore zur Entscheidung: das Stage-Gate®-Modell

Ähnlich wie die School of Design Thinking propagiert auch der kanadische Experte Robert G. Cooper einen geordneten Innovationsprozess. Das Besondere an seinem Stage-Gate®-Modell: Der Innovationsprozess wird hier unmittelbar in der Unternehmenspraxis verankert. Cooper setzt ebenfalls auf eine klar definierte Abfolge von Ideenfindung in interdisziplinären Teams über Analyse, auf die Business-Case, Produktentwicklung, Tests und schließlich Produktfreigabe sowie Markteinführung folgen. Jede dieser Phasen wird durch ein »Entscheidungstor« (Gate) von der nächsten getrennt.

Coopers Erfolgsrezept

Ein solches Gate zwingt das verantwortliche Managementteam auf der Basis vorab festgelegter Kriterien zu einer eindeutigen Entscheidung, ob man den nächsten Schritt gehen soll oder nicht. Cooper plädiert dafür, mehrere Ideen auf den Weg zu bringen, diese an den Kontrollpunkten oder Gates jedoch anhand der bisherigen Erkenntnisse diszipliniert auf ihre Qualität hin zu prüfen.

Nach den Erfolgsgeheimnissen besonders innovativer Unternehmen befragt, die es schaffen, immer wieder tragfähige neue Ideen am Markt zu platzieren, nennt er daher:

- einen »Prozess, der festgelegt sein sollte« (Wer macht was bis wann? Welche Kriterien entscheiden, ob man abbricht oder weitermacht? Wer ist verantwortlich?);
- klare »Decision Points«;
- Start mit mehreren Ideen, die gezielt ausgedünnt werden, und
- »Teams mit Mitarbeitern aus unterschiedlichen Abteilungen«.

Ein klar definierter Prozess fördert Innovationen.

Das Wirtschaftsmagazin *Brand eins* umschreibt seine Methode treffend mit der Formel »Idee + Disziplin + Planung«.[101] Cooper hat seine Methode für die Entwicklung neuer Produkte entworfen und in einem Buch ausführlich dargelegt (»Top oder Flop in der Produktentwicklung«).[102] Ich sehe jedoch keinen Hinderungsgrund, das Modell auf Service-Innovationen zu übertragen. Was unweigerlich zu der Frage führt, ob Sie im Unternehmen neben einem innovationsfreundlichen Klima, den richtigen Mitarbeitern sowie genügend Freiraum zum Nachdenken über neue Service-Angebote auch einen klar definierten Prozess für Innovationsentwicklung haben.

Das Wichtigste auf einen Blick – INNOVATION

➲ Radikale Innovationen sind selten und in der Regel an neue Technologien gebunden. In der Unternehmenspraxis spielen inkrementelle Innovationen, d. h. kontinuierliche Optimierungen, die wichtigere Rolle.

➲ Innovationen brauchen beides: gute Ideen und einen strukturierten Prozess der Ideenprüfung und -umsetzung.

➲ Innovation und Qualitätsmanagement sind keine Gegensätze. Sie gehören zusammen, denn:

1. (Service-)Qualität erfordert stetige Veränderung und damit Innovation.

2. Erfolgreiches QM sorgt für funktionierende Standardprozesse und schafft damit Freiraum für neue Ideen.
3. Wenn Ideen nicht im Sande verlaufen sollen, braucht es klare Prozesse und Kriterien im Innovationsmanagement.

- Service-Innovationen basieren häufig auf technischen Innovationen. Heute spielt die Anwendung neuer Informationstechnologien dabei eine Schlüsselrolle.
- Gute Ideen entstehen durch eine innovationsfreundliche Kultur, Muße zum Denken, interdisziplinäre Teams und Offenheit für Impulse von außen (z. B. Messen, Reisen, Trendscouts, Blick in andere Branchen).
- Prozessmodelle für Innovation sind das Sechs-Stufen-Modell der School of Design Thinking (Potsdam) oder das Stage-Gate®-Modell von Robert G. Cooper.
- Erfolgreiche Innovatoren denken vom Kunden her. Die Neuerung muss dem Kunden einen sachlichen, zeitlichen, finanziellen oder emotionalen Nutzen bieten.
- Der Erfolg von Service-Innovationen ist schwer vorhersagbar. Prototyping, virtuelles Durchspielen (»ServLab«), frühes Einholen von Kundenmeinungen und Erprobung im Rahmen begrenzter Pilotprojekte helfen, Flops zu vermeiden.

»Kann man Innovation lernen?«

Interview mit Professor Ulrich Weinberg (HPI School of Design Thinking)

Sie leiten den Studiengang »Design Thinking«, der auf der Website Ihres Instituts als »erfinderisches Entwickeln« übersetzt wird. Was heißt das?

Professor Weinberg: *Der Begriff »Design Thinking« ist in den USA von David Kelley, Professor an der Stanford University, geprägt worden, der damit Innovation als Alltagsroutine etablieren will. Wir haben ihn mit »erfinderischem Entwickeln« übersetzt, weil der Begriff »Design« im Deutschen in die falsche Richtung lenkt, zum Design* *von Gebrauchsgegenständen wie Gläsern, Tischen und Websites. Wir verstehen Innovation als permanentes Nachdenken, wie jeder sein eigenes Arbeitsumfeld verbessern kann, ob als Arbeiter, als Abteilungsleiter oder als Chef eines Unternehmens. Wir erleben einen permanenten Veränderungsdruck im Gefolge der Digitalisierung der Arbeitswelt seit Aufkommen des Internets. Diesen Druck spüren alle, viele aber haben auch den Wunsch, Neues in die Welt zu setzen.*

Kann man tatsächlich lernen, »innovativ« zu sein?

Professor Weinberg: *Wir belegen das jedes Semester mit 16 studentischen Projekten in verschiedenen Branchen und Unternehmen vom Start-up über NGOs (Nicht-Regierungs-Organisationen) bis zum Großunternehmen. Diese Projekte führen zu verblüffenden Ergebnissen. Dabei setzen wir auf drei Kernelemente. Erstens: Wir gehen weg von der Fokussierung auf die Leistungsfähigkeit von Einzelpersonen und hin zur Leistungsfähigkeit von Teams. Wir stellen fest, dass es gerade bei komplexen Problemen der beste Weg ist, sich nicht nur an Experten zu wenden, sondern Menschen zusammenzubringen, die deutlich unterschiedliche Kompetenzen mitbringen. So werden erstaunliche Lösungen für Fragestellungen entwickelt, die auf den ersten Blick unlösbar scheinen, etwa: Wie kann ich die Sicherheitskontrolle am Flughafen für die Passagiere angenehmer machen und gleichzeitig den Sicherheitsstandard erhöhen? Ein Team aus Psychologen, Soziologen, Betriebswirten und Informatikern hat hier einen Ansatz entwickelt, der die regelmäßig tagenden Experten von Bundespolizei, Flughäfen und Sicherheitsunternehmen verblüfft und begeistert hat. Zweitens setzen wir auf einen Prozess, der es dem Team erlaubt, die komplette Leistungsfähigkeit jedes Einzelnen abzurufen, und zwar sowohl seine analytische wie auch die häufig vernachlässigte intuitiv-kreative Kompetenz. Dieser im Design oder in der Architektur verbreitete Prozess setzt auf sechs Schritte: 1) verstehen, 2) beobachten, 3) einen Standpunkt definieren, 4) Ideen entwickeln, 5) einen Prototypen entwerfen, 6) testen. Drittens schaffen wir mit den großen Stehtischen, die Sie hier sehen und die Sie beim Hereinkommen so verblüfft haben, und den rollenden Whiteboards eine räumliche Konstellation, die den kreativen Prozess unterstützt, indem sie für mehr Dynamik sorgt. Wir haben festgestellt, dass die Stehsituation den Austausch und* *die Beweglichkeit fördert und diese Kollaborationsmöbel mit einem Berliner Unternehmen eigens entwickelt. Diese drei Elemente sehen wir als Motor der Innovation.*

Und das funktioniert?

Professor Weinberg: *Unsere 120 Studierenden aus über 20 Nationen machen die Erfahrung, dass man auf diese Weise Probleme lösen kann, an die man sich als Einzelner nicht herantraut. Damit wächst das kreative Selbstvertrauen, beispielsweise, wenn ein Flughafen den Prototypen eines hier entwickelten neuen Sicherheitssystems in die Tat umsetzt und sofort weitere Projekte in Auftrag gibt. Mit unserer Herangehensweise reagieren wir erfolgreich auf einen Paradigmenwechsel.*

Was meinen Sie damit?

Professor Weinberg: *Die tradierte, stark strukturierte Weise, mit Wissen umzugehen, funktioniert im Google-Zeitalter nicht mehr. Sie ist zu langsam, zu wenig flexibel. In meinem nächsten Buch spreche ich daher vom »Ende des Brockhaus-Denkens«. Unser Gehirn ist zu viel mehr fähig, als starre Strukturen von A bis Z zuzulassen – es ist assoziativ, lernbegierig, fähig, sich permanent weiterzuentwickeln und damit auf neue Herausforderungen zu reagieren. In der neuen Welt kann man sich mit altem Denken nicht mehr bewegen, ohne krank zu werden. Schulen und Universitäten orientieren sich jedoch nach wie vor stark am Brockhaus-Denken.*

»Innovation« klingt nach bahnbrechender Neuerung. Was ist für Sie eine »Innovation«?

Professor Weinberg: *Es genügt nicht, gute Ideen zu haben. Sie müssen auch umgesetzt werden, damit man von einer Innovation sprechen kann. Im Servicebereich sind aus unseren Projekten unter anderem zwei Innovationen hervorgegangen. Die Metro hat gerade den Prototypen einer Abholstation für Einkäufe entwickelt, die ähnlich wie Paketstationen funktionieren. Und DHL hat gerade in Schweden den Paket-Bringdienst »myways« gestartet, der auf einer studentischen*

Projektidee namens »Bringbuddy« aus einem unserer ersten Studienjahre aufbaut. Mit Siemens arbeiten wir an multimodaler Mobilität, also zur Frage: Wie kann ich den optimalen Weg ermitteln, ein bestimmtes Ziel in einer bestimmten Zeit zu erreichen? Dabei geht es um die kluge Kombination unterschiedlicher Verkehrssysteme und die kundenfreundliche Berechnung verschiedener Optionen.

Was raten Sie kleinen und mittelständischen Unternehmen, die innovativer werden und kontinuierlich ihren Service verbessern wollen?

Professor Weinberg: *KMUs empfehle ich nichts anderes als das, was wir auch tun: Sie sollten achtsam mit den drei Elementen »People, Process and Place« umgehen. Das bedeutet, sie sollten sich fragen: Haben wir Diversität in den Teams? Haben wir eine teamorientierte Kultur? Wenn nicht: Wie könnte die aussehen? Außerdem: Welche Prozesse haben wir? Geben wir Teams die Möglichkeit, mehrfach im Jahr an Ideen zu arbeiten? Sind unsere Räumlichkeiten so, dass im Team und kreativ gearbeitet werden kann? Wir werden immer häufiger angefragt, Unternehmen bei der Herstellung dieser Rahmenbedingungen zu unterstützen. Wir sind dann Ermöglicher von kreativen Prozessen. Die inhaltliche Kompetenz für Innovation jedoch sitzt bereits im Haus! Die Unternehmensleitung braucht mehr Vertrauen in die kreative Lösungskompetenz ihrer Mitarbeiter.*

Welches Serviceerlebnis hat Sie als »Innovator« persönlich zuletzt beeindruckt?

Professor Weinberg: *Da fällt mir sofort die Philharmonie-App ein, ein Angebot der Berliner Philharmoniker, das es ermöglicht, Konzerte herunterzuladen, Interviews zu sehen, etwa mit Simon Rattle, ja sogar Konzerte im Livestream mitzuverfolgen. Wenn Sie sich das per Beamer ins Wohnzimmer holen, sind Sie näher dran als im eigentlichen Konzertsaal. Dass ein hochkarätiges klassisches Orchester ein modernes Medium unserer digitalen Welt so selbstbewusst nutzt, begeistert mich. Ich habe das sofort abonniert.*

Professor Ulrich Weinberg leitet seit 2007 die »School of Design Thinking« des Hasso-Plattner-Instituts Potsdam. Hier erarbeiten Studenten verschiedener Studiengänge in interdisziplinären Projekten mit großem Erfolg innovative Lösungen für Unternehmen aller Branchen. Zuvor hatte Ulrich Weinberg eine Professur für Computeranimation an der Hochschule für Film und Fernsehen HFF in Potsdam/Babelsberg inne, leitete das dortige Digital Media Institute DMI. Er ist seit 2004 auch Visiting Professor an der Communication University of China CUC in Peking.

▸ *www.hpi.uni-potsdam.de/dschool*

»Wie Innovation im Eventbereich funktioniert«

Interview mit Joachim König (Hannover Congress Centrum und Europäischer Verband der Veranstaltungs-Centren e.V.)

Interview

Gelungene Events leben von Inhalten und von inspirierender Umgebung. Beginnen wir mit den Räumen. Wo sehen Sie da Innovationsmöglichkeiten?

Joachim König: *Wir im Hannover Congress Centrum blicken auf eine hundertjährige Geschichte zurück und leben unseren Slogan »Tradition und Innovation«. Wir fragen, was für Möglichkeiten die Zukunft bringt, und bieten unseren Kunden ideale Voraussetzungen – also Bühnen, die stetig multifunktionaler, flexibler, technisch noch fortschrittlicher werden. Beispielsweise statten wir alle neu gestalteten Seminarräume mit magnetisierenden Tapeten und Magneten aus, die spontan genutzt werden können. Wir beobachten aufmerksam, welche neuen Konzepte relevant für uns werden könnten. Zuletzt waren das die Erkenntnisse der Farbpsychologie, mit denen wir gezielt Räume atmosphärisch gestalten. Zukünftig wird es weitere Konzepte, wie beispielsweise die Aromatherapie oder andere, von denen wir noch nichts ahnen, geben. Wir fragen uns auch, wie wir uns abheben können und was sich unsere Besucher merken. Im Rahmen unseres Nachhaltigkeitskonzeptes führen wir beispielsweise ein zertifiziertes Bio-Restaurant, das auf Initiative unserer Mitarbeiter durch einen Bio-Kräutergarten inmitten des HCC ergänzt wird.*

Welche inhaltlichen Innovationen haben Sie als Kongressveranstalter in den letzten Jahren beobachtet?

Joachim König: *Als Trend, der sich in den nächsten Jahren noch verstärken wird, sehe ich die Auflösung von Grenzen zwischen den klassischen Veranstaltungsformaten. Wir haben häufig nicht mehr die Messe oder den Kongress oder das Seminar, sondern Kombinationen wie die Messeveranstaltung mit begleitendem Kongress oder den Fachkongress mit Veranstaltungen für Endverbraucher. Zeiteffizienz spielt hier ebenso eine Rolle wie die Frage der Wirtschaftlichkeit, zum Beispiel wenn im zweiten Fall zwei Zielgruppen mit einem* *einzigen organisatorischen und finanziellen Aufwand erreicht werden.*

Wohin wird die Reise Ihrer Meinung nach gehen?

Joachim König: *Wir werden noch mehr interaktive Formate bekommen, zum Teil technikgetrieben (Interaktion per iPad, Laptop oder Smartphone), zum Teil in einer Gegenbewegung ganz klassisch mit Moderationstechnik, als Barcamp oder Ähnlichem, mit althergebrachter Moderationstechnik, und natürlich auch in Kombination beider Tendenzen. Es gibt eine Dynamik in Richtung möglichst viel Beteiligung der Teilnehmerinnen und Teilnehmer, maximales Abschöpfen von vorhandenem Know-how und Einbeziehung der Expertise der Teilnehmer.*

Ist also die Technik Treiber der Innovation im Veranstaltungsbereich?

Joachim König: *Auch, aber nicht nur. Es war immer so und wird weiter so sein, dass Großunternehmen intern Konzepte entwickeln, die Veranstalter zu Veränderungen zwingen. Ein Beispiel ist das Nachhaltigkeitsthema, dem die Veranstaltungsbranche durchaus immer noch zum Teil mit Skepsis begegnet. Wenn man sich allerdings anschaut, dass DAX-Unternehmen, Verbände, große Organisationen inzwischen sämtlich Nachhaltigkeitscodizes haben und die Frage nach dem Nachhaltigkeitskonzept eines Veranstalters bei einem Pitch ausschlaggebend sein kann, sind wir als Vorreiter in diesem Bereich froh über den Vorsprung, den wir uns mit einem klaren Bekenntnis zur Nachhaltigkeit und einer glaubwürdigen Umsetzung gesichert haben. Und das, obwohl es viele Stimmen in der Branche gab und gibt, das zahle sich nicht in Buchungen aus.*

Das heißt, Innovation erfordert Mut?

Joachim König: *Um innovativ zu sein, muss man sich trauen, Dinge zu tun, die nicht üblich sind. Menschen, die Dinge nach vorne bringen, stellen mit Vorliebe zwei Fragen: die Frage »Warum?« und auch die Frage »Warum nicht?«. Für mich ist die zweite Frage die im Wettbewerb spannendere. Wenn ich etwas tue, was alle anderen nicht oder* *kaum machen, sichert mir das, wenn es funktioniert, erst einmal einen Vorsprung – frei nach Michael Schumacher, der schon gesagt hat: »Vorne ist immer Platz!«*

Interview

Kann man Innovation lernen oder sollte man bei der Auswahl der Mitarbeiter darauf achten?

Joachim König: *Soweit möglich, ist die Auswahl geeigneter Mitarbeiter der beste Weg. Sie brauchen Menschen, die bereit sind, eigenverantwortlich zu handeln, Ideen mit zu entwickeln und mit zu tragen. Und Sie müssen als Führungskraft in der Lage sein, Dinge anzuschieben, dann aber auch loszulassen und Ihre Mitarbeiter machen zu lassen – auch wenn etwas einen Weg nimmt, an den man selbst so nicht gedacht hat, der aber der Sache dient. Wir haben zum Beispiel sehr gute Erfahrungen mit Auszubildendenprojekten gemacht, bei denen Azubis Verantwortung für eigene Veranstaltungen und Veranstaltungskonzepte übernehmen. Daneben machen wir Angebote zur Fort- und Weiterbildung, Austauschprogrammen und lassen unsere Leute auf Messen, aber auch in andere Häuser oder zu Events fahren, wo sie neue Eindrücke sammeln können.*

Was raten Sie Event-Veranstaltern, die Kunden durch neue Ideen begeistern und ihre Servicequalität steigern wollen?

Joachim König: *Ich denke, Veranstaltungszentren sollten auch selber Treiber der Entwicklung werden. Das bedeutet, sie sollten das Risiko wirtschaftlich interessanter Eigenveranstaltungen eingehen. Viele Häuser sind defizitär, und die Neigung zu Subventionen wird wahrscheinlich angesichts leerer öffentlicher Kassen weiter abnehmen. Eine höhere Servicequalität könnte darin bestehen, nicht mehr nur Räume zur Verfügung zu stellen, sondern inhaltliche Kompetenz einzubringen und Kunden den Impuls zu geben: »Jetzt ist es Zeit für eine Veranstaltung!« Dazu kann man mit Scouts arbeiten, die interessante Forschungs- oder Wirtschaftsbereiche beobachten. Das Signal an den Kunden muss sein: »Mach jetzt eine Veranstaltung, bevor es vielleicht ein Kollege in den USA tut! Wir nehmen dir die Organisation ab.« Bei solchen Ansätzen stehen die Chancen gut, eine Veranstaltung dauerhaft mit dem eigenen Veranstaltungszentrum zu verknüpfen.*

Welches Serviceerlebnis hat Sie persönlich zuletzt beeindruckt?

Joachim König: *Mich überzeugt es, wenn es gelingt, eine glaubwürdige Gesamtatmosphäre zu schaffen, wenn ich spüre: Da hat jemand Spaß an dem, was er tut, und ist ehrlich darum bemüht, dass der Gast sich wohlfühlt. Dann verzeiht man auch kleine Fehler wie ein falsches Glas zum Getränk oder ein Besteck, das verkehrt herum eingedeckt wurde. Ein Einzelerlebnis würde ich da nicht nennen.*

Joachim König ist Direktor des Hannover Congress Centrums HCC und Präsident des EVVC e.V. (Europäischer Verband der Veranstaltungs-Centren). Das HCC, das er seit 2007 leitet, wurde 2012 mit dem »Green Globe Outstanding Achievement Award« als bestes Kongresszentrum weltweit ausgezeichnet. Die Annual Green Globe Certification Highest Achievement Awards gehören weltweit zu den prestigeträchtigsten Auszeichnungen im Nachhaltigkeitssektor. Weiterhin erhielt das HCC, ebenfalls 2012, anlässlich der »greenmeetings und events«-Konferenz in Darmstadt den »Meeting Experts Green Award« für nachhaltiges Engagement in der Veranstaltungsbranche. ▶ *www.hcc.de* und ▶ *www.evvc.org.*

Starten Sie jetzt! Die QNIGGE®-Checkliste für mehr Servicequalität in Ihrem Unternehmen

> »*Wer aufhört, besser zu werden,*
> *hat aufgehört, gut zu sein.*«
> Richard Schmitz, Direktor
> »Brenners Park-Hotel« (*1937)

Eine eigene Checkliste entwickeln

Die folgende Checkliste greift wichtige Aspekte auf, die in den sechs Kernkapiteln dieses Buches beschrieben wurden. Sie erhebt keinen Anspruch auf Vollständigkeit, sondern ist für eine erste Bestandsaufnahme gedacht. Ergänzen Sie selbst weitere Punkte, um die Liste auf Besonderheiten Ihres Unternehmens zuzuschneiden.

Sie können die Checkliste auch als Word-Dokument anfordern unter info@qnigge.de (Betreffzeile: Checkliste – Gut ist nicht genug!). Sollten Sie unsicher sein, wie Sie einzelne Instrumente schnell und einfach im eigenen Unternehmen installieren können, geben wir Ihnen gerne weitere Anregungen. Schreiben Sie uns!

Checkliste zur IST-Analyse der Organisations- und Führungsinstrumente	Ja, ist (schrift-lich) vor-handen	Ja, ist aktuell	Ja, ist nur zum Teil … vorhan-den /… aktuell	Nein
1. Werte reflektieren				
Es gibt klar formulierte, von der Unternehmensleitung bewusst gesetzte Werte.	❒	❒	❒	❒
Es gibt gemeinsam beschlossene Führungsleitlinien.	❒	❒	❒	❒
Es gibt eine Qualitätspolitik, die für alle verbindlich ist.	❒	❒	❒	❒
Es gibt eine Richtlinie für Nachhaltigkeit und Corporate Social Responsibility.	❒	❒	❒	❒
2. Das richtige Team schaffen				
Es gibt Anforderungsprofile für alle Positionen im Organigramm.	❒	❒	❒	❒
Es gibt Stellenbeschreibungen … ▪ für alle Führungspositionen und ▪ für alle Mitarbeiter.	❒	❒	❒	❒
Auswahlverfahren sind fachlich ausgerichtet (an Anforderungsprofil und Stellenbeschreibung).	❒	❒	❒	❒
Auswahlverfahren sind auch an Persönlichkeitseigenschaften ausgerichtet und nutzen ein professionelles Tool (wie z. B. das Reiss Profile®).	❒	❒	❒	❒
Das Einstellungsprozedere neuer Mitarbeiter und Azubis ist klar geregelt.	❒	❒	❒	❒

Der Ablauf der Probezeit vom ersten Arbeitstag bis zum Ende ist klar geregelt.	❐	❐	❐	❐
Es gibt ein klares Procedere für die rechtzeitige Trennung von Mitarbeitern, die die Anforderungen nicht erfüllen.	❐	❐	❐	❐
Für neue Mitarbeiter gibt es ein Handbuch mit den wichtigsten Informationen für den Einstieg.	❐	❐	❐	❐
Es gibt regelmäßige Mitarbeiter- und Zielgespräche.	❐	❐	❐	❐
Es gibt Zielvereinbarungen für die Abteilungsleiter, die jährlich neu definiert werden.	❐	❐	❐	❐
Es gibt Zielvereinbarungen für die Mitarbeiter, die jährlich neu definiert werden.	❐	❐	❐	❐
Es gibt Personalentwicklungs- und Schulungskonzepte für Aus- und Weiterbildung nicht nur für »High Potentials«.	❐	❐	❐	❐
3. Standards und Prozesse				
Es gibt einen geschulten Qualitätsmanagement-Beauftragten, der direkt der Geschäftsführung untersteht.	❐	❐	❐	❐
Es gibt Qualitätspromotoren in einzelnen Unternehmensbereichen oder -abteilungen.	❐	❐	❐	❐

Checkliste zur IST-Analyse der Organisations- und Führungsinstrumente	**Ja, ist (schrift-lich) vor-handen**	**Ja, ist aktuell**	**Ja, ist nur zum Teil … vorhan-den/… aktuell**	**Nein**
Es gibt Organisationsstandards für alle Abteilungen mit … ■ Prozesslandschaft, ■ Schnittstellendefinition, ■ Prozessbeschreibungen, ■ Checklisten, ■ Vorlagen, ■ Formularen.	❒	❒	❒	❒
Es gibt eine Entscheidung über das Ja oder Nein einer Zertifizierung.	❒	❒	❒	❒
Es gibt eine Entscheidung und einen Zeitplan zur Einführung eines Qualitäts-managementsystems.	❒	❒	❒	❒
Es gibt ein schriftlich festgelegtes Meetingwesen und Richtlinien für die interne Kommunikation.	❒	❒	❒	❒
Es gibt schriftlich festgelegte Spiel-regeln, die für alle Mitarbeiter Gültigkeit haben (ein »Mitarbeiter-A bis Z« zu Fragen wie Kleidung, Dienstplan, Urlaub, was darf ich als Mitarbeiter? etc.).	❒	❒	❒	❒
Es gibt allgemeine Regelungen für das Verhalten am Telefon.	❒	❒	❒	❒
Es gibt Regelungen für das interne Notizen- und Nachrichtenhandling.	❒	❒	❒	❒

Es gibt eindeutige Regelungen über den Umgang mit Reklamationen: ■ Handlungsspielraum, ■ argumentativer Umgang.	❒	❒	❒	❒
Es gibt eindeutige Regelungen für Notfallsituationen, die allen Mitarbeitern bekannt sind: ■ Feuer, ■ Überfall, ■ Vergiftungen, ■ Todesfall, ■ Worst-Case-Szenarios (Pandemie/IT-Ausfall).	❒	❒	❒	❒
4. Mitarbeitern Service bieten				
Es gibt aktuelle Organigramme für das Gesamtunternehmen und alle Abteilungen: ■ Baumstruktur mit fachlicher Verknüpfung und/oder ■ netzartige Abbildung.	❒	❒	❒	❒
Es gibt ein Organisationshandbuch für alle Abteilungen mit … ■ Prozesslandschaft, ■ Schnittstellendefinition, ■ Prozessbeschreibungen, ■ Checklisten, ■ Vorlagen, ■ Formularen.	❒	❒	❒	❒
Das Organisationshandbuch ist für alle Abteilungen im Internet/Intranet verfügbar (z. B. mit orgavision®, vgl. *www.orgavision.qnigge.de*).	❒	❒	❒	❒

Checkliste zur IST-Analyse der Organisations- und Führungsinstrumente	Ja, ist (schrift-lich) vor-handen	Ja, ist aktuell	Ja, ist nur zum Teil … vorhan-den/… aktuell	Nein
Es gibt eine Version des Handbuchs für Externe (Kunden, Stakeholder), die den Qualitätsanspruch des Unternehmens dokumentiert.	❐	❐	❐	❐
5. Feedback				
Es gibt regelmäßige Kundenbefragungen, die konsequent ausgewertet werden.	❐	❐	❐	❐
Es gibt regelmäßige Mitarbeiter-Jahresgespräche und Mitarbeiter-Zielgespräche.	❐	❐	❐	❐
Es gibt regelmäßige Mitarbeiter-befragungen, die konsequent aus-gewertet werden.	❐	❐	❐	❐
Es gibt regelmäßige 360-Grad-Feedbacks (z. B.: *www.feedback2you.qnigge.de*).	❐	❐	❐	❐
Es gibt regelmäßige interne Audits.	❐	❐	❐	❐
Es gibt regelmäßige externe Audits.	❐	❐	❐	❐
Sie nehmen an Branchenwettbewerben teil, um Feedback zu erhalten (z. B.: *www.deutschlands-kundenchampions.de*).	❐	❐	❐	❐
Sie haben sich zertifizieren lassen: ▪ branchenübergreifend, z. B. ISO 9001 (Qualitätsmanagement) oder ISO 14001 (Umweltmanagement), ▪ branchenspezifisch.	❐	❐	❐	❐

Es gibt daraus abgeleitet Korrektur- und Vorbeugemaßnahmen.	❐	❐	❐	❐
6. Innovationsmanagement				
Es gibt Routinen, die dafür sorgen, dass neue Ideen im Unternehmen entstehen (z. B. »Experimentierzeit« für Mitarbeiter, abteilungsübergreifende Projektgruppen, Teilnahme an Innovationskonferenzen, Besuch von Messen).	❐	❐	❐	❐
Es gibt ein klares Procedere für die Bewertung und Umsetzung von neuen Ideen (vgl. Stage-Gate®-Modell).	❐	❐	❐	❐
Sie haben einen Überblick, wie viel Umsatz das Unternehmen mit neuen Service- oder Produktideen macht.	❐	❐	❐	❐
Es gibt ein Verbesserungs- und Vorschlagswesen mit Feedback und Bewertung.	❐	❐	❐	❐

Nachwort: QNIGGE® = Freude an Qualität

»Der Worte sind genug gewechselt,
lasst mich auch endlich Taten sehn!«
JOHANN WOLFGANG VON GOETHE, »FAUST I«

Das Motto der Erfolgreichen: Besser vor billiger

Service ist mein Lebensthema. Echte Servicequalität ist eine stetige Herausforderung, nichts, was man irgendwann als erreicht abhaken könnte. Kein Zweifel: Das verlangt einen langen Atem und ist manchmal mühsam, doch es lohnt sich. Während ich dieses Buch abschließe, berichtet der *Harvard Business Manager* darüber, was langfristig erfolgreiche Firmen, sogenannte »Renditewunder«, auszeichnet. Ein hochkarätiges Team der Finanzberatung Deloitte wertete dazu in detektivischer Kleinarbeit eine Datenbank mit mehr als 25000 US-Unternehmen aus, die zwischen 1966 und 2010 an der Börse notiert waren und über viele Jahre bei der Gesamtkapitalrendite zu den besten 10 Prozent zählten. Ergebnis: Die wichtigste Regel, die außergewöhnlich und dauerhaft erfolgreiche Unternehmen beherzigen, lautet: »Besser vor billiger.«

Qualität zählt auch in Krisenzeiten.

»Wenn Topfirmen an der Qualität sparen, um günstiger anbieten zu können, geht es mit dem Ergebnis meist bergab«, schreiben Michael E. Raynor und Mumtaz Ahmed.[103] Dies gilt laut Studie quer durch alle Branchen, für Spediteure ebenso wie für Textileinzelhändler, für Lebensmittelmärkte ebenso wie für Hersteller von Haushaltsgeräten. Es gilt auch für Baumärkte: Die Insolvenz von Praktiker im Sommer 2013 ist nur ein Beispiel; andere werden folgen. Abercrombie & Fitch dagegen, Anbieter junger Mode, dessen durchdachtes Servicekonzept Jörg Schiffmann begeisterte (siehe Interview in Kapitel 3), verzichtet weitgehend auf Sonderaktionen und Preisnachlässe. Auch in der Rezession 2008 behielt man stattdessen die außergewöhnliche Inszenierung des Einkaufserlebnisses bei und ging schließlich gestärkt aus der Krise hervor. Qualität lohnt sich!

Nüchterne Zahlenrechner sind auch Armin Wiedenegger von der Wirtschaftsuniversität Wien und Unternehmensberater Franz-Peter Walder. Sie werteten eine große Zahl von Studien zum Zusammenhang von »ganzheitlicher Unternehmensqualität« (Einsatz von Total Quality Management oder EFQM-Modell) und Unternehmenserfolg aus. Ihr Fazit, ebenfalls im Sommer 2013: Der Einfluss konsequenten Qualitätsmanagements auf den wirtschaftlichen Erfolg sei »positiv und hoch signifikant«.[104]

Das Qnigge®-Prinzip

Qualität kann also auch beim Blick auf die Jahresbilanz Freude machen. Freude an Qualität erwächst jedoch vor allem und zuallererst aus der selbstsicheren Erfüllung von Aufgaben. Aus der Erfahrung, Kunden zu überzeugen, vielleicht sogar zu begeistern. Aus der Gestaltung und Optimierung von Serviceherausforderungen in einem ambitionierten Team. Durchdachte Standards und Regeln legen die Basis dafür, praxisorientierte Dokumentationen sorgen für Kontinuität, stetige Verbesserungen und Innovationen verhindern Stillstand und eine Kultur, die auf klare Werte und offenes Feedback setzt, nimmt die Mitarbeiter bei diesem Prozess mit. Das ist das Qnigge®-Prinzip in einem Satz.

Das Qnigge®-Prinzip verkörpert den Geist des »Gut ist nicht genug«, der selbstverständlich auch für dieses Buch gilt. Es ist kein theoretisches Handbuch für Qualitätsmanagement, sondern ein Praxisbuch, das für das Thema werben und Anregungen für den Unternehmensalltag geben will. Jeder Anspruch auf Vollständigkeit wäre vermessen angesichts der stetigen Herausforderung, Service noch ein bisschen besser zu machen und wandelnden Kundenherausforderungen anzupassen. Für nachfolgende Auflagen werden wir daher die Inhalte, Beispiele und Handlungsempfehlungen immer wieder kritisch prüfen. Wenn Sie Anregungen oder Hinweise dazu haben, freuen wir uns über eine Kontaktaufnahme. Alle Hinweise dazu finden Sie auf Seite 249.

Und jetzt liegt der Ball bei Ihnen! Was werden Sie als Erstes umsetzen? Dabei eine glückliche Hand und viel Freude an (noch mehr) Qualität wünscht Ihnen

Ihr Markus F. Weidner
Experte für Freude an Qualität
Keynote-Speaker

Danke

Eine gute Sache ruht meist auf vielen Schultern. Dieses Buchprojekt nimmt seinen Anfang in 13 Jahren Servicepraxis während meiner Hotellaufbahn, für die ich sehr dankbar bin. Es wäre nicht vorstellbar ohne die zahlreichen Kunden, die ich als Berater seit fast zwei Jahrzehnten begleiten darf und die mich herausfordern, die Themen Service und Führung für verschiedene Branchen immer wieder neu zu denken.

Wichtige Impulse gaben nicht zuletzt die Experten, die mir für ausführliche Gespräche zur Verfügung standen: Dr. Petra Begemann, Markus Brand, Sven Flecke, Ute Flockenhaus, Sabine Hübner, Dr. Walter Jochmann, Dr. Wolfgang Kaerkes, Klaus Kobjoll, Joachim König, Holger Leisewitz, Carsten K. Rath, Ulf Reinhardt, Sabine Rock, Jörg Schiffmann, Michael Weppler, Professor Ulrich Weinberg und Markus Wiesmann. Ihnen allen ein großes Dankeschön! Nicht zuletzt geht ein großer Dank an meine Frau Hannelore Weidner, die mir den Rücken für meine Arbeit frei hält und als Gesprächspartnerin ebenfalls immer wieder wichtige Hinweise gibt. Abschließender Dank geht an meine Kolleginnen Heike Kehl und Steffi Plappert (geb. Meurer). Ohne ihre Unterstützung im Büro wären all die Projekte so nicht möglich.

Karben, im September 2013

Markus F. Weidner

Anmerkungen

1 Quelle: www.kundenmonitor.de (Kundenmonitor Deutschland 2012 mit rund 36 000 Befragten).

2 In: Leitthesen für Qualität in Deutschland, S. 84 f.

3 DGQ, Leitthesen für Qualität in Deutschland.

4 Quelle: www.statistik.baden-wuerttemberg.de/ArbeitsmErwerb/Indikatoren/ET_wirtschSektoren.asp

5 Zit. n. Wolf Lotter, »Die Geprellten«, in: Brand eins Nr. 10/2010, S. 52 ff., hier S. 60.

6 Zit. n. Roger Rankel, Sales Secrets. Wiesbaden: Gabler Verlag 2008, S. 181.

7 Für das Zitat siehe die Pressemitteilung »Kundenmonitor Deutschland 2012« unter www.servicebarometer.net/kundenmonitor/pressemitteilungen.html

8 Matthias Gouthier, Kundenbegeisterung durch Service Excellence. Erläuterungen zur DIN SPEC 77224 und Best-Practices. Berlin / Wien / Zürich: Beuth Verlag 2013.

9 www.youtube.com/watch?v=pvdCFYLf_JI (»Funny Steward Southwest Airlines Rapping Safetey Information«); www.youtube.com/watch?v=xJheoLUtX_Q (»Air New Zealand A320 Safety Video with Bear Grylls #airnzbear«); http://www.youtube.com/watch?v=cBlRbrB_Gnc (»An Unexpected Briefing #airnzhobbit«).

10 Eine Übersicht gibt Hans-Georg Häusel, »Die wissenschaftliche Fundierung des Limbic® Ansatzes« (2011), Download unter www.nymphenburg.de/studien.html

11 Quelle: William Edwards Deming, »14 Schritte zur Qualitätsverbesserung«. Download unter www.olev.de/q/deming_14_schritte.htm

12 Quelle: Astrid Funck, »Von Obdachlosen lernen«, in: Brand eins 05/2007, hier S. 116.

13 Matthias Gouthier, Kundenbegeisterung durch Service Excellence. Berlin / Wien / Zürich: Beuth Verlag 2013, S. 13.
14 Rosabeth Moss Kanter, »Anders wirtschaften«, in: Harvard Business Manager, Febr. 2012, S. 27 ff., hier: S. 32.
15 Vgl. Reinhard K. Sprenger, Radikal führen. Frankfurt am Main: Campus Verlag 2012, S. 157 ff.
16 Alison Beard / Richard Hornik, »Auf dem Weg«, in: Harvard Business Manager, Febr. 2012, S. 42 ff., hier: S. 47.
17 Download der Studie unter www.wertekommission.de/content/pdf/kampagne/Fuehrungskraeftebefragung_2012.pdf
18 Zit. n. www.greatplacetowork.de > Unser-Ansatz > Was ist eine-ausgezeichnete Arbeitsplatzkultur?
19 Quelle: Christiane Sommer, »Was ist was wert?«, in: Brand eins 8/2000. In Deutschland wird das Konzept von Persolog (Remchingen) vertreten (DISG-Werte und Einstellungsstudie VAS).
20 Quelle: www.hilti.de > Über Hilti > Das Unternehmen > Ziel, Zweck und Werte.
21 Vgl. ebd. unter »Unternehmenskultur«: »Hilti Werte«.
22 … in einem Unternehmensporträt unter dem Titel »Hidden Champions – Hilti AG«, in: GoingPublic Magazin 3/2010.
23 Informationen zur ISO 26000 unter www.csr-in-deutschland.de (der Leitfaden ist als Orientierungshilfe gedacht und nicht für eine Zertifizierung vorgesehen).
24 Vgl. Jim Collins, Der Weg zu den Besten. München: dtv, 8. Aufl. 2008, S. 247.
25 Quelle: Anja Förster / Peter Kreuz, Spuren statt Staub. Wie Wirtschaft Sinn macht. Berlin: Econ, 3. Aufl. 2009, S. 28.
26 Deutsche Gesellschaft für Qualität (DGQ) (2012), S. 84.
27 Den Hinweis auf diese gelungene Darstellung verdanke ich Dr. Hans Peter Pabst unter www.management-mit-verstand.de/?p=375
28 Sylvia Jumpertz, »Vom Zustand des Anstands«, in: managerSeminare H. 158, Mai 2011, S. 24 ff., hier S. 27.
29 Vgl. »Verdacht auf Foto-Retusche: Der Siemens-Chef und die verschwundene Rolex« im Internet unter www.spiegel.de (2005).
30 Jim Collins, Der Weg zu den Besten. München: dtv 2008, 8. Aufl., S. 61 ff.
31 Vgl. Marcus Buckingham / Donald O. Clifton, Entdecken Sie Ihre Stärken jetzt! Das Gallup-Prinzip für individuelle Entwicklung und erfolgreiche Führung. Frankfurt: Campus, 3. Aufl. 2007.
32 Alexander Groth, 30 Minuten Stärkenorientiertes Führen. Offenbach: GABAL, 4. Aufl. 2012.

33 Weitere Anregungen finden Sie bei Groth, a.a.O., S. 44 ff.
34 Quelle: Michaela Schiessl, Heule nicht, handle!; in: Spiegel Wissen 1/2009 (»Mein Ich«), S. 106 ff., hier S. 111.
35 Quelle: www.reissprofile.eu > Steven Reiss.
36 Quelle: ebd. > Gespräch mit Steven Reiss.
37 Abdruck mit freundlicher Genehmigung des Instituts für Lebensmotive (www.institut-fuer-Lebensmotive.de).
38 Mehr hierzu siehe Markus F. Weidner, »Der Einsatz des Reiss Profiles beim Aufbau eines internen Qualitätsmanagements am Beispiel einer Hotelkette«, in: Markus Brand / Frauke K. Ion (Hrsg.), Die 16 Lebensmotive in der Praxis. Offenbach: GABAL Verlag 2011, S. 308 ff., hier: S. 323 ff.
39 Vgl. R. Meredith Belbin, Management Teams. Why They Succeed or Fail. Butterworth-Heinemann 2003. Im englischen Original heißen die Rollen »Implementer / Company Worker«, »Co-ordinator / Chairman«, »Shaper«, »Plant«, »Resource Investigator«, »Monitor-Evaluator«, »Teamworker«, »Completer / Finisher« und »Specialist«.
40 Quelle: Roger Rankel, Sales Secrets. Wiesbaden: Gabler 2008, S. 208.
41 Vgl. Anders Parment, Die Generation Y – Mitarbeiter der Zukunft. Wiesbaden: Gabler 2009.
42 Download der Ergebnisse für 2012 unter www.gallup.com/strategicconsulting/160904/praesentation-gallup-engagement-index-2012.aspx
43 Zit. n. Marcus Buckingham / Curt Coffman, Erfolgreiche Führung gegen alle Regeln. (Konsequenzen aus der weltweit größten Langzeitstudie des Gallup-Institutes) Frankfurt: Campus Verlag 2001, S. 28.
44 Quelle: Basak Manders / Henk J. de Vries, »Metastudie belegt möglichen Nutzwert der ISO 9001: Auf die Umsetzung kommt's an«, in: QZ Qualität und Zuverlässigkeit Jg. 58 (2013), Heft 6, hier: S. 20; im Internet unter www.qz-online.de
45 Unter www.beuth.de können Sie das Inhaltsverzeichnis der Norm einsehen.
46 Vgl. https://de.dqs-ul.com/standards/excellence/efqm.html
47 Vgl. Marcus Buckingham / Curt Coffman, Erfolgreiche Führung gegen alle Regeln. Frankfurt: Campus 2001, S. 28.
48 Quelle: Andrea König, Mitarbeiterwünsche an Führungskräfte. So sieht der ideale Chef aus«, www.cio.de (23.08.2011).
49 Vgl. Valarie A. Zeithaml / Leonard L. Berry / A. Parasuraman:

Communication and Control Processes in the Delivery of Service Quality, Marketing Science Inst 1987.

50 Die Norm wird 2015 überarbeitet.

51 Basak Manders / Henk J. de Vries, »Metastudie belegt möglichen Nutzwert der ISO 9001: Auf die Umsetzung kommt's an«, in: QZ Qualität und Zuverlässigkeit Jg. 58 (2013), Heft 6, S. 20 f.; im Internet unter www.qz-online.de

52 Winfried Berner, »Entschlossenheit: Weshalb Entschiedenheit und Beharrlichkeit des Topmanagements den Ausschlag geben«, im Internet unter www.umsetzungsberatung.de

53 Nach Jeff Dewar, OCI International, Red Bluff, California; im Netz unter www.shsu.edu/~mgt_ves/mgt481/lesson9/tsld029.htm

54 Vgl. www.servicequalitaet-deutschland.de

55 Vgl. http://de.slideshare.net/politicsjunkie/yours-is-a-very-bad-hotel

56 Vgl. Sabine Hübner, Service macht den Unterschied. München: Redline Verlag 2009, hier: S. 145.

57 Vgl. Wikipedia, Artikel »Net Promoter Score« sowie Stefan Ruf, »Würden Sie diese Methode einem Freund empfehlen?«; Download im Internet unter http://anovum.com/publikationen/VSMS_2007_CM_NPS_StefanRuf_anovum.pdf

58 Mehr zu diesen Methoden bei Matthias Gouthier, Kundenbegeisterung durch Service Excellence. Berlin / Wien / Zürich: Beuth Verlag 2013, S. 75 ff.

59 www.innocentdrinks.de/ueber_uns/unsere-geschichte.php

60 Auf der Google-Website unter »Produkte« (www.google.de/intl/de/about/products).

61 Auszug aus »Vorab-Check für die Zertifizierung nach Service-Qualität Deutschland« (im Internet unter www.servicequalitaet-deutschland.de).

62 Kerstin Köder / Hardy Koth, »Die Kundenversteher«, in: Harvard Business Manager, Juni 2013, S. 37 ff., hier: S. 43.

63 Vgl. www.ard-zdf-onlinestudie.de und www.bitkom.org (Artikel »Daten und Fakten zu sozialen Netzwerken«, 17.05.2012).

64 Quelle: http://de.statista.com (dies ist der Stand vom März 2013).

65 Quelle: Stefan Sauer, »Vorsicht Fälschung«, in: Frankfurter Rundschau, 15.06.2013, S. 14.

66 Vgl. ebd. und »Firmen zahlen für positive Produktbewertungen«, Spiegel online vom 30.04.2012.

67 Quelle: Thomas Ramge, »Die Ignoranz der Masse«, in: Brand eins Nr. 10, 2010, S. 126 ff., hier: S. 127 und S. 126.

68 Die Branchenverbände BITKOM und BVDW haben nützliche Informationspapiere zu Social Media Guidelines formuliert. Downloads unter www.sicher-im-netz.de/files/documents/unternehmen/BITKOM-SocialMediaGuidelines.pdf und www.bvdw.org/presseserver/social_media_richtlinien_unternehmen/bvdw_social_media_leitfaden_unternehmen.pdf

69 Vgl. www.customer-alliance.de; ein Anwendungsbeispiel ist das Hotel Arte Luise in Berlin (www.luise-berlin.com).

70 Vgl. www.customer-alliance.com/downloads/whitepapers/Bewertungsmanagement.pdf sowie www.customer-alliance.com/downloads/whitepapers/Google_White_Paper.pdf

71 Thorsten Panknin, »Ganz ehrlich«: Honestly ermöglicht Kundenfeedback per Smartphone-App«; im Internet unter www.deutsche-startups.de

72 www.honestly.de, www.feedbreak.de, www.reqorder.com

73 www.servicebarometer.net/kundenmonitor/kundenorientierung.html

74 Quelle: »Servicequalität Deutschland in NRW«, Präsentation von Dirk Weidemann (2012). Im Netz unter www.mbwsv.nrw.de

75 Quelle: Lufthansa Magazin 04/2009 (»Lernziel Perfektion – Ein Beispiel der Lufthansa«).

76 Vgl. Stefan Wünschmann, Beschwerdeverhalten und Kundenwert. Deutscher Universitätsverlag 2007, S. 83.

77 Quelle: »Servicequalität Deutschland in NRW«, Präsentation von Dirk Weidemann (2012). Im Netz unter www.mbwsv.nrw.de

78 Anders Parment, Die Generation Y – Mitarbeiter der Zukunft. Wiesbaden: Gabler Verlag 2009, hier: S. 111. Die Aussagen beruhen auf einem Fragebogen, der von 474 Studenten ausgefüllt wurde.

79 Zit. n. Axel Gloger, Das Ende des Vorgesetzten, in: managerSeminare, Heft 183, Juni 2013, hier: S. 25.

80 Quelle des Kriterienkatalogs: »Was ist Max?« unter www.m-a-x.de

81 In ihrem Buch »MAX® – das Stimmungsbarometer. Mitarbeiterführung mit Werten und Zielen« (Zürich: Orell Füssli Verlag 2012) stellen Klaus Kobjoll und Markus Wiesmann das Instrument ausführlich vor.

82 Rob Goffee im Interview unter dem Titel »360-Grad-Feedback ist das hilfreichste PE-Instrument«, in: Wirtschaft + Weiterbildung 2/2011, S. 16ff., hier: S. 18; Reinhard K. Sprenger in: ders., Aufstand des Individuums. Frankfurt: Campus Verlag 2000, S. 63ff.

83 Quellen: Jürgen Klöckner, »Segway – Flop auf zwei Rädern«, www.handelsblatt.com (20.09.2010), und »Segway fährt völlig am Bedarf vorbei«, www.spiegel.de > Karriere (22.09.2011).

84 Stand: 1.12.2012. Quelle: www.heise.de (»Google überholt Microsoft beim Börsenwert«).

85 Quelle: Stephan A. Jansen, »Vom Heureka! zum Hurra!«, in: Brand eins 06/2009, S. 132f., hier S. 133.

86 Im Interview mit dem Titel »Neu ist gut«, in: Brand eins 01/2013, S. 102ff., hier: S. 102.

87 Vgl. ein Interview mit dem Gründer Oliver Winter unter dem Titel »Eine Übernachtung kostet bei uns sechs Euro«, in: Frankfurter Allgemeine Sonntagszeitung, 23.06.2013, S. 21.

88 Quelle: Christian Sywottek, »Entdecke die Goldader«, in: Brand eins 10/2010, S. 92ff.

89 Quellen: »ServiceNews« (Newsletter von ServiceQualität Deutschland) und Virgil Schmid, Spielend verkaufen. München: Redline 2013, S. 67.

90 Quelle: »ServiceNews«, a.a.O.

91 www.google.com/glass

92 www.cardrops.com

93 Vgl. www.google.com/glass/start/how-to-get-one

94 »Zustellservice Cardrops: Das Auto als Päckchenstation«, Spiegel online, 18.03.2013, im Internet unter www.spiegel.de > Auto; wörtliche Zitate sind gekennzeichnet, ansonsten ist der Grundtenor des Kommentars zusammengefasst.

95 Quellen: www.futurehotel.de/de/Film.html (Energy-Bed, Handy Check-in); »ServiceNews«, a.a.O. (24 Std. Check-out).

96 Zit. nach: Axel Gloger, »Das Ende des Vorgesetzten«, in: managerSeminare H. 183, Juni 2013, S. 30.

97 Zit. n. Matthias Hannemann, »Die Freischwimmer«, in: Brand eins 06/2011, Seite 94ff., hier S. 96.

98 Vgl. einen Vortrag zum Thema, der unter http://blogs.btk-fh.de/experimentalworkshop/files/2010/06/DesignThinkingVortrag_05_10.pdf abrufbar ist.

99 Quelle: Ralf Reichwald u.a., Service-Innovation. Hrsg. vom Center for Leading Innovation und Cooperation (CLIC Executive Briefing No. 001) im Internet unter http://clicresearch.org/innovationsforen/1service-innovation-fin.pdf, hier S. 11.

100 Quelle: ebd., S. 13.

101 Überschrift eines Interviews mit Robert Cooper, in: Brand eins 10/2003, S. 166ff.

102 Weinheim: Wiley Verlag 2010.

103 Michael E. Raynor / Mumtaz Ahmed, »3 Regeln für den Erfolg«, in: Harvard Business Manager Juni 2013, S. 22 ff., hier: S. 28. Die zweite Regel lautet: »Umsatz vor Kosten« und unterstreicht damit ebenfalls die Bedeutung von Qualität, da Kostensenkungen häufig mit Qualitätseinbußen einhergehen. Die dritte Regel ist: »Andere Regeln gibt es nicht« (ebd., S. 24).

104 Armin Wiedenegger / Franz-Peter Walder, »Der Weg zu Unternehmensqualität und Business Excellence: Für Hartnäckige attraktiv«, in: Qualität und Zuverlässigkeit, Jahrgang 58 (2013), Heft 7, S. 23ff., hier: S. 24. Im Netz unter www.qz-online.de

Literaturempfehlungen

Jürgen Abendschein / Karin Letter, Qualitätsmanagement. SMART-QM für Dienstleister. Berlin: Cornelsen Scriptor 2011.

Markus Brand / Frauke K. Ion (Hrsg.), Die 16 Lebensmotive in der Praxis: Training, Coaching und Beratung nach Steven Reiss. Offenbach: GABAL 2011.

Manfred Bruhn, Qualitätsmanagement für Dienstleistungen. Grundlagen – Konzepte – Methoden. Heidelberg: Springer 2011.

Marcus Buckingham / Curt Coffman, Erfolgreiche Führung gegen alle Regeln. Wie Sie wertvolle Mitarbeiter gewinnen, halten und fördern (Konsequenzen aus der weltweit größten Langzeitstudie des Gallup-Instituts). Frankfurt: Campus 2001, 4., aktualisierte und erweiterte Aufl. 2012.

Jim Collins, Der Weg zu den Besten. Die sieben Management-Prinzipien für dauerhaften Unternehmenserfolg. München: dtv, 8. Aufl. 2008 (Neuausgabe: Campus Verlag 2011).

Robert G. Cooper, Top oder Flop in der Produktentwicklung. Erfolgsstrategien: Von der Idee zum Launch. Weinheim: Wiley-VCH 2010.

Deutsche Gesellschaft für Qualität (DGQ), Leitthesen für Qualität in Deutschland. DGQ 2012

Matthias Gouthier, Kundenbegeisterung durch Service Excellence. Erläuterungen zur DIN SPEC 77224 und Best-Practices. Berlin / Wien / Zürich: Beuth 2013.

Alexander Groth, 30 Minuten Stärkenorientiertes Führen. Offenbach: GABAL, 4. Aufl. 2012.

Sabine Hübner, Service macht den Unterschied. Wie Kunden glücklich und Unternehmen erfolgreich werden. München: Redline 2009.

Frauke K. Ion / Markus Brand, Motivorientiertes Führen: Führen auf Basis der 16 Lebensmotive nach Steven Reiss. Offenbach: GABAL 2009.

Walter Jochmann / Sascha Gechter (Hrsg.), Strategisches Kompetenzmanagement. Heidelberg: Springer 2006.

Gerd F. Kaminske / Jörg-Peter Brauer, Qualitätsmanagement von A bis Z. Erläuterungen moderner Begriffe des Qualitätsmanagements. München: Hanser, 6. Aufl. 2008.

Klaus Kobjoll / Markus Wiesmann, MAX® – Das Stimmungsbarometer. Mitarbeiterführung mit Werten und Zielen. Zürich: Orell Füssli 2012.

Anders Parment, Die Generation Y – Mitarbeiter der Zukunft. Herausforderung und Erfolgsfaktor für das Personalmanagement. Wiesbaden: Gabler 2009.

Hasso Plattner / Christoph Meinel / Ulrich Weinberg: Design-Thinking. Innovation lernen – Ideenwelten öffnen. München: mi-Wirtschaftsbuch 2009.

Markus F. Weidner, »Mit werteorientierten Veranstaltungen Glaubwürdigkeit beim Publikum erzielen«, in: Werte 2.0, hrsg. v. Stefan Luppold. Sternenfels: Verlag Wissenschaft und Praxis 2013, S. 53 ff.

Markus F. Weidner, »Der Einsatz des Reiss Profiles beim Aufbau eines internen Qualitätsmanagements am Beispiel einer Hotelkette«; in: Die 16 Lebensmotive in der Praxis: Training, Coaching und Beratung nach Steven Reiss, hrsg. v. Markus Brand / Frauke K. Ion. Offenbach: GABAL 2011, S. 308 ff.

Stichwortverzeichnis

Über den Autor

Markus F. Weidner, Autor, Unternehmer, Referent, Speaker und Trainer aus Leidenschaft, ist der Experte, wenn es um das Thema »Freude an Qualität« geht. Seine Erfahrungen im Qualitäts- und Service-Management sammelte er in seiner langjährigen Tätigkeit in der Hotellerie und der Veranstaltungs- und Weiterbildungsbranche. Er eröffnete zwei große Hotels und baute anschließend ein internationales Beratungsunternehmen auf. Markus F. Weidner ist Befürworter von Werteorientierung, klaren Regeln im Service und transparenter Führungskultur, getreu seinem Motto: Werte schaffen Werte.

Für Fragen und Anregungen steht Markus F. Weidner gern zur Verfügung. Telefontermine können vereinbart werden unter 06039/48611-0. Stichwort: Fragen & Anregungen zum Buch »Gut ist nicht genug«. Hinweise sind auch per Mail willkommen: *mfw@qnigge.de*.

Über das Beratungsangebot der Qnigge® GmbH informiert die Website *www.qnigge.de*. Diese und weitere Veröffentlichungen von Markus F. Weidner sind zu finden unter *www.gutistnichtgenug.de*

DIE Qnigge® AKADEMIE

Wie sind Sie in Ihrem Unternehmen in den Bereichen Organisations-, Führungs- und Servicequalität aufgestellt? **Schauen Sie selbst:**

	Ja	**Nein**
1. Werte reflektieren Es gibt kein offensichtliches Wertesystem, wir sehen jedoch die Etablierung von Unternehmenswerten als wichtiges Instrument der Unternehmensführung an.	☐	☐
2. Das richtige Team schaffen Gesunde und motivierte Mitarbeiter sind uns sehr wichtig. Sie repräsentieren unser Unternehmen und sind Garant für eine gute Zukunft.	☐	☐
3. Standards und Prozesse Unsere Dienstleistung ist gut, nur die Standards und Prozesse sind noch nicht nachhaltig festgelegt. Daran möchten wir gerne arbeiten, um Qualität auf hohem Niveau zu halten und zu entwickeln.	☐	☐
4. Mitarbeitern Service bieten Führungskräfte schaffen den Rahmen, damit Mitarbeiter gute Leistung erbringen. Dafür sollte Unternehmenswissen für alle leicht zugänglich sein. Hier könnten wir noch besser werden.	☐	☐
5. Feedback Die Meinung unserer Kunden, Mitarbeiter und Geschäftspartner ist uns wichtig, um unsere Dienstleistung und die Führungsqualität systematisch zu verbessern.	☐	☐
6. Innovationsmanagement Es wäre sehr wertvoll für uns, wenn wir Innovation systematisch vorantreiben könnten, um wettbewerbsfähig zu bleiben und mehr Umsatz zu generieren.	☐	☐

Wenn Sie eine der Fragen mit „Ja" beantwortet haben, proaktiv sind und mehr darüber erfahren wollen, dann lassen Sie uns miteinander reden.

Melden Sie sich bei uns unter + 49 (0) 60 39/4 86 11 - 0 oder info@qnigge.de

Ihr Markus F. Weidner
Experte für Freude an Qualität

Qnigge® VORTRAGSREDNER Markus F. Weidner

Gut ist nicht genug

Das Qnigge®-Prinzip oder warum Service klare Regeln braucht

In seinem Vortrag zum vorliegenden Buch beschreibt der motivierende Redner und erfolgreiche Unternehmer Markus F. Weidner, dass eine Qualitäts-Kultur nicht per Zufall entsteht und gleichermaßen von jedem Unternehmen erreicht werden kann.

Mit einem Feuerwerk von Geschichten und Beispielen zeigt er anhand von praktischen Tipps, wie jede Führungskraft, jeder Mitarbeiter und jedes Unternehmen in eine neue Service-Liga aufsteigen und im Wettbewerb bestehen kann.

Qnigge®
Freude an Qualität

Qnigge® GmbH – Freude an Qualität
Am Hellenberg 15b ■ 61184 Karben
Telefon +49 (0) 60 39 / 4 86 11 - 0
Fax +49 (0) 60 39 / 4 86 11 - 10
info@qnigge.de ■ **www.qnigge.de**

Aus der Praxis für die Praxis
Business-Bücher für Ihren Erfolg

GABAL

Stefanie Demann
Selbstcoaching
ISBN 978-3-86936-483-4
€ 19,90 (D) / € 20,50 (A)

Katharina Maehrlein
Die Bambusstrategie
ISBN 978-3-86936-441-4
€ 19,90 (D) / € 20,50 (A)

Petra Schuseil
Finde dein Lebenstempo
ISBN 978-3-86936-481-0
€ 19,90 (D) / € 20,50 (A)

Gitte Härter
Peinlich, peinlich …
ISBN 978-3-86936-484-1
€ 19,90 (D) / € 20,50 (A)

Josef W. Seifert
Visualisieren Präsentieren Moderieren
ISBN 978-3-86936-240-3
€ 19,90 (D) / € 20,50 (A)

Cornelia Topf
Selbstcoaching für Frauen
ISBN 978-3-86936-442-1
€ 20,90 (D) / € 21,50 (A)

Johannes Stärk
Erfolgreich im Vorstellungsgespräch und Jobinterview
ISBN 978-3-86936-440-7
€ 19,90 (D) / € 20,50 (A)

Lars Schäfer
Emotionales Verkaufen
ISBN 978-3-86936-339-4
€ 17,90 (D) / € 18,50 (A)

Hartmut Laufer
Praxis erfolgreicher Mitarbeitermotivation
ISBN 978-3-86936-482-7
€ 24,90 (D) / € 25,60 (A)

Alle Titel auch als E-Book erhältlich
Weitere Informationen finden Sie unter www.gabal-verlag.de

Innovative Themen und frische Impulse
für Beruf und Privatleben

GABAL

Ilja Grzeskowitz
Attitüde
ISBN 978-3-86936-475-9
€ 24,90 (D) / € 25,60 (A)

Stéphane Etrillard
Mit Diplomatie zum Ziel
ISBN 978-3-86936-473-5
€ 24,90 (D) / € 25,60 (A)

Sylvia Löhken
Leise Menschen – starke Wirkung
ISBN 978-3-86936-327-1
€ 24,90 (D) / € 25,60 (A)

Friederike Müller-Friemauth
No such Future
ISBN 978-3-86936-479-7
€ 29,90 (D) / € 30,80 (A)

Richard de Hoop
Macht Musik
ISBN 978-3-86936-432-2
€ 24,90 (D) / € 25,60 (A)

Frank Breckwoldt
Hochleistung und Menschlichkeit
ISBN 978-3-86936-477-3
€ 24,90 (D) / € 25,60 (A)

Philip Kotler
Good Works!
ISBN 978-3-86936-471-1
€ 34,90 (D) / € 35,90 (A)

Jürgen Frey
Mein Freund, der Kunde
ISBN 978-3-86936-433-9
€ 24,90 (D) / € 25,60 (A)

Alexander Verweyen
Mut zahlt sich aus
ISBN 978-3-86936-472-8
€ 29,90 (D) / € 30,80 (A)

Alle Titel auch als E-Book erhältlich
Weitere Informationen finden Sie unter www.gabal-verlag.de

In 30 Minuten wissen Sie mehr!

GABAL

Jeder Band 96 Seiten, 2-farbig,
€ 8,90 (D) / € 9,20 (A)
Auch als E-Book erhältlich

Jochen Gürtler,
Johannes Meyer
30 Minuten Design Thinking
ISBN 978-3-86936-486-5

Hans-Georg Willmann
30 Minuten Selbstvertrauen
ISBN 978-3-86936-489-6

Gitte Härter
30 Minuten
Arschlöcher zähmen
ISBN 978-3-86936-447-6

Cristián Gálvez
30 Minuten Wirkungsvolle
Marketing-Events
ISBN 978-3-86936-488-9

Brigitte Ruhleder
30 Minuten
Business-Etikette
ISBN 978-3-86936-446-9

Frank H. Berndt
30 Minuten Burn-out
ISBN 978-3-86936-255-7

Ulrich Siegrist,
Martin Luitjens
30 Minuten Resilienz
ISBN 978-3-86936-263-2

Katja Kerschgens
30 Minuten
Die geschliffene Rede
ISBN 978-3-86936-490-2

Karin Letter
30 Minuten
Qualitätsmanagement
ISBN 978-3-86936-408-

Weitere Informationen finden Sie unter www.gabal-verlag.de

Erfolg ist hörbar! GABAL

Wissen im Hörbuchformat – ungekürzt und topaktuell! Auch als MP3-Download erhältlich

Sylvia Löhken
Leise Menschen – starke Wirkung
ISBN 978-3-86936-497-1
€ 39,90 (D/A)

Anne M. Schüller
Touchpoints
ISBN 978-3-86936-501-5
€ 49,90 (D/A)

Lars Schäfer
Emotionales Verkaufen
ISBN 978-3-86936-500-8
€ 39,90 (D/A)

Jumi Vogler
Erfolg lacht!
ISBN 978-3-86936-498-8
€ 39,90 (D/A)

Tom Peters
The Little Big Things
ISBN 978-3-86936-456-8
€ 49,90 (D/A)

Markus Väth
Feierabend hab ich, wenn ich tot bin
ISBN 978-3-86936-458-2
€ 39,90 (D/A)

Richard de Hoop
Macht Musik
ISBN 978-3-86936-499-5
€ 39,90 (D/A)

Katja Kerschgens
Reden straffen statt Zuhörer strafen
ISBN 978-3-86936-459-9
€ 39,90 (D/A)

Norman Bücher
break your limits
ISBN 978-3-86936-457-5
€ 29,90 (D/A)

Weitere Informationen finden Sie unter www.gabal-verlag.de

ANZEIGE

Hier finden Sie Gleichgesinnte ...

... weil sie sich für **persönliches Wachstum** interessieren, für **lebenslanges Lernen** und den Erfahrungsaustausch zum Thema Weiterbildung.

... und Andersdenkende,

weil sie aus unterschiedlichen Positionen kommen, unterschiedliche Lebenserfahrung mitbringen, mit unterschiedlichen Methoden arbeiten und in unterschiedlichen Unternehmenswelten zu Hause sind.

Auf unseren Regionalgruppentreffen und Symposien entsteht daraus ein **lebendiger Austausch**, denn wir entwickeln gemeinsam **neue Ideen**.
Zudem pflegen wir intensiven Kontakt zu namhaften Hochschulen, so erhalten wir vom Nachwuchs spannende Impulse, die in die eigene Praxis eingebracht werden können.

GABAL. wissen vernetzen

Das nehmen Sie mit:

- Präsentation auf wichtigen Personal-Messen zu Sonderkonditionen sowie auf den GABAL-Plattformen (GABAL impulse, eLetter und auf www.gabal.de)
- Teilnahme an Regionalgruppenveranstaltungen, Werkstattgruppen und Kompetenzteams
- Sonderkonditionen beim Symposium und Veranstaltungen unserer Partnerverbände
- Gratis-Abo der Fachzeitschrift wirtschaft + weiterbildung
- Gratis-Abo der Mitgliederzeitschrift GABAL impulse
- Vergünstigungen bei zahlreichen Kooperationspartnern
- u.v.m.

Neugierig geworden? Informieren Sie sich am besten gleich unter:

www.gabal.de
E-Mail: info@gabal.de
oder
Tel.: 06132-5095090